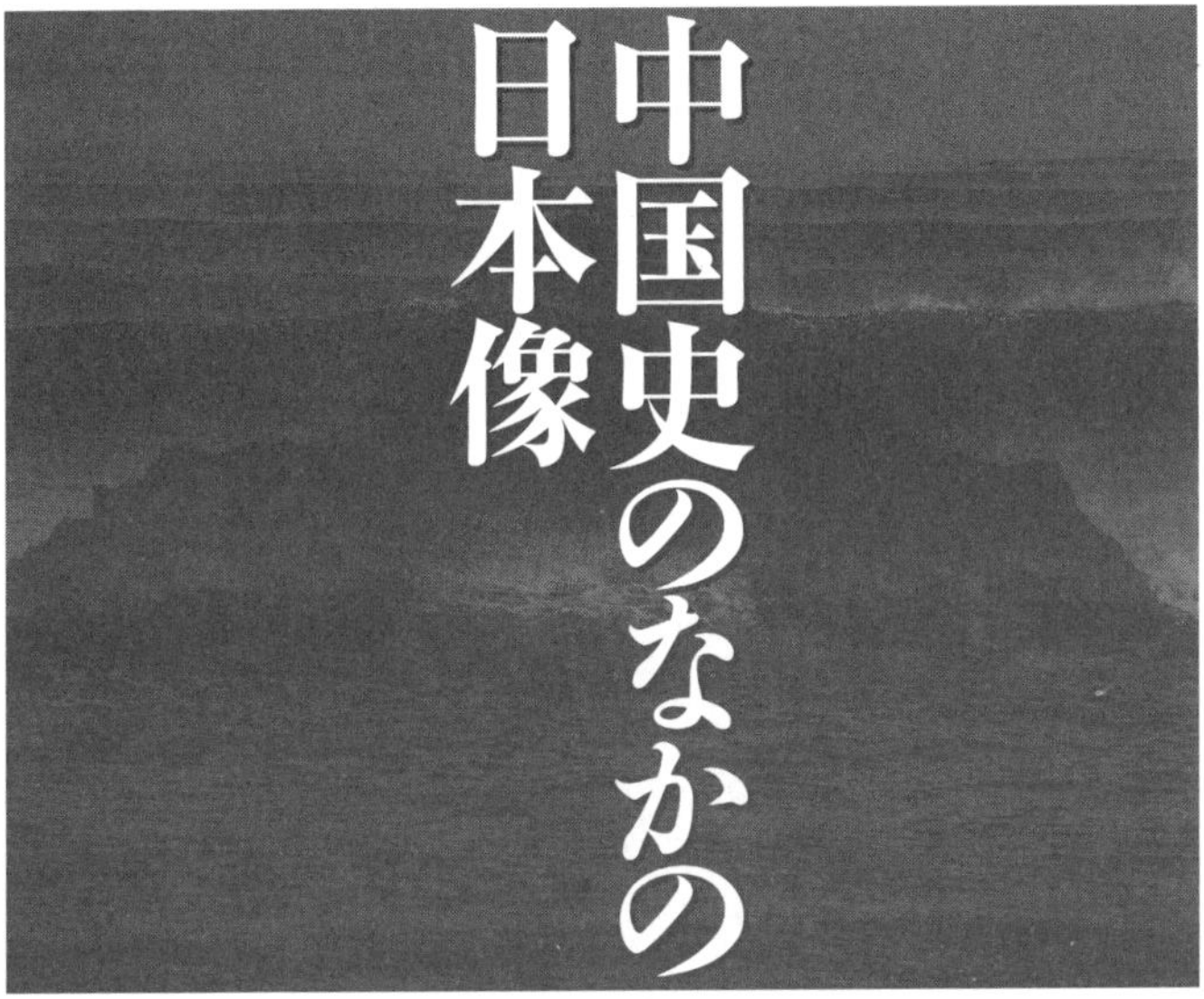

中国史のなかの日本像

王勇
著

人間選書232

『職貢図』に描かれた倭人

古代中国では，外国からの朝貢使節を描きとめて，「職貢図」として宮中に保存するならわしがあった。この図巻は梁の大同６（540）年ごろ蕭繹の描いた原画を北宋の熙寧年間（11世紀初頭）に模写したもので，最古の日本人肖像画といわれている（南京博物院）。

吉士長丹の肖像画

第２回遣唐使（653年出発）の大使をつとめた吉士長丹を描いたもので，鮮やかな色彩と端正な姿勢は中国の聖賢像に似ている（東京国立博物館）。

阿倍仲麻呂と吉備真備

2人は第9回遣唐使団（717年出発）の留学生として入唐し，阿倍仲麻呂は唐にとどまって客卿となり，吉備真備は帰国して右大臣に昇りつめた（鈴木朱雀筆）。

日本刀をかつぐ倭寇

明代の書物には，日本人はもっぱら凶悪な海賊として描かれていた。半裸で日本刀を担ぎ鋭い目つきをした姿は，中国人の脳裏にふかく刻みこまれている。図は明末のもの（『万宝全書』より）。

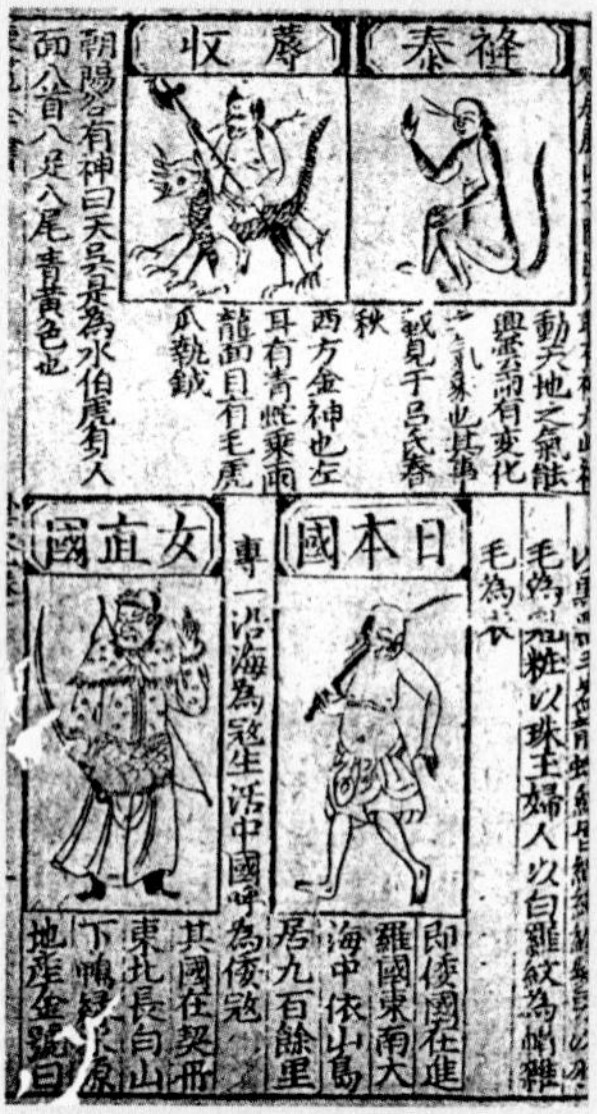

和服姿の日本人男女

清の乾隆年間に描かれた日本人像。全体としては温厚かつ平和な感じを受けるが，男女とも裸足で，男性が腰に日本刀を差しているところは，倭寇の残影をのぞかせる（『皇清職貢図』より）。

目次

序章　日本像の視座

中国と日本の交渉史は、ある意味においては、両国民の相互認識と相互理解の歴史でもある。中日両国間の人的または物的な交流は、縄文末期か弥生初期あたりまでさかのぼれるとすれば、すでに二千年以上もの悠久なる歴史をもつことになる。

その間に、中国人の目には、日本という空間、そこに住んでいる住民がどのように映ってきたのか。歴代の中日文献を手がかりに、日本像そして日本人像をデッサンしてみせるのが、本書の使命である。

中国から見た日本像は大きくいえば、ふたつの要素に左右されつつ、たえまなく変幻《へんげん》している。そのひとつは中国側の海外知識の増大であり、もうひとつは日本側の対華政策の変化である。唐宋以前の日本像は主として前者、元明以降の日本像は主として後者の影響を大きくうけている。

第一節　先行研究について

このような流動的な日本像の変遷史は、これまでどのように究明されてきたのか。先行研究を紹介しながら、あわせて筆者の採る視座を提示したい。

（1） 先行研究といえば、石原道博氏のすぐれた業績がまず思いだされる。氏は文部省科学研究費による「中国における日本観の展開」の研究成果を『茨城大学文理学部紀要（人文科学）』第一号以下につぎつぎと公表している。

石原道博氏は日中交渉史を、①隋代以前、②唐宋時代、③元明時代、④清代、⑤中華民国時代の五つにわけて、それぞれの時期の日本観の特徴を要領よくまとめている。やや長文になるが、その要旨を引用しておく。

①隋代以前の日本観はいわばその端緒的形態であって、中国人の使者の見聞ないし存候存問といったようなものが日本観の根柢をなしていた。

②唐より五代をへて宋になると、平和的な日華交通のさかんになるとともにその日本観も一だんと飛躍し、伝統的な藩属国ないし附庸国としての東夷観より脱却することはできなかったが、すこぶる同情友好的となりいわば善隣的日本観の展開した時代であった。

③それが元代になると入元使者・僧らの質的低下のうえに、一方では元寇あり、つぎの明代になると倭寇の患害はいよいよはげしくなり加うるに万歴朝鮮の役あり、その日本観は一転して日本を狡詐残暴として寇賊・仇敵視さえする憎悪と恐怖をふくんだ畏悪戦闘的日本観が展開されるようになった。（中略）

④清代においては日清戦争をさかいとしてその前後の日本観に相違をみとめるが、さきに元寇・倭

寇・朝鮮の役などが日本観の悪化に拍車をかけていたのにたいし、日清戦争はこれと反対に戦後は対日悪感情がほとんど払拭され、留日学生は陸続として来朝し、日露戦争後はいわば恋愛的日本観ともいうべき傾向をしめし対日感情の好転はその最高潮にたっした。ただしその背後にはヨーロッパ文明輸入の便宜的・間接的手段とかんがえていたことも否むわけにはゆかない。

⑤はじめ孫文らの中国革命をひそかに応援していた日本が、やがて袁世凱以下の反革命運動と気脈をつうずるようになると、中国人の対日感情はふたたび急激に悪化しはじめた。

中国における日本観は、このように時代の潮流に揺さぶられながら、今日にまで至っている。そして、辛亥《しんがい》革命（一九一一年）以前の日本観を右のごとく五つの時期にわけることは、その変遷起伏の軌跡を明晰《めいせき》にとらえ、まことに正鵠《せいこく》を射当てていると思われる。

しかし、中国人の日本観はあくまでも中国人の世界認識の一部分であり、また歴史的に蓄積しつつ形成したものである。石原道博氏の研究は、中国人の世界観をあまり視野におさめておらず、各時代の日本観の継承関係にも充分な配慮を払っていないのが白玉の微瑕《びか》と惜しまれる。

（2）日本側の先行研究として、伊東昭雄氏ほか著『中国人の日本人観100年史』も注目に値するものである。本書は一九七四年六月に自由国民社より上梓され、中国人のもつ明治以後の日本人観をきめ細かく分析し、また重要と思われる基本史料をそれぞれ日本語に翻訳してかかげている。読者にとってたいへん便利な基礎文献のひとつである。

ただし書名にも示されているように、内容は百年の歴史しか扱っておらず、日本像の形成変化の長い歴史からみれば、あたかも一コマの静止画像のごとく、綿密さは充分だが、歴史を息づかせるような躍動感はあまり感じられない。

（3）一九八九年八月に「東アジアのなかの日本歴史」シリーズの一冊として、六興出版から刊行された『中国人の日本研究史』は、武安隆《ぶあんりゆう》と熊達雲《ゆうたつうん》の二氏による日本語の労作だが、中国人学者としては、このテーマを扱った処女作だったと思われる。本書は「研究史」と銘打ってはいるものの、中国人の日本観の叙述に大半の紙幅を割いている。

もし石原道博氏の研究が明代以前に詳しいとすれば、本書は明代以降における膨大な史料を駆使し、前人未踏の分野にまで踏みこんでいるといえよう。叙述はいささか簡略にすぎる憾《うら》みがあるが、後学の避けて通れない先駆的な名著であると評価してよかろう。

（4）石暁軍《せきぎようぐん》博士の『中日両国相互認識的変遷』は、一九九二年十二月に台湾商務印書館から出されている。本書は中国人の日本観だけでなく、それを日本人の中国観と対比しつつ、相乗的に形成される相手国像を動的に捉えているのが特徴である。

時代的には縄文から大正までをカバーし、しかも中国と日本の両方にせわしく目を配らなければならないためか、日本像の系譜の叙述は連関性を欠き、また日本像と中国像の内的関連についても、しかるべき考察と議論とが足りない嫌いがある。

（5）アメリカの中国研究の碩学であるアレン・S・ホワイティング博士の“China Eyes Japan”は、一九八九年に世に問われると、たちまち欧米で好評を博し、多くの読者を獲得した。一九九三年、岡部達味教授による日本語訳『中国人の日本観』が岩波書店から出され、一九九九年さらに岩波現代文庫にも収録されている。本書が大きく注目されるのは、第三者の観察という稀少価値があるのみならず、われわれが日常生活のなかで実感している現在の日本像を冷徹に分析しているところにも原因があるように思われる。

第二節　多重映しの日本像

このように、もし石原道博教授の「中国における日本観の展開」の連作に、武安隆・熊達雲二氏の『中国人の日本研究史』、さらにアレン・S・ホワイティング博士の『中国人の日本観』をつなぎ合わせれば、秦漢時代から現代に至るまでの日本像は、ほぼ首尾よく収まることになる。

ところが、これまでの日本像研究は、時代区分にこだわりすぎ、あたかも中国の王朝が変わると、日本像も必ずがらりと塗り替えられるといったような印象をわれわれに与えるのである。しかし実状はそうとは限らない。

中国文献に描かれた日本像は、時代ごとの特色を保ってはいるものの、前代の映像がつぎつぎと重なりあうように後世のそれに影を落とし、その結果は多重映しの複雑な構造をなしているのである。つまり、日本像の形成変遷の軌道は、必ずしも王朝交替のリズムと同調せず、独自な成長曲線を描いているのである。

さまざまな日本像が交錯しているなかで、各時代の日本像の基幹となって変わりにくい像があれば、一時的に出現してすぐに消えさってしまう像もある。また姿を変えながら、何度も生まれ変わって現われる像さえある。

たとえば、「神仙の郷」というイメージは、もっとも初期の日本像につきまといながら、前近代まで持続していた。古典的な名著とされる『日本国志』を著わした黄遵憲《こうじゆんけん》は、その序言において一衣帯水の隣邦日本をあたかも「海外の三神山」のごとく眺める知識人の無知ぶりをなげき、執筆の動機を述べている。ただし、「神仙の郷」は日本から直接に受けとったイメージではなく、古来より東方にまつわる神話伝説をそのまま「東の国」日本に移入したものにすぎない。このイメージが近代になって破滅するとともに、中国人は何千年もの間に東方へ馳せていたユートピア幻想を棄てなければならなかったのである。

中日関係の「蜜月」ともいわれる唐宋時代には、複数の日本像、たとえば「宝物の島」「器用な民」「礼儀の邦」「好学の士」などが混在していた。そのなかに、『旧唐書《くとうじょ》』（倭国伝）の記述するとおり、「その人、入朝する者は多く自ら矜大《きょうだい》にして、実をもって対《こた》えない」という嘘つきのイメージ、また『癸辛雑識《きしんざつしき》』に述べられた日本人の淫乱なイメージなどがあったものの、それらはいずれも個別的な例であり、唐宋時代には日本像として普遍性がなくパターン化しなかった。

それに対して、いったんパターン化した日本像は、それ自体が長く持続するのみならず、新しい日本像を生みだす再生機能のある生き物となる。たとえば、「神仙の郷」から「君子」と「仙薬」が派生し、「君子像」はまた「好学の士」に生まれ変わり、「仙薬」は「宝物の島」につながるといった具合である。また一方、「倭寇像《わこう》」は甲午《こうご》戦争（日清戦争）、八カ国連合軍（北清事変）、抗日戦争（日中戦争）など、中日関係が悪化するたびによみがえるのである。

このように、どの時代の日本像も、われわれが想像しがちな一色塗りの図像ではなく、さまざまなイメージが交錯する多重映しの立体画像なのである。しかも、それぞれの単色画像が記憶メモリとなって蓄積し、王朝の交替と関係なく持続しつつ、いつでも新しい日本像にその姿を映しだすことが可能である。

右のような認識に基づいて、本書は上古から近代までの日本像の形成史をたどるものであるにもかかわらず、あえて王朝交替による時代区分にこだわらず、王朝をまたがって絶えず変幻する日本像を、いくつかの基本パターンにわけて、なるべくそれぞれの生成軌道を追跡してみた。

本書にスポットをあてられた日本像は、歴史的にはある程度の自己完結を達成したものばかりでなく、多少なりとも現代の日本像にも影を落としているものである。それには、礼儀正しく振る舞う君子像があれば、日本刀を振りかざす倭寇像も見え隠れする。また「好学の士」として映ることもあれば、「残虐な敵」としてもクローズアップされている。

これらの日本像のパターンを叙述するにあたって、なるべく個人的な感情を入れずに、各時代の文献から日本関係の記述を忠実に引用し、それらを客観的に分析するようにつとめたつもりだが、人間の行なう作業だけに、史料の選択や文献の解釈などに、筆者の日本観がまったく投影されていないという保証はない。いずれ読者の判断に委ねよう。

第三節　未来志向の日本像

本書の執筆を通して、歴史の鏡に映しだされた日本像には、プラス面とマイナス面とが交錯してはいるが、秦漢から唐宋にかけてはプラス像がずっと持続し、元明以後はマイナス像が主流となった事実をいくらか明らかにすることができたと思う。

そして、前節にも述べたように、こうした日本像のパターンは、もはや中国人の歴史的な記憶となって、いつでも日本像の再構築に呼びだされることが可能である。これらのパターンにふくまれる正負の遺産が、どれほど現在の日本像に受けつがれているかは、両国の政治的・経済的・文化的な関係によって流動的である。

ところが、近ごろの対日意識のアンケート調査によれば、中国人の日本観はもっとも悪い時期に接近していることがわかり、そのことがマスコミなどで大きく報じられ、中日関係の将来に対する悲観論者が両国ともに続出しているという。その背景について少しさぐってみたい。

（1）政治的背景　一九七二年九月二十九日に中日両国の国交が正常化されて以来、抗日戦争から引きずってきた敵国としての日本像にひとつの区切りをつけ、現代の物質文明に光りかがやく新しい日本像がにわかに浮かびあがってきた。

しかし、それもつかの間で、日本国内の極右勢力がいちじるしく台頭しはじめ、靖国神社の参拝、歴史教科書の改竄《かいざん》、釣魚島（日本名は尖閣《せんかく》諸島）への強行上陸、従軍慰安婦問題の回避、南京大虐殺の否認など、毎年のようにかの「不幸な時代」を思いださせる事件を引きおこし、そのたびごとに、中国人の記憶の底に深く埋もれていた「倭寇」や「日本鬼子」（旧日本軍）のイメージが呼びだされてしまう。

一方の中国では、日本からうけたＯＤＡ（政府途上国援助）をひろく国民に知らせていないかわりに、日本右翼の動きをわりと控えめに報道している。日本に戦争の損害賠償を求める民間グループの活動がきびしく制限されていることにも示されているように、日本のやった悪いことも良いことも隠してしまって、政府間の「密室交易」だけでは、国民の支持を得られる真の関係改善はまず望めないだろう。

（２）経済的背景　「山があれば、必ず道がある。道があれば、必ず豊田がある」というトヨタ自動車のコマーシャルを知らない中国人はほとんどいない。ここ十年来、日本の製品が怒濤のように中国に流れこみ、人々の生活の隅々にまで浸透している。

これらの製品からうけたイメージは、戦争時代の記憶とは無縁であり、現代生活を満喫《まんきつ》させる高級感と新鮮さにあふれている。現代化にむけてめざましく動きつつある中国のあちこちに日本像をちらつかせているのは否定できない事実である。

かつての百日維新や辛亥革命が明治維新をモデルにしていたのと同じように、八〇年代に始まった中国の改革開放も、日本から現代化の経験を数多く学んでいる。本書の第八章に述べた「西学の師」

のイメージがよみがえった感があり、現在の暗い日本像に明るい色彩を塗りかさねている。

ところが、右の「物質」による明るい日本像には、それを作りだす人間像がほとんど伴われていないことが、どうも気にかかってならない。近ごろ、日本企業の中国進出が多くなり、人間交流による摩擦が頻発している。日本製品を愛用しても、日本企業に就職したがらない大学生が少なくない。このような物的イメージが脆弱《ぜいじゃく》なもので崩れやすいという疑念は、いよいよ現実のものとなってきている。

日本的な経営システムを文化風土の異なった国々へ強引に押しつけようとした日本企業は、アメリカでは度重なる訴訟に負けて巨額の賠償金（和解金）を払わされたという苦い果汁を飲まされているが、中国では少なくとも MAID IN JAPAN という光りかがやくブランドを確実に曇らせているということはいえよう。

(3) 文化的背景　中国人のもつ主要国の外国人像のなかで、日本人ほど文化的な色彩の薄いものは少ないだろう。日本人といえば、千篇一律のサラリーマンというイメージがまず思い浮かんでくる。日章旗をかついで日本刀を振りまわす日本軍人の姿を第一印象にもつ年輩者の多い中国では、「サラリーマン」という労働者像は、欧米人の嘲笑する「働き蜂」とちがって、決して悪いイメージを伴ってはいない。

日本人は、世界最高の物づくりの職人であるかもしれないが、尊敬を払われる知的な文化人ではない。筆者の勤務する中国浙江《せっこう》大学日本文化研究所は、数年前、上海駐在日本総領事館と共同で、文化大省といわれる浙江省初の「日本文化週間」を開催したことがある。日本カレンダー展、中日文化講演会、日本研究書籍展、日本映画祭などに数千人の大学生と市民を動員し、マスコミにも大きく取りあげられた。

主催者側としては、中国進出日本企業と地元住民との相互理解を促進させるねらいもあり、ひろく日本企業の参加を呼びかけたが、イベント中に顔を出したのは二社のみであった。一社は工場長をつとめた筆者の教え子で、「社長から三〇分の休暇しかもらえなかった」といって、開幕式の始まる前に帰ってしまった。もう一社は総領事に会うのが目的のようで、主催者側にあいさつもせずに姿を消してしまった。

このように、自国の文化にさえ興味をもたない経済人は、ましてや地元の文化に理解なんか示そうとはしないだろう。したがって、現地の人材を大胆に起用し、地域の文化事業に積極的にかかわりをもとうとする欧米や韓国などの企業に比べると、中日交流はあくまでも「物」の交流であって、「心」の交流に欠けているといわざるをえない。

ただし、無文化の日本像をつくらせてしまった責任をすべて日本側に課するのは公平さを欠き、中国側にもそれなりの責任を負わなければならない面がある。つまり、現代化を急ぐ中国は日本の政治と経済に目を光らせ、実利を伴わない文化には無関心だった。中国に百以上もある日本研究機関は、ほとんどが政治経済または言語文学を専門としており、「日本文化」と銘打って専任教授をかかえる研究所は、浙江大学にしかないといわれている。日本文化は中国文化の亜流であって独自な文化ではなかったという「中華思想」が、まだ消えさっていないように思われる。

以上のように、今日の思わしくない日本像の生成された背景を、政治・経済・文化の側面から分析してみた。しかし、筆者はそれでも未来には楽観的な予測をしたい。というのは、二千年あまりの歴史をふりかえってみれば、日本への好印象は千年以上も持続し、もし政治的な要素がなければ、今も持続していたはずで、またイメージをダウンさせるのは、あくまでも国家を頂点とするさまざまな「組織」であって、個々の日本人に対しては好感をもたれることが多いからである。

日本人は個人としては、礼儀正しく、勤勉で正直であり、思いやりがあって教養も豊かであるとされるが、組織や集団にその個性を埋没させられると、外の人間に対しては傲慢で冷酷であり、閉鎖的で利己主義者に変身してしまう、とよく聞かされる。

「歴史を鑑《かがみ》として未来を切り開く」という格言がある。本書は中国における日本像の形成史を追跡したものではあるが、ひそかにめざすのは未来志向の日本像である。この未来志向の日本像を構築するには、特定の利益集団に個人の良識を拘束されない、民間レベルの「心」の交流がまず不可欠な前提となるだろう。

第一章　神仙の郷——幻想的な日本像——

中国人のもつ日本像を解きあかすにさきだって、古代中国の宇宙図式をまず理解しておく必要があるように思われる。というのは、秦漢より清末に至るまで、中国人の外部世界への認識は、ほとんど既成の宇宙図式に左右されているからである。

ところで、中国人の宇宙図式とは、どんなものであろうか。かいつまんで紹介すると、次のごとくである。

春秋戦国（前七七〇～前二二一年）の時代は、孔子や老子をはじめ異色の学者が輩出し、思想学問の論争が盛んに行なわれたことによって特徴づけられる。そのなかで、北方の周文化圏に属する五行《ごぎょう》家たちは、自然万物から木火土金水といった基本元素を抽出して、これらの元素の相生相克の理論をもって、宇宙のメカニズムを説きあかそうとする。

こうした北方の経験的・即物的・動的な宇宙観に対して、南方の楚文化圏に属する道家らは従来の陰陽説を吸収し、さらに森羅万象の究極のところに「道」「無」「太一《たいいつ》」の概念を設定して、抽象的・瞑想《めいそう》的・静的な宇宙観を築きあげたのである。

秦の始皇帝（前259～前210年）
荘襄王の子として生まれ，姓は嬴，名は政。父のあとをついで秦王となり，六国を併合して天下を統一した。不死不老の妄想に駆られ，徐福を仙薬取りに遣わした話は日本でも有名。

紀元前二四六年、「戦国七雄」のひとつに数えられる秦は、始皇帝の改革によって国力を強めつつ、中原に鹿を逐《お》おうとする競争相手の韓・趙《ちょう》・魏《ぎ》・楚《そ》・燕《えん》・斉《せい》をつぎつぎとほろぼして、中国統一の大業をなしとげた。秦王朝のもとで、貨幣・文字・度量衡がひとしく統一され、強力な中央集権のイデオロギーは社会の隅々にまで浸透していった。その勢いの赴くまま、人間界の原理と法則は自然界、さらに宇宙にも押しつけられるようになった。

秦の宰相、呂不韋《りょふい》の撰んだ『呂氏春秋《りょししゅんじゅう》』などに描かれている宇宙秩序はまさしくその結果であろう。そこには秦の統一王朝にふさわしい南北論理の融合がみられ、太一は陰陽にわかれ、陰陽から五行を生みだし、森羅万象はまた五行に対応される、といった気宇壮大にしてかつ秩序整然とした図式が展開されている。

この宇宙図式は自然界と人間界のすべてをことごとく包容している。たとえば、物質・時間・空間・民族をそれに即して図示すると、次ページのようになる。

秦代に大成をみた陰陽五行を骨子とする宇宙観は、時間的には二千余年来の中国人の思考様式を特徴づけ、空間的には東アジア諸国の制度・思想・宗教・風俗・社会の隅々にまで影を落としている。したがって、中国人の世界観および日本観も、この宇宙図式と関連して検討しなければならない。

第一節　「倭」の地理像

中国では、ふるくから外国の位置を定める場合、その国にもっとも近い支配地域を起点として、相互の地理的関係を示すならわしがあった。したがって、中国における民族移動や彊域《きょういき》変遷、または政治中心地の移動などにより、昔から「倭《わ》」と称された日本も、時代とともに、さまざまな角度から想像されたり観測されたりしてきた。

道
←
陰——陽
←

[物質]	木	火	土	金	水
[時間]	春	夏	土用	秋	冬
[空間]	東	南	中央	西	北
[民族]	夷《い》	蛮《ばん》	中華	戎《じゅう》	狄《てき》

数千年という時間の単位は地球にとってまさしく束の間、地殻の変動はほとんど無視できるほど、微小なものにすぎなかった。それにもかかわらず、中国の文献に記載されている倭の位置が、北方にあったり南方にあったり東方にあったりするのは、流動的な初期の日本認識の形成軌道をありありと物語ってくれる。

ここで、倭の所在する方角を追究することは、近代的な地理学の正確さを期するものではなく、古代中国人の心象風景に浮かんだ日本の原像を探求するのが目的なのである。

1、北方にあった倭

日本のことは唐以前の文献では、ふつう「倭」と書かれる。倭人の生息する島々の方角とその位置について記録した初期の文献は、それと関連づけられる中国の地名によって、大きく「燕《えん》」と「越《えつ》」の二系列にわけられる。

まず、「燕」系列の文献をたどってみよう。

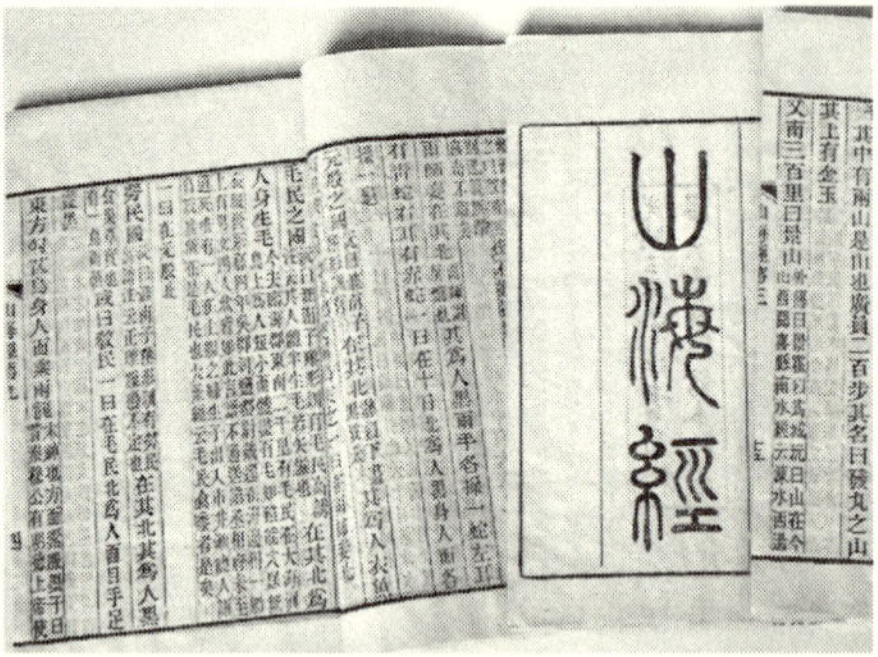

『山海経』書影
上古の神話伝説をもっとも多く保存した歴史地理書。全書は「海経」と「山経」からなり，戦国時代の成立と推定される。

撰者不詳とされる古代の地理書『山海経《せんがいきょう》』（巻十二、海内北経）に「蓋国在鉅燕南倭北倭属燕」とある。この一文について、従来は「蓋国は鉅燕《きょえん》にあり、南倭と北倭は燕に属する」との読み方もあったが（松下見林《けんりん》『異称日本伝』など）、このごろは「蓋国は鉅燕の南、倭の北にあり、倭は燕に属する」と読みとくのが、ほぼ定説化している。

燕とは戦国時代（前四〇三～前二二一年）、今の北京付近に王都をおいた諸侯《しょこう》国のひとつである。この燕の南と倭の北との間に「蓋」と呼ばれるナゾの国がはさまれているから、倭は燕の遙かなる南方にあったことが推定される。

この文にみえる蓋国はどこに比定されてよいか。石原道博氏は「蓋国の蓋は北京音ではｋａｉであるが、南方ではｋａｎと発音されるから韓のことをさし、韓国は燕の南、倭の北にあり、倭は燕に属しているといういみであろう」との見解をはやくから示している。(1)

また近年では、『三国志』や『後漢書《ごかんじょ》』の東夷伝に、東沃沮《よくそ》の位置について「高句麗の蓋馬大山の東にあり」とある記載によって、「蓋国」はすなわち「蓋馬」のことで、おおよそ朝鮮半島の北部にあったろうとの仮説がかなり有力になってきた。(2)

右の説にしたがえば、『山海経』に出てくる「倭」とは、まぎれもなく日本列島をさすことになる。そして、朝鮮半島と日本列島とを支配の視野にいれた燕が、自分の勢力圏を誇示したのが「鉅燕」（国土の巨大な燕国）の意味するところであろう。

燕と倭の結びつきには、わずかながら裏づけがある。班固《はんこ》の撰した『漢書』に「楽浪の海中に倭人があり、分かれて百余国を為す。歳時をもって来り、献見するという」とある。この記事は『漢書』（巻二十八下、地理志）燕地の条に組みこまれているから、燕地ゆかりの日本像とみてよかろう。

班固（32～92年）

字は孟堅，達筆の聞こえが高く，後漢の明帝に仕え，司馬遷の『史記』をつぐ史書を完成しようとする父の遺業をついで，20年をかけて『漢書』を書きあげた。

「倭は燕に属する」という日本認識は、北方の燕地を起点としている。范曄《はんよう》の『後漢書』（巻九十、鮮卑《せんび》伝）によれば、後漢の光和元（一七八）年、鮮卑族の君長檀石槐《だんせきかい》は部族の人口急増によって、あらたな食料源を求める必要に迫られ、広さ数百里にわたる烏侯秦水《うこうしんすい》を眺めたとき、倭人が網で魚をとるのが上手だと聞いて、ひとつ名案が浮かんできた。東して倭人の国を撃ち、千余家を得た。徙《うつ》して秦水の上に置き、魚を捕らせて、もって糧食の助けとする。

烏侯秦水は、遼河の支流をなす老哈《ラオハア》河、つまり遼寧《りようねい》省の赤峰市あたりを流れる川であると推定されている。これもまた、北方の遊牧民族と倭人との交渉を伝えるユニークな記録である。

右に述べた『山海経』と『後漢書』に記された「倭」については、それが今の日本列島をさすのではなく、朝鮮半島の南海岸に住んでいた倭人のことだろうと主張する学者も少なくはない(3)。それはともかくとして、当時の「倭」は北方の燕国などとの直接間接のかかわりで、中国から認識されていたわけである。

2、南方にあった倭

『山海経』および『後漢書』にみえる「倭」と『漢書』の燕地に登場してくる「倭」を、それぞれ別個なものとみなす根拠は、はなはだ貧弱である。とくに『山海経』と『漢書』の「倭」はともに「燕」とからんで記されているから、やはり半島にではなく、「海中」の島々にあった「倭」をさすものと考えるべきである。

しかし、ふるくから朝鮮半島、とりわけ半島の南海岸一帯に、倭人と韓人とが雑居していたことも、これまた事実だったらしい。たとえば、『北史《ぼくし》』(巻九十四)と『隋書《ずいしよ》』(巻八十一)の百済《くだら》伝に「(百済に）その人は雑《ま》じって新羅《しらぎ》・高麗《こま》・倭などがおり、また中国の人もいる」とみえる記述によって、このあたりの事情がおおよそ推し量られよう。

上述の『山海経』『漢書』『後漢書』にみられる日本認識が、もし朝鮮半島（蓋国・楽浪《らくろう》）を介して形成されたとすれば、それに朝鮮半島在住の倭人のイメージをいくらか重ねあわせていることもありうるが、それが決定的な要因とならないことは明らかであろう。

つまり、『山海経』にみえる倭は「燕に属する」特定の種族および地域、『漢書』に登場する倭人は「歳時をもって来り、献見する」百余国の支配政権、『後漢書』に現われた魚捕りの倭人も「倭人国」と表現されているから、いずれも海外に散らばった倭人の小集団を対象としてはいないのだ。

したがって、はるか海中の日本列島に住んでいた倭人の存在は、漢以前の中国人にある程度まで知られていたと、こう結論しても大過はなかろう。そして朝鮮半島を経由して、その実体がしだいに中国北方の政権に伝達されてきた「倭」は、もし朝鮮半島を起点としてみれば、まぎれもなく南に位置することになる。

『後漢書』（巻八十五、韓伝）は三韓のことを述べるなかで、倭との位置関係をつぎのように示している。ちなみに、三韓とは馬韓、辰韓、弁韓のことである。

馬韓は西にあり、五十四国ある。その北は楽浪と、南は倭と接する。（中略）弁韓は辰韓の南にあり、また十二国ある。その南はまた倭と接する。

右の記事に出てくる「倭」は、日本列島の倭人ではなく、朝鮮半島の南部に居住する倭人であると

漢の武帝（前159～前87年）
名は徹，景帝のあとをついで即位，建元を年号としたのは，中国における年号の始まりである。在位中は領土の拡大に力を尽くし，諸学を廃してもっぱら儒学を信奉する。

の意見もあるが、[4]それにはしたがいがたい。というのは、ここの「接する」とは陸続きの意味ではなく、たとえ海を隔てていても、その中間に他の国をはさんでいなければ、交通をもつ両国の地理関係をこう表現することが多々あるからだ。

紀元前一〇八年、漢の武帝が燕の亡命人らの手によって創られた衛満《えいまん》朝鮮をほろぼし、その地に楽浪・真番《しんばん》・臨屯《りんとん》・玄《げん》菟《と》の四郡を設けた。こうして、漢の支配圏が朝鮮半島にひろがっていくにつれて、東の諸民族がより正確に知られるようになった。

倭の位置についても、中継地の楽浪郡、のちには帯方《たいほう》郡（二〇五年ごろ、楽浪郡の南部を分割して設置）を起点として観察され、しだいに北方説から南方説へと移行していった。

3、東方にあった倭

秦の始皇帝が中国を統一して、天下を三十六郡にわけて以来、揚子江流域を中心とする会稽《かいけい》郡（今の浙江省紹興《しょうこう》市あたり）はたちまち東南の大都会として、大きな発展をなしとげた。会稽を起点とする日本認識は、次にあげる「越」系列の文献に具現されている。

王充《おうじゅう》という漢代の思想家の撰した『論衡《ろんこう》』巻八の儒増篇第二十六に「周の時、天下は太平である。越裳《えつしょう》は白雉《はくち》を献じ、倭人は鬯草《ちょうそう》を貢する」とあり、また同書の巻五の異虚篇、巻十三の超奇篇、巻十九の恢国篇にも、類似の記事が認められる。

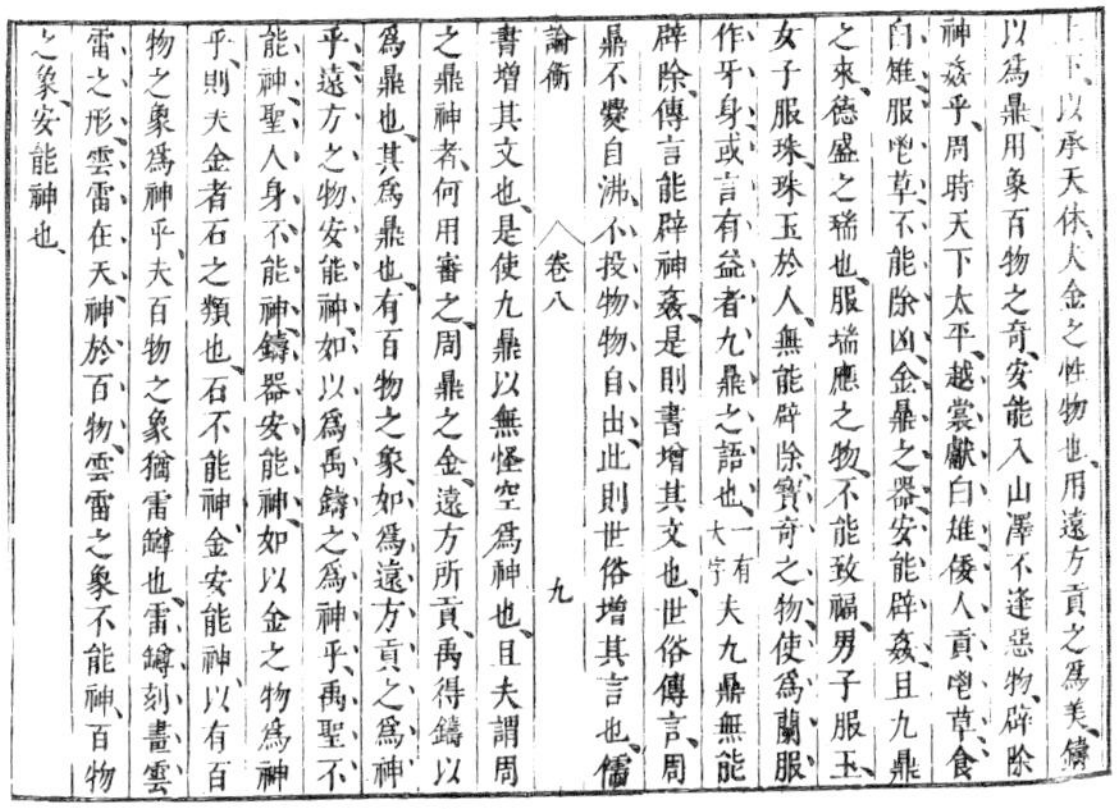
上下以承天休大金之性物也用遠方貢之爲美鑄
以爲鼎用象百物之奇安能入山澤不逢惡物辟除
神姦乎周時天下太平越裳獻白雉倭人貢鬯草食
白雉服鬯草不能除凶金鼎之器安能辟姦且九鼎
之來德盛之瑞也服瑞應之物不能致福男子服玉
女子服珠珠玉於人無能辟除寶奇之物使爲蘭服
作牙身或言有益者九鼎之語也一有大字夫九鼎無能
辟除傳言能辟神姦是則書增其文也世俗傳言周
鼎不爨自沸不投物物自出此則世俗增其言也儒
論衡　卷八　九
書增其文也是使九鼎以無怪空爲神也且夫謂周
之鼎神者何用審之周鼎之金遠方所貢禹得鑄以
爲鼎也其爲鼎也有百物之象如爲遠方貢之爲神
乎遠方之物安能神如以爲禹鑄之爲神乎禹聖不
能神聖人身不能神鑄器安能神如以金之物爲神
乎則夫金者石之類也石不能神金安能神以有百
物之象爲神乎夫百物之象猶雷罇也雷罇刻畫雲
雷之形雲雷在天神於百物雲雷之象不能神百物
之象安能神也

『論衡』書影
越人とともに周王朝に朝貢した倭人の記事。

「越裳」は越常国または越甞《えつしょう》国とも称し、『後漢書』（南蛮西南夷伝）に、交阯《こうし》（ベトナム）の南に越裳国があるとして、周代での白雉献上のことが述べられているが、会稽を中心にひろく南方の地域に分布していた越族の一派である。

倭人の貢献した「鬯草」は、鬱金草（香）・鬱鬯・暢草とも称し、中国南方の鬱林郡（前漢武帝のころに郡を設置し、ほぼ現在の広西チワン族自治区桂平県にあたる）産の香料の一種とされ、祭酒の原料として珍重される。倭人貢献の時代については、恢国篇にしたがって成王の時と限定すれば、紀元前一〇二〇年ごろのことであり、日本では縄文後期の末から晩期にあたる。

『論衡』の著者王充は、後漢の光武帝の建武三（二七）年に会稽郡の上虞《じょうぐ》県で生まれた。倭の奴国《なこく》の使者が漢都の洛《らく》陽《よう》にまで入貢したという事件があった建武中元二（五七）年は、王充がちょうど洛陽の太学（国立大学）に入り、班彪《はんぴょう》という高名な学者に学んでいたころであった。

『論衡』にみられる倭人の記事は、周朝聖王の徳化がとおく海外にまで及んでいるという功績を宣揚しようとしたものだろうが、故郷の会稽で見聞した倭人来航の「歴史的事実」がその下敷になっていたとも思われる。そして、今の紹興を中心とした会稽の地に住みついた越人や呉人の目からみれば、海彼の倭人はまぎれもなく「東方の人」であった。

中国に伝達された倭人の情報を、北方の燕国を中軸として伝えたのが『山海経』と『漢書』の記事であり、南方の会稽を視点に記録したのがほかならぬ『論衡』の史料であろう。

第二節　『後漢書』の倭国像

『後漢書』の成書が『三国志』より遅いことは周知のとおりだが、史書の記録する王朝の年代順からすれば、正史の列伝に「倭伝」を別項として設けるのは『後漢書』を最初とする。

このもっとも古い王朝の「倭伝」に描かれた倭の地理像はどんなものだったのか、ここで考察してみよう。まずは冒頭の一文をかかげる（叙述の便宜上、引用文にA～Cの番号をつけた）。

（A）倭は韓の東南の大海にあり、山島に依って居を為す。

「楽浪の海中」とのみある『漢書』の記述に比べて、『後漢書』のほうが「韓の東南の大海」とし、方位をいくらか具体化している。ここで思いだされるのは、前に引用した同書の「韓伝」である。つまり、馬韓と弁韓の南と接する倭は、海中の島々として認識されているのである。

(B)その地は、おおよそ会稽の東冶《とうや》の東にある。

「韓の東南の大海」にある倭は、会稽からみれば、まさしく東方にあたるという。これにつづいて、つぎの一文が記されている。

(C)朱崖、儋耳《たんじ》と相近く、ゆえにその風俗は多く同じである。

朱崖と儋耳は今の海南島あたりにあたるが、昔から中国大陸の最南端として認識されていた。つまり、倭は地理的に中国の南端にもっとも近く、しかも両地の風俗は多くの共通点をもっているとされている。

右の三文における倭の地理像は、一見して互いに矛盾しているように思われるが、この点をどう説明すればよいのだろうか。

われわれは今こそ「倭」といえば、あたかもひとつの統一国家のように想像しがちだが、昔はかならずしもそうではなかった。『漢書』に「百余国」とあり、また『後漢書』は漢と通交

倭人字磚

表面に「有倭人以時盟不」を刻んだ字磚，安徽省亳県の漢墓より出土。墓主は会稽郡太守をつとめた曹胤，時期は建寧3（170）年ごろと推定される。そのころは，『後漢書』（倭伝）の伝える「倭国大乱」の最中で，ある倭人の「小国」が会稽郡となんらかの同盟関係を結んでいたとも考えられる（安徽省亳県博物館）。

していた国を「三十許」と記している。

三十ぐらいの国は日本列島の各地に散らばっているはずで、統一の外交権をもたないそれらの国々が、みな同一のルートを通じて漢王朝に朝貢していたとは、とうてい考えられない。

弥生時代の航海技術を考慮にいれれば、その時代に海をわたるということは、風向きと海流にまかせての漂流そのものであろう。それぞれのルートを通して、中国大陸の各地に漂着した倭人への認識が、『後漢書』の倭伝のなかにちりばめられていたのではないか。

つまり、(A)文は朝鮮半島を経由して、北方王朝に朝貢してきた倭人による地理像である。その記録はもっとも多く保存され、『後漢書』には中元二(五七)年と永初元(一〇七)年の朝貢記事が記されている。

(B)文は、おそらく江南《こうなん》(ここでは揚子江下流域をさす)に漂着した倭人から得られた地理観であろう。ここで注意をひくのは、『後漢書』倭伝の後段に「会稽の海外に、東鯷人《とうていじん》があり云々」とみえ、倭人と区別される集団が東シナ海をわたって来航した記事である。

(C)文は、さらに倭人の風俗にまで言及し、中国南方のそれとの類似を指摘している。秦漢時代以来、漢民族の勢力がしだいに南進するにつれ、江南を原郷とする越人の多くは圧迫をうけて大挙して南方へ逃れた。したがって、越人の風俗に似ているということで、『後漢書』は倭の南方説をとったのかもしれない。

このように『後漢書』は、三十ぐらいの集団が日本列島から複数のコースをとって来航したことを示唆してくれながら、あくまでも北方経由の「倭人」を倭伝の中心にすえ、江南に漂着した集団については付随的に併記するにとどまったのである。

第三節　東夷観の成立

倭国は北方または南方にあると認識されるかぎり、東夷のもつイメージと重なってしまうことは、まずありえない。しかし海をわたってきた倭人は、越人の目からみれば、まぎれもなく「東の人」であった。そして、会稽郡の役人が華夷観の色眼鏡をかけてみれば、倭人がおのずと「東夷」に映って

番号	書名	撰者	伝・志名
1	後漢書	范《はん》曄《よう》	東夷
2	三国志	陳《ちん》寿《じゅ》	東夷
3	晋書	房玄齢《ぼうげんれい》	東夷
4	宋書	沈《しん》約《やく》	東蛮
5	南斉書	蕭《しよう》子《し》顕《けん》	東南夷
6	梁書	姚思廉《ようしれん》	東夷
7	南史	李延寿《りえんじゅ》	夷貊
8	北史	李延寿	（四夷）
9	隋書	魏《ぎ》徴《ちよう》	東夷
10	旧唐書	劉《りゅう》昫《く》	東夷
11	新唐書	宋《そう》祁《き》	東夷

中国正史における日本の位置づけ

くるわけである。日本像と東夷像のミックスは、ここから始まる。

このように、おそらく前漢と後漢の間、つまり紀元前後に、倭人を「東夷」のひとつとみなす考えがほぼ定着してきたようである。そして、このようなイメージは『後漢書』以下の中国正史の倭国伝に一貫して継承されている。

許　慎
（約58～約147年）
後漢の経学家，字は叔重，汝南召陵の人。経書研究のかたわら，『説文解字』14巻を著わし，中国の文字学を大成した。

中国の官撰史書（すなわち正史）二十五のうち、日本伝を別項として設けるものは十八ほどあるが、『新唐書』以前の十一書はほとんど日本を東夷のたぐいに位置づけている（表「中国正史における日本の位置づけ」を参照）。

倭を東夷のひとつと認定することは、たんなる倭人の位置認定の問題だけではなく、倭人像そのものに大きな変化をもたらすことになる。つまり、中国人の世界観に沈殿している東夷のイメージは、まるごと倭人像のなかに移入される可能性が出てきたわけである。

1、「東」という方角

中国人の日本像を根底から突きとめようとすれば、「東」と「夷」の語源と語意をまず究明しておかなければならない。なぜなら、中国における日本の原像は、東夷像そのものにほかならないからである。換言すれば、既成の東夷像はそのまま初期の日本像に移入されているのである。

「東」の語源について、漢・許慎《きょしん》の著わした『説文解字《せつもんかいじ》』は「日に从《したが》い、木の中に在る」と解釈している。日と木の合成文字をざっと拾ってみると、日が木の上に在るのを杲《こう》（明らかな様子）、中に在るのを東、下に在るのを杳《よう》（暗い様子）という。字根（文字の構成要素）から分析すれば、杲・東・杳はもともと、「昼の太陽」「朝の太陽」「夕の太陽」をそれぞれ意味していることがわかる。

太陽が拠り所として昇ったり降りたりする神木は、ふるくから「扶桑《ふそう》」と呼ばれている。扶桑とは、諸橋轍次の『大漢和辞典』（大修館書店）に、「東海中にある神木。両樹同根、生じて相依倚するから扶という。日の出る所といわれる」と説明されている。

その出典は、周知のとおり『山海経』から出ている。この神木は数多の別名を有しているが、管見に入ったものだけでも、若木・蟠木・榑木・榑桑などがあげられる。

このようにみてくると、「東」という語はたんなる方角を現わすことばではなく、「朝日」と「扶桑」をシンボルとする上古の太陽信仰にもつながっていることがうかがわれるのではないか。

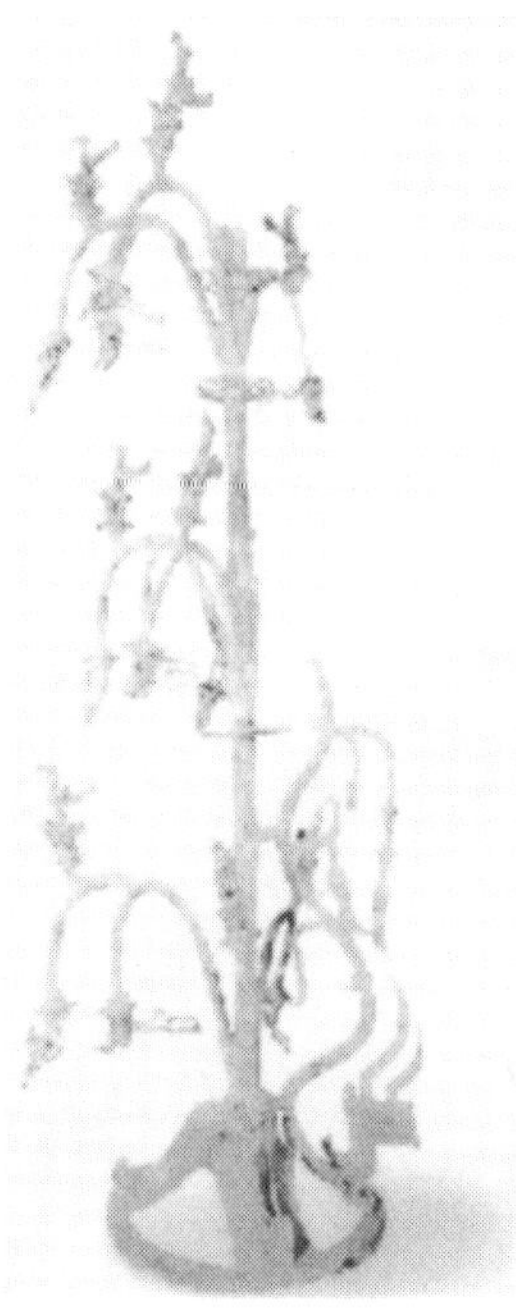

扶桑樹

『山海経』に湯谷の水中に巨大な扶桑樹があり，烏をのせた10個の太陽が昇り降りしているとある。四川省の三星堆遺跡から出土した青銅製の扶桑樹は，下の枝に烏が9羽あり，上の枝にあったはずの1羽をなくしている。

隋の煬帝《ようだい》によって南北貫通の大運河がほぼ完成されるまでに、中国の動脈ともいうべき大きな

西王母

西の崑崙山に住んでいると信じられる女神。不老不死の術を心得，絶世の美貌を保っているともいう。図は漢代の画像磚に描かれたもので，中央に鎮座しているのが西王母。

河川は、「大江、東に去り」の熟語にも象徴されているように、黄河にせよ、淮河《わいが》にせよ、揚子江にせよ、すべて西の山より発して東の海へと流れこんでいく。

人間の想像力はその居住空間から大きく制約をうけているとよくいわれるが、古代中国の神仙世界がほとんど江河の両端に想定されているという現象も、それに起因しているのであろう。すなわち、江河の源には崑崙《こんろん》山、海洋の果てには三神山があると考えられる。そして男神の東王父《とうおうふ》は東の三神山に、女神の西王母《せいおうぼ》は西の崑崙山にそれぞれ鎮座して、ともに不死長寿の仙薬をにぎっていると信じられる。したがって、東ということばに、朝日・扶桑に象徴される太陽信仰のみならず、大海・神山・仙薬などのイメージも付随していることがわかる。

現代語としての「東」はただの方角を現わすヒガシ（East）と解釈されるが、この語には深い文化の蓄積と多彩な神話伝説がつきまとっていることをあらためて認識すべきである。

2、「夷」という民族

文明発祥地の中華をかこんで、周辺に散らばった東夷《とうい》・南蛮《なんばん》・西戎《せいじゅう》・北狄《ほくてき》の起源について、『尚《しょう》書《しょ》』（舜典）は次のような伝説を載せている。

つまり、堯帝《ぎょうてい》の時代、讙兜《かんと》が暴れん坊の共工《きょうこう》を堯帝に推薦した責任を問われ、南方の崇山に追放されて南蛮、中華の秩序を荒らした張本人の共工は北方の幽陵に流されて北狄、江淮地方（揚子江と淮河流域）で反乱を繰りかえした三苗《さんびょう》は西方の三危山に移されて西戎、黄河の洪水退治に失敗した鯀《こん》は東方の羽山に押しこめられて東夷、となったのである。華夷の名分がこうして定められ、一度混乱におちいった天下はようやく平和を取りもどしたという。

『説文解字』に「夷は東方の人である。大に从い弓に从う」とある一文を引用するまでもなく、「夷」は大と弓の字根からなり、東方の僻地に住んでいる異民族のことをさすことばである。しかし、東夷は中華にとって、他の異民族から区別されなければならない特別な存在である。その理由は、夷の字形および起源を分析すれば、明らかになる。

まずは夷の字形に注目しよう。

堯　帝

伝説上の上古帝王，唐堯ともいう。姓は伊，名は放勲。原始社会の後期における部落連盟の首領と推定される。

清・段玉裁の著わした『説文解字註』によれば、蛮・閩《びん》・狄・貉《らく》・羌《きょう》などの諸民族はいずれも虫・

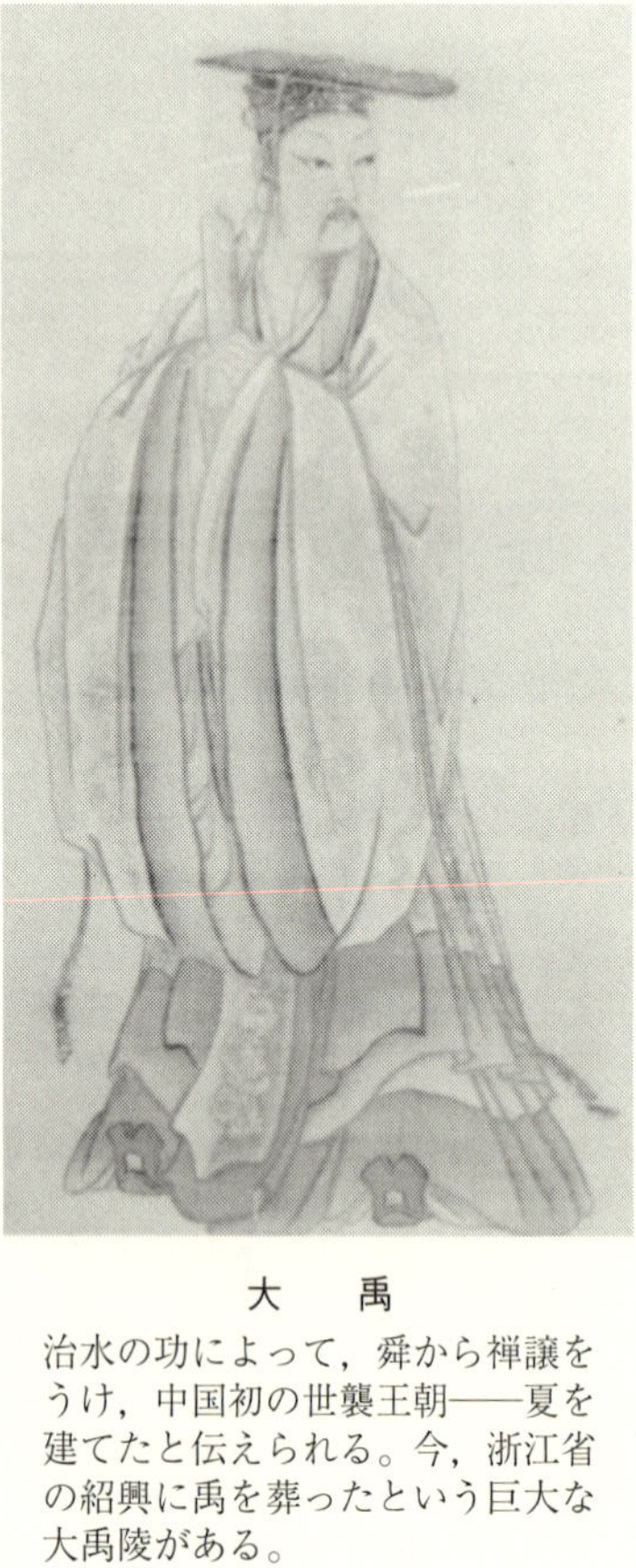

大　禹

治水の功によって，舜から禅譲をうけ，中国初の世襲王朝——夏を建てたと伝えられる。今，浙江省の紹興に禹を葬ったという巨大な大禹陵がある。

犬・豸・羊の字根にもとづいているのに、夷だけは人間を意味する「大」の字根をふくんでいるため、異民族のなかでもっとも優れているという。

同書はさらに「大は人の形に象る。而して夷の篆は大に从う。すなわち、夏《か》と殊《こと》ならない。夏は中国の人である」と説明をつづける。わかりやすくいえば、東夷は、動物同様とみられる他の周辺民族と異なって、華夏（漢民族）と同じく「人間」として認められるのである。

つぎに、「東夷」の起源を考えてみよう。

前述のように、堯帝の代に鯀は治水の失敗から東の羽山に幽閉されてしまったが、次の舜《しゅん》帝の代になると、鯀の息子である禹《う》は家業をうけつぎ、黄河の水害を治めるのにやっと成功した。これによって、禹は周囲の部落から尊敬され、やがて部落連盟の国家——夏を創設し、中国の世襲王朝の初代天子となった。ここまで来ると、東夷は南蛮・西戎・北狄より優れていることはいうまでもなく、華夷同祖とまでいわざるをえなくなる。

右にみてきた東方観と東夷観とがミックスすると、古代中国のユートピアが見事に合成される。『説文解字註』に「東夷は大に从う。大は人である。夷の俗は仁、仁の者は寿、君子不死の国がある」とあるように、東方のユートピアは「君子不死の国」と名づけられている。仁義を貴ぶ君子は理想郷に、不死の薬をもつ寿者は神仙郷に住んでいると考えられるから、古代の中国人が遥かなる東方に幻想を馳せているユートピアは、このように二重のイメージをもっているわけである。

3、九夷における倭

儒教の聖典とされる『論語』の公《こう》冶《や》長《ちょう》第五のなかに、孔子の言葉として「子いわく、道が行なわれなければ、桴《いかだ》に乗って海に浮かぼう」という注目すべき記述がある。

もし自分の理想がこの国で実現できなければ、いっそのこと舟に乗って海に出

孔子（前551～前479年）
春秋時代の魯国の人，名は丘，字は仲尼。列国を周遊して儒学をひろげ，門下に集まった弟子は3,000人もいたと伝えられる。儒学の創設者，また偉大な教育家として東アジア諸国に大きな影響を与えた。

ようといった意味合いである。前文に述べたとおり、古代の中国人にとって海とは東の方角にあり、夷と分類される民族の住みつく異郷でもある。

これと関連する内容は、『論語』の子罕《しかん》第九にもみえる。つまり、「子、九夷に居らんと欲する」という一句である。ここの「子」も公冶長第五と同様、孔子のことである。春秋時代の乱世の「中華」よりも、伝説につつまれる「東夷」のほうが理想的な土地柄だろうと、孔子は真剣に考えていたようである。

ところで、ここの「九夷」とは一体どんなところをさしているのだろうか。これについては従来より二通りの解釈が行なわれている。

そのひとつは『後漢書』(東夷伝)に出てくる解釈で、九夷の名は畎《けんい》夷・于《う》夷《い》・方夷・黄夷・白夷・赤夷・玄夷・風夷・陽夷となっている。これらは、抽象名詞が多く、その実在を疑わせるが、紀元前七世紀後半ごろの歴史書といわれる『竹書紀年《ちくしょきねん》』にもみられ、淮河流域にいた異民族は、当時こう呼ばれていたらしい。

漢民族の世界地理の認識は、秦の始皇帝の中国統一によって大きく変容し、漢の武帝の海外開拓によって飛躍的にひろげられた。こうして漢代のころ、九夷とは大陸東部にいた民族から、しだいに海外の民族をさすようになっていく。

この意識転換を裏づけるかのように、『爾雅《じが》』を注釈した李巡《りじゅん》(漢の霊帝のとき、中常侍となった人物)はもうひとつの解釈を、「九夷」への疏でこう示している。

夷に九つの種がある。一に玄菟《げんと》、二に楽浪、三に高麗、四に満飾《まんしょく》、五に鳧更《ふこう》、六に索家、七に東屠、八に倭人、九に天鄙《てんび》。

倭人は九夷の八番目に入っている。すると、孔子が海をわたって移住したいと考える理想郷は、海彼の日本と連想されてもおかしくはない。『山海経』の海外東経と大荒東経に出てくる「君子国」は、『論語』のいう「君子これに居る」理想郷と、なんらかの関連があったのであろう。そして、この架空の「君子国」は、いつのまにか実在の「倭人国」のイメージに移入されてしまった。

4、君子不死の国

ふたたび『漢書』(燕地)の倭人条に視線を転じてみよう。

楽浪の海中に倭人があり、分かれて百余国を為す。歳時をもって来り、献見するという。

この記事自体はほとんど研究しつくされている観があるが、古田武彦氏はするどい眼でこの史料をよみがえらせ、『漢書』の地理志の東夷諸国で歳時貢献の記事のあるのは、倭人の箇所だけであることを発見した。(5) このことは、九夷のなかでも、倭人がもっとも柔順にして仁義を重んじ、中華の文明に近づき、その感化をうけることを示唆するものと受けとめられる。

『漢書』(地理志)燕地の条をこまかく読みとおすと、まず朝鮮半島について、おおむね次のごとく説明されている。

殷王朝のころ、道徳が衰微したため、聖人の箕子《きし》が中華の地を離れて朝鮮へ行き、土着民に礼儀を教えた。ところが、商人がここに来るようになってから、風紀がしだいに乱れはじめ、夜には盗人が出没するようになった。それにしても、東夷は生まれながら柔順で、おのずと南蛮・北狄・西戎とは異なる。そのゆえ、孔子は道徳の衰微をなげき、海に出て九夷に住もうと考えたのである。

『漢書』は、『論語』の右の一文をひいた直後に「楽浪の海中に倭人があり云々」と、かの有名な倭人記事につながっていくという構成になっている。

以上で明らかなように、孔子のあこがれる理想郷、ひいては古代の中国人の夢見るユートピアは、箕子伝説にも示唆されているように、はじめは朝鮮半島にあったとみられる。それが、秦漢時代の苛政と戦乱を避けて半島に移りすむ人が多くなるにつれて、理想郷への憧憬は、さらなる東方の倭国に託されるようになったと推察される。

古代の中国人にとっての東方のユートピアは、「東」と「夷」のイメージを根底にもっている。江戸時代の松下見林は「異邦之所称」の日本国号として、倭国・倭面国・倭人国・邪馬臺・姫氏国・扶桑国・君子国という名称をずらりと列挙している。(6) 神仙郷と理想郷は、それぞれ「扶桑国」と「君子国」に象徴されている。

このように中国の東方伝説は倭国の虚像と重なっているが、それが倭人の実像とまったく無関係でもない。『後漢書』の「女人は淫妬《いんと》しない。また俗は盗窃しない。争訟も少ない」という記述は、賢人箕子の教化をうけた朝鮮の「その民、ついに相盗まず、門戸の閉はない。婦人は貞信にして淫辟しない」(『漢書』)といった君子の理想とする秩序をほうふつとさせる。

また一方、神仙郷とみなされる倭国像にも貧弱ながら、それなりの裏づけがある。『後漢書』（倭伝）に「人の性は酒を嗜む。多くは寿考であり、百余歳に至る者も甚だ衆《おお》い」とある記載が、すなわちそれにあたる。

長寿と仙薬とは、神仙郷の表裏をなすものである。仙薬の伝説は、倭人貢献記事のあった『論衡』によれば、周の成王の治世にさかのぼれるかもしれない。倭人の貢献した「鬯草」は当時、神事に用いられていたから、いつのまにか蓬莱島《ほうらい》にある不老不死の仙薬と信じられるようになったのであろう。時代がくだって秦漢時代になると、徐福《じょふく》伝説に象徴されるように、「仙薬は東方にあり」という認識はかなり一般化していたらしい。

長寿と日本とを結びつけるのは仙薬だけではなく、宋・張君房《ちょうくんぼう》の撰した『雲笈七籤《うんきゅうしちせん》』（巻百）をみると、『軒轅本紀《けんえんほんぎ》』をひいて騰黄という神獣に言及し、黄帝《こうてい》はこれに乗って六合（宇宙）を往来し、天下を自在に周遊したと伝えられている。

ここで注目すべきは、この神獣は両角竜翼あるいは竜翼馬身をなし、乗黄・飛黄・古黄・翠黄とも称し、日本国より出て寿三千にして、一日に万里を行き、乗者をして二千の寿を得させると記すところである。

5、目指すは蓬萊の島

戦国の乱世を平定して、空前の大帝国をつくった秦の始皇帝は、のちに長寿延年に心をひかれ、方《ほう》

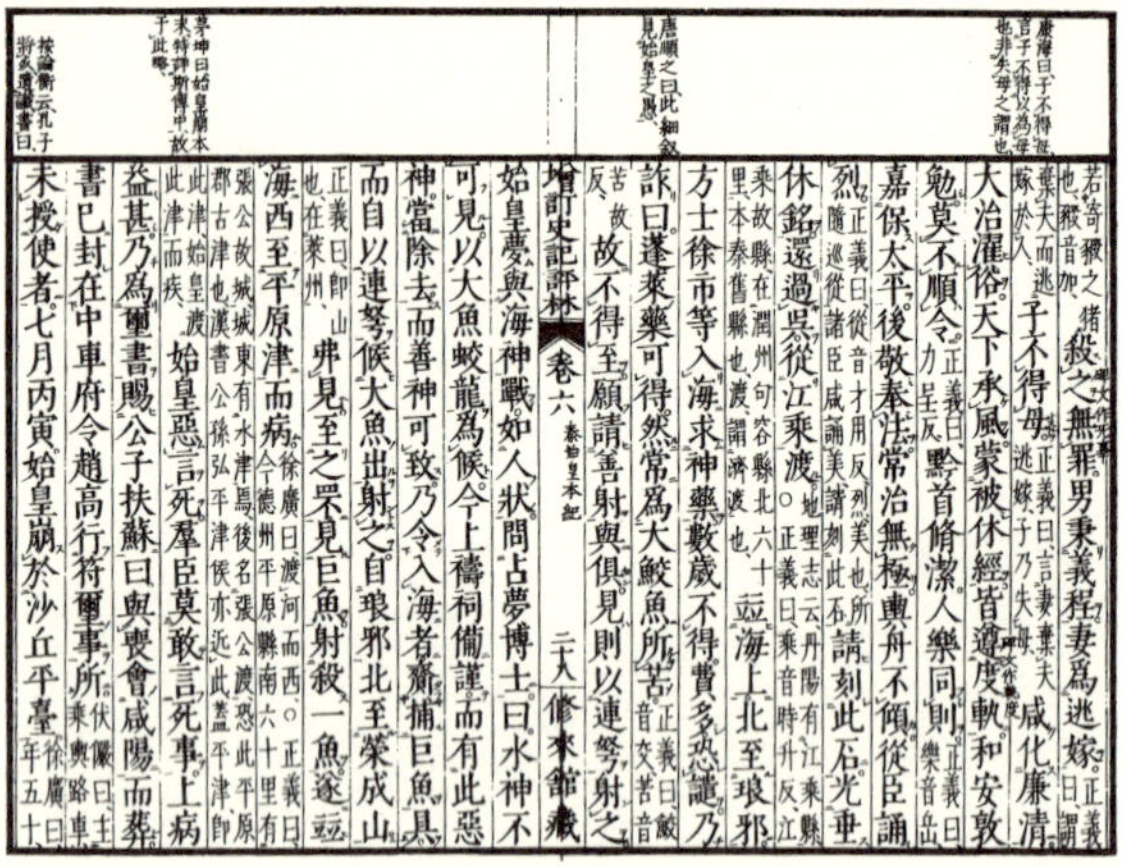
唐順曰子不得母言子不得以爲母也非失母之謂也
唐順之曰此細叙見始皇之愚
茅坤曰始皇本末特詳斯傳中故于此略
按論衡云孔子將死遺讖書曰
若寄豭之猪也豭音加殺之無罪男秉義程妻爲逃嫁正義曰謂
夫棄夫而逃嫁於人子不得母正義曰言妻棄夫逃嫁子乃失母咸化廉清
大治濯俗天下承風蒙被休經皆遵度軌和安敦
勉莫不順令正義曰力呈反黔首脩潔人樂同則正義曰樂音岳
嘉保太平後敬奉法常治無極輿舟不傾從臣誦
烈正義曰從音才用反烈美也所隨逐從諸臣咸誦美請刻此石請刻此石光垂
休銘還過呉從江乘渡○地理志云丹陽有江乘縣○正義曰乘音時升反江
乘故縣在潤州句容縣北六十里本秦舊縣也渡謂濟渡也竝海上北至琅邪
方士徐市等入海求神藥數歲不得費多恐譴乃
詐曰蓬萊藥可得然常爲大鮫魚所苦正義曰鮫音交苦音
苦故反故不得至願請善射與俱見則以連弩射之
增訂史記評林　卷六　秦始皇本紀　二十八　修來館藏
始皇夢與海神戰如人狀問占夢博士曰水神不
可見以大魚蛟龍爲候今上禱祠備謹而有此惡
神當除去而善神可致乃令入海者齎捕巨魚具
而自以連弩候大魚出射之自琅邪北至榮成山
正義曰即山也在萊州弗見至之罘見巨魚射殺一魚遂竝
海西至平原津而病徐廣曰渡河而西○正義曰今德州平原縣南六十里有
張公故城城東有水津焉後名張公渡恐此平原郡古津也漢書公孫弘平津侯亦近此蓋平津即
此津始皇渡此津而疾始皇惡言死羣臣莫敢言死事上病
益甚乃爲璽書賜公子扶蘇曰與喪會咸陽而葬
書已封在中車府令趙高行符璽事所伏儼曰主乘輿路車
未授使者七月丙寅始皇崩於沙丘平臺徐廣曰年五十

『史記』書影

『史記』（秦始皇本紀）にみえる徐福渡海の記事。

士《し》（超能力を修行し、またはそれをもつとされる人々）徐福をして、童男童女あわせて数千人に五穀の種と耕作の農具などをそろえて巨大な楼船に積み、東海の蓬萊島へ不老不死の仙薬を求めに行かせた。

　この記事は司馬遷《しばせん》の撰んだ『史記』の各所（秦始皇本紀、淮南衡山《わいなんこうざん》列伝、封禅書）に散見し、また司馬遷とほぼ同時代の東方朔《とうほうさく》の著わした『海内十洲記《かいだいじっしゅうき》』にも類似の記載がみられるところから、いちおう史実とみてよかろう。

　『史記』以後の歴代の文献によって、「徐福入海求仙」の史実はしだいに敷衍《ふえん》され、それぞれの時代の解釈にあわせて再創作された結果、はやくも伝説化してしまった。史実から伝説への変遷に三つの段階があったことは、近藤杢《もく》が『江戸初期以前に於ける儒書の将来と刊行について』（『斯文』十七ノ四）で明快に論じたところである。

　『史記』の徐福入海説から一転して渡日説となり、後周の義楚の『釈氏六帖』に見え、再転して齋書説《せいしょ》となり、宋の欧陽脩《おうようしゅう》の『日本刀』の詩に詠ぜられるに至ったもの。（後略）

つまり、『史記』（淮南衡山列伝）は徐福入海の着地を「平原広沢」としか書かなかったのが、五代のころ義楚の著わした『釈氏六帖』（義楚六帖《ぎそりくじょう》とも六帖とも書く）では始めて「日本」に特定するようになった。この肝心な記述は次のとおりである。

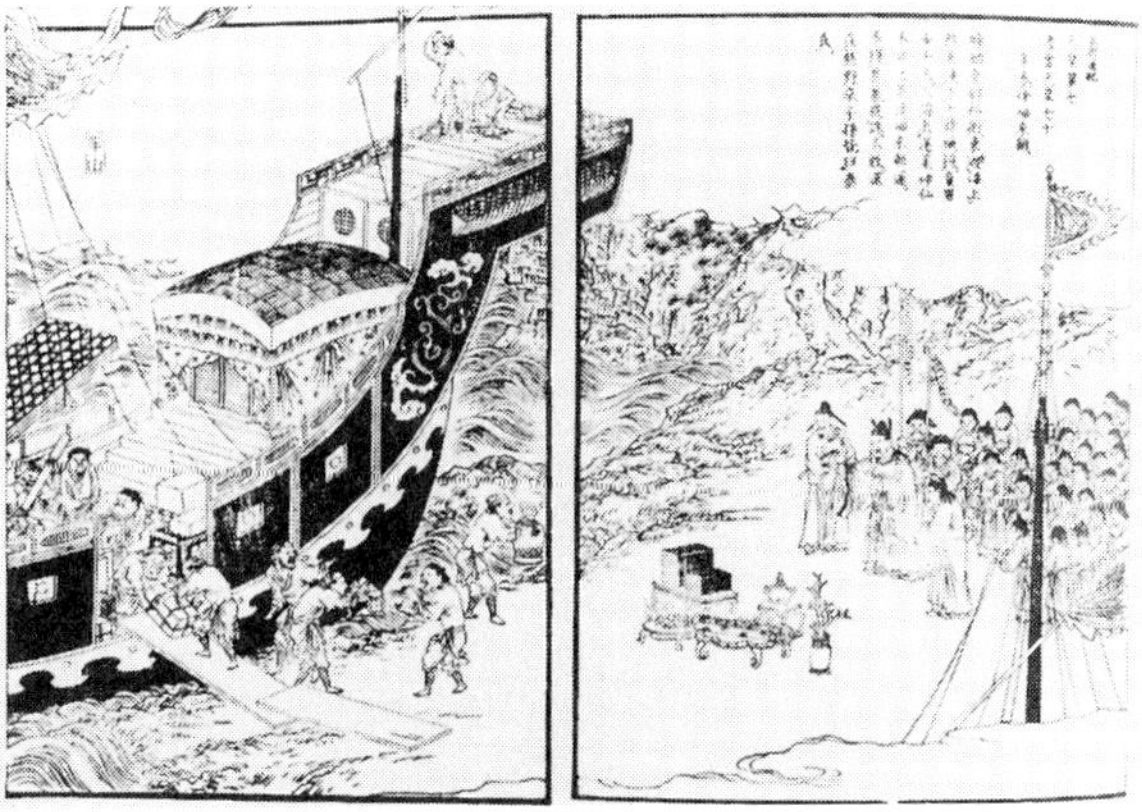

徐福の日本上陸

徐福の船団が日本に漂着した様子を描いたもの。徐福は童男童女を率いて，海辺に祭壇を設けて神を祭り，船員たちは積荷をおろしている（『西国三十三名所図会』より）。

　日本国はまた倭国といい、東海の中にある。秦の時、徐福は五百の童男と五百の童女を将《ひき》いて、この国に止まる。今、人物は一に長安の如し。（中略）また東北千余里に山があり、富士といい、また蓬莱という。（中略）徐福はここに止まって蓬莱という。今に至って、子孫はみな秦氏という。

右の記事では、徐福のとどまった蓬莱島をはっきり「日本」と断定していること、日本の人物を「長安の如し」と評価していること、渡来人集団の秦氏を徐福一行の子孫と認めていることなどが注目される。

徐福の渡日説は、唐末以来の日本見直しの時代風潮に根差したものであり、中日間の、ひいては華夷間の人種的なへだたりをなくす前提条件でもあった。宋に至って、日本の風俗・文物・制度などが中国なみに高

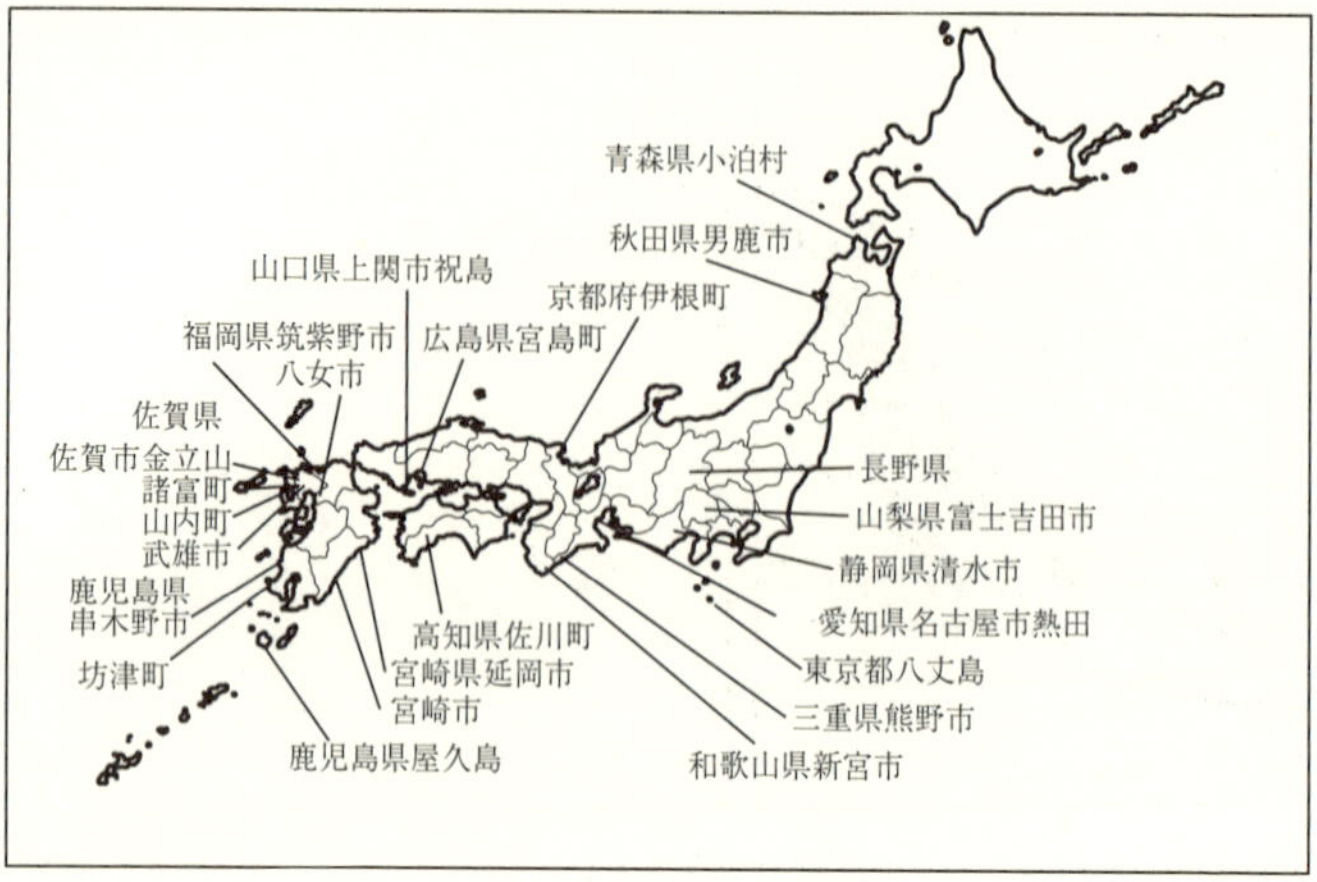

日本の徐福遺跡の所在地

徐福とかかわった遺跡は中国，韓国，日本の沿海地域に散在している。徐福の伝承が日本の各地にひろがっていることは，弥生時代から多くの中国人が東方のユートピアをめざして渡来した事実を物語る。

く評価されるようになった機運は、まさにここにあるといわなければならない。

このような日本像の時代的な転換は、徐福伝説においては五代の「渡日説」から宋の「齎書説」への変容にも十分に表わされている。欧陽脩（一説に作者は銭君倚）の『日本刀歌』に詠われているところは、よく引き合いに出される名文である。

> 伝え聞くにその国は大島に居り、土壌は沃饒として風俗も好しと。
> その先に徐福は秦の民を詐して、薬採るに淹留《とどま》って丱童老いたり。
> 百工と五種はこれとともに居り、今に至って器玩はみな精巧なり。
> 前朝に貢献してしばしば往来し、士人往々にして詞藻に工《たく》みなり。
> 徐福行く時に書は未だに焚かず、逸書の百篇は今なおも存せりと。

「徐福渡日説」は、真偽をめぐって学界で久しく議論される難解なテーマである。肯定論者は、中国東南沿岸や日本沿海の各地に点在する徐福ゆかりの遺跡を証拠にあげて、歴史の復元を試みようとする。否定論者はこれらの遺跡を後世のこじつけだと退けて、徐福という人物の実在さえ認めようとしない。

二千年も前のことで、今となっては真実をすべて解きあかすことは不可能に近いだろう。徐福の時代に、秦王朝の中国統一によって、既得利益を奪われた人々、生活基盤を失った人々が、大挙して海外に移住し活路を求めたことは、歴史的な事実だったのである。これらの移住者は、無名のままに歴史のなかに埋もれてしまったのがほとんどで、わずかに人口に膾炙《かいしゃ》する徐福の名で一部の伝承を後世に残したということも、十分に考えられよう。

ここでは、「徐福渡日説」の真偽論争に立ち入る気はなく、本章の主題にあわせて、次の二点だけを今後の課題として提起しておこう。

（1）徐福をふくめて、秦人の移住伝説のおよぶ地域は、ほとんど朝鮮半島と日本列島に集中しており、北方・西方・南方の諸地域には、こうした伝説が流布していた痕跡はみられないようだ。いざとなると、まず東方を避難先に選んでしまうということは、おそらく古来の「東方に神仙郷あり」の意識に行動を左右されたと推察される。

徐福の墓

日本には徐福の墓がいくつかあり，図は和歌山県新宮市の徐福町にあるもの。

前にもふれたように、東方の理想郷は朝鮮半島から徐々に日本列島へ移行される経緯があり、移住民をして日本列島へ向かわせる理由は十分にあるのである。また、『日本書紀』などに記録された秦氏集団と漢人集団の渡日記事によっても明らかなように、いったん半島に移住した漢民族は、さらに東進して日本をめざす傾向もみられる。したがって、「神仙の郷」という日本像の解明に、徐福伝説をひとつの手がかりとすることは、有効であるかもしれない。

（2）徐福をめぐる伝説が最初に日本と結びつけられるのは、前述のとおり五代の『釈氏六帖』である。その後、「徐福渡日説」は欧陽脩の『日本刀歌』に象徴されるように、各時代にもてはやされ、近代にまで語りつがれている。このような伝説がなぜ流行りだし、人々がなぜこれを信じて疑わないのかということを考えると、「神仙の郷」というイメージが日本認識の基本パターンとして、約二千年にわたって中国人の日本像を規定していたという結論に、おのずと帰着するのである。

今や日本を「神仙の郷」と思う中国人はだれ一人いないだろうが、日本を呼ぶ名として、「東瀛《とうえい》」や「扶桑」などは依然として健在で、無意識のうちに往昔の記憶が体のどこかに眠っているのかもしれない。

【注釈】

（1）石原道博「中国における日本観の端緒的な形態」（『茨城大学文理学部紀要（人文科学）』第一号、一九五一年）。

（2）袁珂著『山海経校注』（上海古籍出版社、一九八〇年版）三三一頁を参照。ちなみに、「蓋馬」の位置について、唐の李賢は『後漢書』に「蓋馬は玄菟郡の県名である。その山は今の平壌城の西にある」と注記している。
（3）中国人学者の諸説は、武安隆ほか著『中国人の日本研究史』（六興出版、一九八九年八月版）一九頁注（1）に挙げられた文献を参照されたい。日本人学者による諸説は国分直一著『東シナ海の道――倭と倭種の世界』（法政大学出版局、一九八〇年五月版）一五四～一五八頁に詳しい。
（4）鳥越憲三郎「『倭人』とその渡来」（中西進・王勇共編著『日中文化交流史叢書・人物』所収、大修館書店、一九九六年十月版）三二頁を参照。
（5）古田武彦著『邪馬壹国の論理』（朝日新聞社、一九七五年版）。
（6）松下見林著『異称日本伝』巻上一（『改定史籍集覧』所収）。

第二章　宝物の島——実像と虚像の間——

古代中国人の遙かなる東方へ馳せるユートピア幻想は、秦漢以前の日本観の基層をかたちづくった。戦乱を避けて故郷を離れる流民、理想を燃やして新天地を求める君子らが陸続として東方へ移り住もうとする背景には、このユートピア幻想がつよく働いていたにちがいない。

秦漢より以後、中日間の使者往来の航路がようやく開かれるようになってからも、中国人は依然として従来の先入観をもって日本を観察しがちである。いいかえれば、実像のなかに虚像の片鱗を発見し伝説の真実を証明していく過程に、魏晋《ぎしん》から隋唐にかけての日本像がしだいに成立し、展開していくのだった。

漢代から始まった日本の朝貢使節らは、貧弱なものながら国産のお土産物を持参して、中国の歴代王朝へ服従のしるしに献上したのである。しかし、四方を海にかこまれて周囲との物的交流がわりと少なかった日本のものだけに、これらの貢物は中国人から意外と珍しがられた。

『隋書《ずいしょ》』（倭国伝）に「新羅・百済、みな倭をもって大国とし、珍物多しと為す。ゆえにならびにこれを敬仰し、つねに通使して往来する」とあり、倭は「珍物の国」として周囲の隣国から尊敬されていた例である。

中国にあまりみられない珍しい品物が、遠方の島国から運ばれてくると、従来の神仙郷のイメージと重なりあって、「宝物の島」という新しい日本像を浮かびあがらせるきっかけともなった。

唐宋時代になると、およそ二五〇～五五〇人で構成される遣唐使団はもちろんのこと、聖地巡礼をめざす僧侶や海外貿易にたずさわる商人の動きも著しく活発となり、日本産の宝物類はもはや入手しがたい「珍物」でなくなった。しかし、「宝物の島」なるイメージはこれで影を潜めてしまうのでなく、それにかわって登場してくる精巧な工芸品によって、より現実的な「器用な民」という日本像に生まれ変わっていくのである（第三章参照）。

隋の煬帝（569～618年）
仏教をあつく信仰し，勢力拡張に腐心した煬帝のころ，聖徳太子は遣隋使を頻繁に派遣し，日本の宝物を中国にもたらした（『歴代帝王図巻』より）。

第一節　倭王の貢物

中国の正史に日本列島のことを最初に書きしるした『漢書』は、楽浪の海中にある倭人は「歳時をもって来り、献見する」と伝えている。

「献見」すなわち「朝貢」とは、主従名分を確認する外交行為であるとともに、文物その他をかわす変則貿易でもある。変則というのは、民間で行なわれるような等価交換ではなく、中国王朝は周辺諸国から献上された貢物に対して、ふつう数倍から数十倍以上の値打ちのあるものを賞品として下賜《かし》するならわしである。

古代の東アジア世界においては、こうした朝貢システムによって、各国の文物は国境をこえてひろく流通するのである。したがって、倭人が楽浪郡に「歳時をもって来り、朝貢する」ということは、なんらかのものを輸出していたことをも意味するのである。

ところが、『漢書』の倭人記事はその末尾に「云」という一字があり、間接の伝聞による情報をほのめかしている。このためか、倭人の貢物も楽浪郡の賜品も明記されていない。後漢になると、倭国の使者は洛陽に姿を現わすようになり、朝貢の実態についての記録もしだいに現実味を帯びてくる。

時代はずっと後になるが、延暦二十三（八〇四）年、中国南部の福州長渓県にながされた遣唐大使の藤原葛野麻呂《ふじわらのかどのまろ》は、空海の達筆を借りて地元の観察使に差しだした書状で、「蓬萊の琛《たから》を執り、崑岳の玉を献ずる」（『性霊集《しょうりょうしゅう》』巻五）と述べて、朝貢のよしを明らかにしている。

中国への貢物を「蓬萊の琛」と「崑岳の玉」にたとえているのは、ただの文飾にすぎないかもしれないが、魏晋から隋唐にかけての日本観の主流をみごとに表現している。

1、『後漢書』の朝貢記事

紀元二五年、王莽《おうもう》が紀元八年に「新」という短命な王朝を建ててから、およそ二〇年ほど中断していた漢王朝がふたたび復活し、劉秀（光武帝）はその六月に即位して、年号を建武に改め、洛陽《らくよう》を都と定め、後漢の幕をひらいた。

『後漢書』（東夷伝序）によれば、この年に「濊《わい》、貊《ばく》、倭、韓」の諸国は万里をこえて朝貢してくるとある。ここで「倭」が「韓」の前にならんでいるのは、なにかの事情を示唆しているかもしれない。『後漢書』を調べてみたところ、「韓伝」には洛陽朝貢の記事が一回もなかったのに対して、倭伝には二回もあり、倭人が一足さきに漢王朝に使者を送りこんでいたことが裏づけられる。

一回目の使者は倭の奴国から遣わされ、建武中元二（五七）年、洛陽に到着していた。『後漢書』（倭伝）には「貢を奉じて朝賀する。使人は自ら大夫と称する」とあり、さらに「光武帝、印綬をもって賜わる」とも記録してある。

右の記事から、倭人の使者が朝貢の目的で遣わされたことは明らかであるが、どんな貢物を献上したかは不詳である。また漢王朝の賜品は「印綬」とあるのみである。おそらく一回目の遣使では、これというほどの物品がかわされていないとも考えられ、特記されなかったのであろう。

二回目について、『後漢書』（倭伝）は「安帝の永初元（一〇七）年、倭国王の帥升《すいしよう》らは生口百六十人を献ずる」と書きしるしている。ここに、「生口」という倭国の貢物がはじめて登場してくる。生口の解釈をめぐって中日両国とも諸説あるが、なんらかの特技をもった人間であろう。

倭国はあわせて二回の使者を出しているが、その貢物についての詳述がなく、漢王朝にどのような印象を残したのかは明らかではない。ところが、光武帝より賜与された金印は江戸時代の天明四（一七八四）年、福岡県の志賀島から出土し、漢王朝の日本像を断片ながらうかがわせる。

つまり、この金印のツマミ（紐）は蛇のかたちをデザインしている。陰陽五行の思想では、青竜は東方、朱雀は南方、白虎は西方、玄武は北方をそれぞれ鎮守していると信じられる。いわゆる四方神の信仰である。

「漢委奴国王」金印

この金印は建武中元2（57）年，漢の光武帝より奴の国王に授けられた「印綬」に当たるものとされる。江戸時代の天明4（1784）年，博多湾頭の志賀島から発見された（国宝，福岡市美術館）。

倭国へ授けられた金印が蛇（竜とも理解できる）紐につくられていることは、倭人を東夷の民族と認めるあかしである。そうならば、東夷につきまとっている種々のイメージは、はるばると荒海をわたって朝貢してくる倭人に重ねあわせられていることも頷ける。

2、『魏志』の朝貢記事（上）

俗に『魏志・倭人伝』と通称される『三国志・魏志』の倭人条に「その人は寿考であり、あるいは百年、あるいは八、九十年」とあって、神仙郷の長寿不死の伝聞をちらつかせている。こうした神仙郷のイメージをさらに強めさせたのは、朝貢品として倭からもたらされた宝物にほかならない。

『魏志』（倭人伝）は倭国の物産について「真珠・青玉を産出する」と述べ、また倭国の遣使朝貢を五回にわたって記録している。以下、遣使のいきさつを順次に紹介する。

（1）景初三（二三九）年の遣使

後漢の末期ごろ、各地の農民蜂起がその勢いを日に日に増しつつ、いつしか漢王朝の命取りとなった。二二〇年、後漢があっけなく滅亡し、中国は魏・蜀・呉の三国に分裂した。こうして、領土をめぐって争奪戦の絶えない三国時代が始まったのである。

卑弥呼の使者

景初３（239）年，卑弥呼から派遣された難升米と都市牛利が洛陽に入り，魏の明帝に謁見した（穂積和夫筆，『日本の古代１　倭人の誕生』中央公論社刊より）。

景初二（二三八）年、朝鮮半島に勢力をはった公孫氏が魏（曹魏）の猛攻にやぶれ、「倭・韓」を統属していた帯方郡がここで魏の領有に帰してしまう。その翌年の六月に邪馬台国の卑弥呼女王はさっそく帯方郡を経由して、使者を洛陽におくった。

景初二年六月、倭の女王は大夫難升米《なんしょうまい》らを遣わし郡に詣り、天子に詣って朝献せんことを求める。太守の劉夏は吏を遣わし、将《ひき》い送って京都《みやこ》に詣らせる。[1]

卑弥呼の使者は、魏の都がおかれていた洛陽にたどりつき、「男生口四人・女生口六人・班布二匹二丈」を献上した。貢物には従来の

「生口」に、あらたな品目として「班布」をつけくわえた。

今や皇位についたばかりの少帝（曹芳）は遠方の朝貢使を大いに喜び、同年十二月に詔書をくだし、卑弥呼を「親魏倭王《しんぎわおう》」に冊封するとともに、女王の「忠孝」を褒めたたえた。この詔書には「汝、それ種人を綏撫《すいぶ》し、勉《つと》めて孝順をなせ」との注文がつけられている。

魏帝は使者をあつく遇して、倭人の「孝順」を心から期待しているところに、いうまでもなく「倭人は柔順である」との先入観をのぞかせている。そして、倭人の貧弱な貢物にもかかわらず、魏からの回賜品はまさしく目を瞠《みは》るほど豪華なものであった。

すなわち、朝貢品の見返りとしての「絳地交龍錦五匹、絳地縐粟罽十張、蒨絳五十匹、紺青五十匹」とは別に、さらに特別の褒美として「紺地句文錦三匹、細班華罽五張、白絹五十匹、金八両、五尺刀二口、銅鏡百枚、真珠・鉛丹各五十斤」を追加して賜わったのである。

「絳地交龍錦」とは、赤い生地に竜のもようを織りまぜた錦のことである。奴国王に授けた蛇紐の金印を連想させ、詔書の「忠孝」や「孝順」の表現と考えあわせると、「東方の君子国」という倭国像がそのまま受けつがれていることが推察される。

（2）正始元（二四〇）年の遣使

卑弥呼への印綬・詔書・賜品はいったん帯方郡におくられ、その翌年の正始元（二四〇）年、太守の弓遵《きゅうじゅん》は建中校尉の梯儁《ていしゅん》らを遣わして、それらを倭国にとどけさせた。この記事は「倭王は、使に因って上表し、恩詔に答えて謝する」をもって結ばれている。

原文の「因使上表」にある「使」は、魏の来使なのか倭の遣使なのか、この文では判定しにくい。ところが、『晋書《しんじょ》』(宣帝紀)には、「魏の正始元年正月、東倭は重訳して貢を納める」とある注目の一文が書きとめられている。

ここの「東倭」は邪馬台国をさしているのか、それとも邪馬台国と対立していた狗奴《くな》国のことか、または九州より東方にあった大和地方の勢力なのか。さらなる考究を必要とし、ここでは結論を急ぐことをさけたい。

『魏志』(倭人伝)と『晋書』(宣帝紀)の記事をつなぎあわせて考えれば、正始元年に倭人の使節が洛陽をおとずれ、貢物をもたらしてきたことは事実として認めてよかろう。ただし、貢物の品目が記録に漏れているのは惜しまれる。

3、『魏志』の朝貢記事(下)

正始元年の朝貢記事はいくつか疑問の点を残しているとしても、正始年間の魏倭交通はじつに頻繁なものであった。

三世紀の中ごろとなると、中国では三国分裂の局面にいよいよ収束のきざしが現われはじめ、日本では女王支配の終焉《しゅうえん》を告げようとする動乱がついに水面上に浮かびあがってきた。両国間を行き交う使者は、それぞれ政権の存亡をかけて必死の外交努力を強いられていた。

(3)正始四(二四三)年の遣使

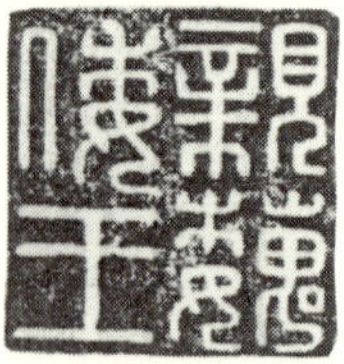

「親魏倭王」
百納本『魏志』(倭人伝)にみえる「親魏倭王」の冊封記事。印影は藤貞幹の『好古日録』より転載，実印は伝世していない。

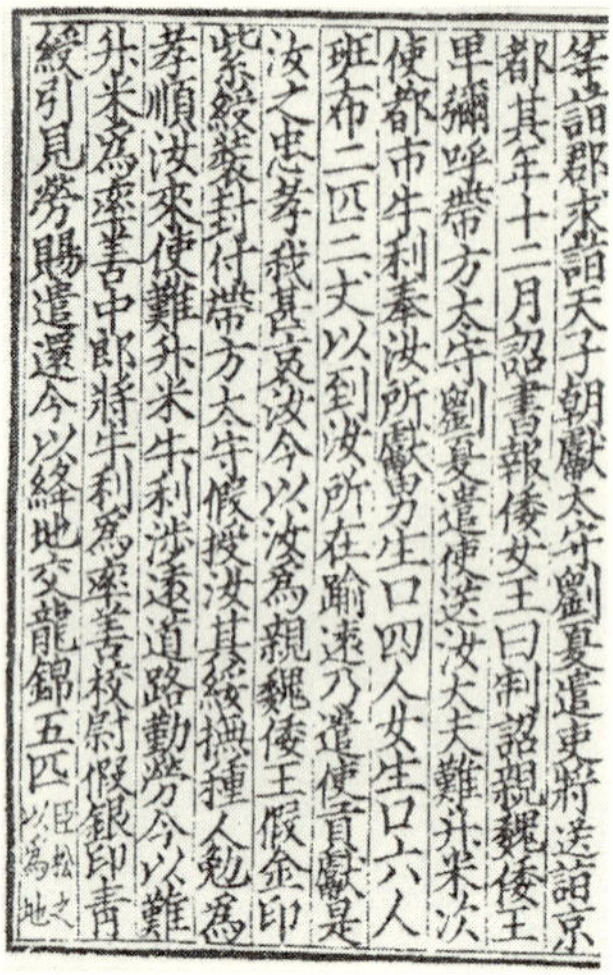
等詣郡求詣天子朝獻太守劉夏遣吏將送詣京
都其年十二月詔書報倭女王曰制詔親魏倭王
卑彌呼帶方太守劉夏遣使送汝大夫難升米次
使都市牛利奉汝所獻男生口四人女生口六人
班布二匹二丈以到汝所在踰遠乃遣使貢獻是
汝之忠孝我甚哀汝今以汝為親魏倭王假金印
紫綬裝封付帶方太守假授汝其綏撫種人勉為
孝順汝來使難升米牛利涉遠道路勤勞今以難
升米為率善中郎將牛利為率善校尉假銀印青
綬引見勞賜遣還今以絳地交龍錦五匹臣松之以為地

この年の十二月に、卑弥呼から遣わされた大夫の伊声者《いしょうぎ》をはじめとする八人は、洛陽に到着した。このたび使者らの献上した貢物は「生口・倭錦・絳青縑《こうせいけん》・緜衣《めんい》・帛布《はくふ》・丹《に》・木《もく》狲《ふ》・短弓矢」とあって、量質とも空前の豪華リストである。右の朝貢品をみると、「生口」以外には、これまでにないものばかりである。「倭錦・絳青縑・緜衣・帛布」はいずれもカイコの糸からつくられた絹織物のたぐいであり、麻などの繊維を材料として編んだ「班布」に比べて、飛躍的な進歩があった。また弓矢などの武器類がはじめて貢がれたのは、倭国の直面していた緊迫の情勢をほのめかしているとも考えられる。

(4) 正始八(二四七)年の遣使

王頎《おうき》が帯方郡の新しい太守として着任したばかりの正始八年、邪馬台国から倭の載斯《さいし》と烏越《うおち》をはじめとする使節団がこつぜんと郡に現われ、狗奴国との不仲がついに戦争状態にエスカレートしたという急報をとどけてきた。

新任の太守はさっそく張政《ちょうせい》を遣わして、二年前に魏帝からくだされた卑弥呼への詔書と難升米への黄幢をもたらし、邪馬台国の軍勢を応援した。三国時代もその後半期になると、朝鮮半島の情勢を気にしてならない魏にとって、「親魏倭王」の統率する倭人勢力がますます重要性を増してきたのである。

このたびの遣使は洛陽には行かず、帯方郡にとどまったものだが、外交往来の常として倭国からの貢物があったと推定される。ただし『冊府元亀《さつぷげんき》』が「白珠五千孔・青大句珠二枚・異文雑錦二十匹」の貢献をこの年の記事として扱っているのは、明らかな間違いであろう。(2)

(5) 泰始二（二六六）年の遣使

卑弥呼の死後、年わずか十三歳だった宗女の壹与《いよ》（台与とする説もある）はその後継者に推され、内外の紛争によってストップしていた対魏外交をふたたびひらき、大夫の率善中郎将掖邪狗《やくやく》ら二十人を遣わし、正始八（二四七）年から来日していた張政らを送還して、かさねて魏都の洛陽に詣り、「男女の生口三十人」のほか、「白珠五千孔・青大句珠二枚・異文雑錦二十匹」を献上した。

『魏志』（倭人伝）は使者派遣の年次を明らかにしていない。ここで、「泰始の初め、使を遣わし、重訳して入貢する」とある『晋書』（倭人伝）の記事が注目に値する。

魏の咸熙《かんき》二（二六五）年十二月、魏から政権をゆずりうけた晋（西晋）は、この年を泰始元年とした。まさにその王朝交替のさなか、倭国の使者が洛陽をおとずれたのである。『晋書』（武帝紀）は王朝誕生の大事として、「（泰始二年）十一月己卯、倭人が来り、方物を献ずる」と、遣使の年月日まで詳しく記載している。

『冊府元亀』は正始八年の遣使とは別に、「晋の武帝の泰始元年、倭人国の女王は使を遣わし、重訳して朝献する」と、「（泰始）二年十一月、倭人が来り、方物を献ずる」との二回にわたる朝貢記事をかかげている。また『日本書紀』は神功皇后六十六年の記事に、『晋起居注』をひいて、「武帝の泰初二年十月、倭の女王は（使を）遣わし、重訳して貢献する」と注記している。(3)

司馬炎《しばえん》（武帝）が即位したのは泰始元（二六五）年十二月半ばをすぎているから、かりに倭国の使節がそれより前に洛陽についていたとしても、武帝に朝見できるのは、どうしても翌年のことになると推察される。

泰始二年の遣使は『日本書紀』と『冊府元亀』がともに「女王」から遣わされたとあり、『魏志』（倭人伝）の記事とつなぎあわせると、この「女王」とは壹与のことをさしていると考えられる。しかし、『魏志』（倭人伝）に女王の献上品リストが載せてあるのに、『晋書』は詳細な期日入りのみで、中味がまったくないのは、なぜなのか。

私見では、壹与の使節は泰始元（二六五）年十二月よりさきに洛陽に到着しており、魏のラストエンペラー元帝に貢物を献上してのち、政権の交替があったため、翌（二六六）年十一月に新王朝の晋にも朝見したと推測される。ここでは、叙述の便宜上、複数年次のできごとを泰始二（二六六）年にまとめて考えることにする。

このたびの献上品リストをみると、正始四（二四三）年のとおなじ生口と錦類のほか、あらたに宝石類がくわえられていることがわかる。このように遣使ごとに追加される貢物の品目は、ある意味では倭人のイメージづくりに役立ち、中国王朝の日本像を更新させる役割を果たしたものである。

第二節　復元された倭錦

前節では、弥生時代の倭王らによる朝貢記事を拾いあつめ、中国にもたらされた貢物をリストアップしてみた。中日間の民間貿易がほとんどみられなかった時代だけに、これらの朝貢品は、中国人にとって文字どおり珍しい舶来品であり、遙かなる倭国を知るうえで稀少にして重要な実物だったのである。

倭国の朝貢品のなかでまず目をひかれるのは、織物のたぐいであろう。『魏志』(倭人伝)がその細目を詳記しているのも、それらを目にした人々の並々ならぬ関心の一端をうかがわせる。

これらの献上品にふくまれる絹製品は、中国が極秘にして輸出をかたく禁じていた養蚕《ようさん》と製絹《せいけん》の技術を倭人がすでに知っていたことを物語り、魏王朝に意外なショックを与えたのかもしれない。生口とともに絹類が朝貢品として持続しているのも、中国で好評を博している証拠とみられる。

本節では、卑弥呼の「倭錦」をはじめ、中国にもたらされた布と絹の史実をたどり、それが中国人にどんなイメージを植えつけたかを考えてみたい。

1、ローマと倭国

『魏志』(倭人伝)に「禾稲《かとう》・紵麻《ちょま》を種《う》え、蚕桑をして緝績《つむ》ぎ、細紵・縑緜《けんめん》を産出する」と特記される一文に、どんな倭国像が示されているのか。東西の世界をむすぶシルクロード全般の視点から、そ

桑摘みの女性たち

戦国時代の青銅器に刻まれた桑摘み図は，古代ローマの羊毛樹伝説をほうふつとさせる。

こにかくされた意味を考えてみよう。

中国では今から約五千年前の新石器時代に、絹作りがすでに始まっていたが、漢代になってようやくその成熟期を迎える。そして中国産の絹織物は、陸路をへて西と北、また海路をへて東と南の各地に運ばれ、史上にその名を馳せるシルクロードを形成したのである。

中国は製品としての織物はどんどん輸出しても、肝心なカイコの存在を極秘にして国外への輸出をかたく禁じていたようだ。そのため、絹製品は、西方世界にとってながく神秘的な存在であり、さまざまな奇談を生みださせた。

古代ローマの名高い詩人ウェルギリウスはその詩集『農耕詩』（前二九年）で、セリス人が木の葉から繊細な羊毛を採集する情景を歌っている。ローマ人は、絹の原料となる羊毛がアジアの森林から無尽に取れると思いこんでいたらしい。

二世紀ごろのギリシアの歴史家パウサニアスは『ギリシア案内記』のなかで、ローマ人に興味津々と語られていた羊毛樹の伝説を荒唐無稽としりぞけ、絹をつむぐ糸は「蜘蛛《くも》のような昆虫」から得ていたと説く。つまり、セリス人は「セル」と呼ばれる昆虫を籠に飼い、キビとアシを食べさせ、五年目になると、昆虫は飽食のために腹がパンクし、そこから無数の糸を取りだせるという。

ローマ宮廷では、光りかがやく絹の衣装は財富と権力とを象徴し、その値打ちは黄金とおなじ目方

養蚕の西方伝播

シルクロードの遺跡から発見された板絵に，西域へ嫁がれる皇女が繭を帽子に隠して持ち出そうとする場面が描かれている。

で取り引きされるほど高いものといわれる。したがって、「蜘蛛のような昆虫」を入手して、みずから絹をつくることは、ながらくヨーロッパ人の夢だったのである。

この夢がついに現実となったのは六世紀中葉のことで、それにはいくつかのエピソードが伝承されている。

そのひとつは、中国のことをよく知っていたインドの僧侶がビザンチン帝国にやってきて、皇帝のユスティニアヌス一世に「蜘蛛のような昆虫」とはカイコのことで、その卵さえ手に入れれば、絹作りがたやすくできると報告したら、皇帝は高い報酬をえさに、蚕卵の密輸をそそのかしたそうだ。

そこで、二人のインド僧は、ふたたび中国に潜入し、カイコの卵を小さな箱に隠して、ひそかにビザンチンの宮殿までもっていき、それを幼虫に孵《かえ》らせて桑の葉を与えつつ、繭《まゆ》を結うまで待って、糸を取りだすことに成功した。ローマ人の絹作りはこれによって始まったとされる。

このような伝説はさまざまなかたちで盛んに伝えられ、文献記載のみならず、絵画の題材になった例さえある。新疆ウイグル自治区にあるタリム盆地は、かつてシルクロードの重要な経過地のひとつであった。その南路に沿うダンダンウィクリの遺跡から発見された有名な板絵には、塞外へ嫁がれる中国の皇女が、こっそりと繭を帽子のなかに隠してこの地にもたらしたという伝説がありありと描かれている。

ヨーロッパにおける養蚕術の伝入は、権威ある『中国大百科全書』をはじめ、ふつう五五一年とされている。ただしヨーロッパ産の絹織物が中国に輸出され、注目を浴びるようになるのは、ずっと後の時代になる。

こうしたシルクロードの事情を念頭に置きながら、冒頭にひかれた『魏志』（倭人伝）の記事を吟味すると、この一文の重さがおのずとわかってくる。つまり中国が秘伝の家芸としていた養蚕と製絹の技術を、ローマ人より数百年も前に倭人がすでにもっていたという事実である。

おそらく貢物として献上された光りかがやく倭錦を目の当たりにしながら、中国人は不思議がってその驚きを隠せなかったと想像される。

2、麒麟錦と日本裘

唐代の大詩人杜甫《とほ》の『厳中丞の西城晩眺十韻に和し奉る』と題する五言律詩に、「花羅は蛺蝶《きようちよう》を封じ、瑞錦は麒麟《きりん》を送る」という対句がある。『杜子美詩分類集注』は、これについて次の注釈をくわえている。

蛺蝶と麒麟は羅錦の上の文繍である。漢武の時、西域は蛺蝶の羅を献じ、日本国は麒麟の錦を貢ぐ。人をして眼目を眩ませる。

明代の陳仁錫《ちんにんしやく》という文人はその著『潜居類書《せんきよるいしよ》』（巻九十三、服御部六）において、「麒麟錦」の項を立てて、『韻府続編』をひいて「漢の武帝の時、日本は麒麟の錦を貢ぎ、金光にして目を眩ませる」と解説している。

漢の武帝の治世（前一四一～前八七年）に、倭国から麒麟文の錦が献上されたということは史書に明記がなく、にわかに信じがたいが、あるいは遡及《そきゆう》的な伝説であるかもしれない。それはともかくとして、倭人は早くから精緻な錦物をつくることができるという認識は、中国人の脳裏に焼きついていたのであろう。

東アジアのシルクロードが半島を経由して、さらに日本列島にのびていった時期は、今のところ判然としないが、紀元前一〇〇年ころの弥生遺跡から絹布の遺品が出土している。金属技術や稲作文化などを日本にもたらした渡来人たちが、養蚕と製絹の方法をも伝えたにちがいない。

邪馬台国の時代は、考古学での弥生時代の後期にあたる。そのころ、絹の製造技術はかなり発達したようで、本場の大陸へも逆輸出しはじめた。半島を経由して魏に朝貢品として流入したのとほぼ同じころ、海路をへて呉にも商品として輸出していたらしいことは、『三国志』（呉志）の孫権《そんけん》伝に述べられている。

つまり、呉の黄竜二（二三〇）年、孫権は将軍

杜甫（712～770年）
字は子美，少陵と号する。長い貧困な生活を経験していたため，社会の下層に苦しみあえぐ民衆に目をむけた叙事的な作品が多く，後世に「詩聖」と崇められる。

孫権（182～252年）
三国時代，呉国を開いた初代国王。海路を通して朝鮮半島および日本列島との交流が多かったと考えられるが，『三国志』は魏を正当王朝としているため，『呉志』には外国伝がなく，対外交流の史実はほとんど抹消されている（『歴代君臣図像』より）。

の衛温《えいおん》と諸葛直《しょかつちょく》をして、甲士万人を引率させ、夷洲と亶洲《せんしゅう》に遣わした。伝聞によれば、亶洲は徐福のとどまった島で、島民はときどき東シナ海をわたり、会稽にやってきて布を貨《う》るという。

日本から織物の輸出がいよいよ本格的になってきたのは、七世紀半ばから以後のことである。

そのころ日本から出された遣唐使は、多くの絹類を貢物として中国にもたらしていた。『延喜式』（大蔵省、賜蕃客例）は唐の皇帝への献上品として、次のような品目をあげている。

大唐皇（銀大五百両、水織絁・美濃絁各二百疋、細絁・黄絁各三百疋、黄絲五百絇、細屯綿一千屯）。別に綵帛二百疋、畳綿二百帖、屯綿二百屯、紵布三十端、望陁布一百端、木綿一百端、出火水精十顆、瑪瑙十顆、出火鐵十具、海石榴油六斗、甘葛汁六斗、金漆四斗を送る。

右文によって明らかなように、織物類がその献上品の大半を占めているわけである。この貢物リストを裏づける史料は、中国側の文献にもある。『冊府元亀《さつぷげんき》』（巻九百七十一、外臣部、朝貢四）は第十次の遣唐使（七三三年出発）のことを「美濃絁二百匹、水織絁二百疋を献ずる」と記録し、『延喜式』の記載とぴったり符合している。

これら遣唐使によってもたらされた織物類は、唐の人々からどう評価されたのだろうか。唐代最高の詩人といわれる李白《りはく》の詩に詠まれた「日本裘《きゅう》」は、この問題を明解に答えてくれるであろう。

『李太白詩』巻十六所収の『王屋山人魏萬の王屋に還るを送るの詩』をみると、「身に日本裘を著け、昂蔵《こうぞう》と風塵を出づ」という二句がある。李白はこの「日本裘」について、「裘はすなわち朝卿の贈る所の日本布をもってこれを為《つく》る」と注記している。ちなみに「朝卿」とは阿倍仲麻呂《あべのなかまろ》のことで、唐に仕えて名前を唐風の「朝衡《ちょうこう》」に改めていた。

詩中の「昂蔵」とは、風貌堂々として気宇壮大な様子であり、李白の詩『潘侍御の銭少陽を論ずるに贈る』にも、「繍衣柱史何昂蔵、鉄冠白筆横秋霜」と「昂蔵」の用例がみえる。日本裘を身につけると、いかにも脱俗して仙人にでもなったような雰囲気を漂わせるという意味であろう(4)。

以上みてきたように、日本から伝わってきた絹と布は、エキゾチックな情緒とユートピアの幻想を呼びおこし、文人らに重宝されていたのである。

3、倭錦と異文雑錦

邪馬台国の女王は魏への貢献品に、三回とも絹類をくわえている。それをまとめて示すと、次のごとくである。

(a) 景初三(二三九)年　班布二匹二丈

(b) 正始四(二四三)年　倭錦・絳青縑・緜衣・帛布

李白(701－762年)
唐代随一の詩人。字は太白，青蓮居士と号する。ロマンチックな詩風で一世を風靡した。杜甫の「詩聖」に対して「詩仙」と称えられる。阿倍仲麻呂との交友の美談はよく知られている。

（c）泰始二（二六六）年　異文雑錦二十匹

養蚕や紡績の技術は前述のとおり、おそらくは弥生時代の初期から、半島経由の渡来人らによって将来されたのであろう。日本語の訓読によると、渡来人の二大系統の秦氏と漢人はそれぞれ「ハタ」と「アヤ」と読み、いずれも紡績と深いかかわりがあったことがうかがわれる。

応神天皇三十七（約三〇六）年、渡来漢人の阿知使主《あちのおみ》らは呉に派遣されて、兄媛《えひめ》・弟媛《おとひめ》・呉織《くれはとり》・穴《あな》織《はとり》の四人を日本に連れもどした。このことは、日本の紡績技術が江南系に属していたことを想像させる。

邪馬台国の貢物は、時代とともに班布→倭錦→異文雑錦としだいに高級化し、技術の発展をものがたる一方、これらの織物が魏から喜ばれていたとみることもできよう。

紡績史研究の権威とされる太田英蔵氏は、班布は倭国産の細紵布らしく、縞織か格子織の絞り染めだろうとし、倭錦と異文雑錦も同じ織技によったものであると推論している。さらに、『魏志』（倭人伝）の「細紵と縑緜を産出する」ことについて、つぎのように分析する。

　細紵とはカラムシを績み紡ぎ織った細布であり、魏国は中国の北部を領しており、紵よりもむしろ常民は大麻の粗い布を衣料としていたから、倭人の精巧な紵布に興味をおぼえ特記したのであろうことは、出土する中国北方の紡輪の大きさから察せられる。(5)

ところで「倭錦」とは、一体どんなものであろうか。具体的にいえば、どんな模様をしているか。一九八五年に、ＮＨＫと川島織物とが中心となって、倭錦の復元試作を企画し、苦心に苦心をかさねて作りあげたのは、奈良時代以前の遺物といわれる「赤地山菱文錦」を基本的デザインとする、入子菱と小形三角形の組みあわせ模様のものである。(6)

ここの「倭錦」は「やまとにしき」と訓読みするべきか、それとも「わきん」と音読みするのが正しいのか、意見のわかれるところである。ただし「倭」が「錦」を修飾している以上、中国によくみられる錦類とは異なることは、まず間違いなかろう。

『日本書紀』や『新撰姓氏録《しんせんしょうじろく》』などに徴すれば、天羽槌雄神は倭文氏の先祖で、文布を織ったと伝えられる。文布は倭文布とも倭文とも書き、「シドリ」また「シヅリ」という織物である。倭錦と倭文とは関連があったかどうかも、さらに考究する必要があろう。

倭錦を復元するという作業は、まことに大胆かつユニークな試みで、結論の賛否はともかく、漠然としか想像できない古代の風景を具像化して体感させる点で、大きな意味があると思う。

つぎに、「異文雑錦」とはなにかを考えてみよう。

語句について「異文の雑じった錦」との読み方もあるが、中国語の表現法からすれば、むしろ「異文の雑錦」と素直に読むほうが正しいと思われる。「雑」は種類の多いこと（二十匹もある）を言っている。

古代漢語では、「異」の本義は「区別する」だが、「異なる」と「優れる」の派生義もある。したがって「異文」は「中国のものと異なった文様」か、「ずば抜けて傑出した文様」と解釈されるが、あるいは両方の意味合いがミックスして、この二字に込められているかもしれない。

「文」は「紋」に通じ、模様のことである。この模様は「異文」といわれるほど、魏の人々をつよく印象づけたものにちがいない。それは倭錦のような「入子菱と小形三角形の組みあわせ模様」のものでは、そうも特筆されはしないだろう。

ここで思いだされるのは、漢の武帝に献上されたという麒麟錦のことである。「人をして眼目を眩ませる」麒麟文ではなくとも、魏人を珍しがらせるような倭国風の模様がこれらの「雑錦」に織り交ぜてあったのであろう。要するに、「異文」は非日常的な「異郷」を連想させ、神仙郷のイメージを補強させるものである。

第三節　黄金と宝石

神仙郷とは、日常生活を超越した異空間である。そこに住んでいるのは脱俗の仙人であるとすれば、そこにありあふれる物もこの世にない怪珍異宝でなければならない。

こうした日本に対する先入観は、さまざまな伝説を生みだしつつ、神仙郷とされる日本像をつぎつぎと肉づけていく。そのなかには、いうまでもなく事実の拡大・敷衍・変形もあれば、事実無根の空想も少なからず交じっている。

しかし、「宝物の島」という新しい日本像が、まったく中国人の空想によって生みだされたイメージではなく、邪馬台国の女王らの献上品に触発されたことはまず疑いない。その後、文物の交流が盛んになるにつれ、「宝物の島」というイメージがますます中国人の脳裏につよく植えつけられるようになった。たとえば『新唐書』(日本伝)に、

その東の海嶼の中に、また邪古《やく》・波邪《はや》・多尼《たね》の三小王がいる。北は新羅を距て、西北は百済、西南は越州に直る。糸絮《しじょ》と怪珍ありという。

とあり、ここに「糸絮」と特記しているのは、前文にふれた「倭錦」や「異文雑錦」など珍しい倭国産の絹織物が、弥生後期から続々と中国に流入し珍重された事実を示唆してくれる。

また「糸絮」とならぶ「怪珍」とは、この世に求められない異宝のことで、そのルーツも壹与から献上された「白珠五千孔・青大句珠二枚」にさかのぼることができよう。

未知の島国に「怪珍あり」の日本像は、魏晋から隋唐にかけて幅をきかせていた。ところが、造船術や航海術の進歩とともに、物資の流通が盛んになり、秘境としての日本がその真相をひろく知られてくると、こうした日本像はしだいに根拠を失ってしまい、新しい日本像に取って代わられるのである。

1、白珠と青玉

『魏志』(倭人伝)によれば、女王壹与は大夫の掖邪狗ら二十人を中国に遣わし、「異文雑錦」とともに、「白珠五千孔青大句珠二枚」を献上している。この難解な一文の解読をめぐっては諸説のわかれるところである。

たとえば、これを「白珠五千・孔青大勾珠二枚」と読む説や「白珠五千・孔青珠・大白珠二枚」とする説、または「五千」を「五十」の誤りとする説などがあげられるが、現在では「白珠五千孔・青大句珠二枚」とする読み方がほぼ定着している。

まず、「白珠五千孔」について考えてみる。

『魏志』（倭人伝）は倭国の物産について「真珠と青玉を産出する」と書きとめている。この記述は倭国から貢がれた実物によっている可能性がきわめて高く、したがって真珠はすなわち献上品にふくまれた白珠のことで、海から採れるパールのたぐいと推測される。

また「孔」という類別詞を用いたのは、本体に緒を通す穴が穿《うが》たれてあったためだろう。沿岸地帯の弥生遺跡から、真珠の出土例が多く報告されており、それらに緒を通してネックレスなどの装身具として使われていた。当時の生産量を試算すれば、「五十孔」ならどうみても少なすぎる。「五千孔」となると多すぎる感もなくはないが、確かな証拠がないかぎり、恣意的に文面を改める必要はないと思われる。

つぎに、「青大句珠二枚」について考えてみる。

現在「二十五史」の底本として使われている百納本の『魏志』（倭人伝）はたしかに「句珠」とあるが、『古今図書集成《ここんとしょしゅうせい》』の日本部彙考には「勾珠」となっている。「句」は『干禄字書《かんろくじしょ》』によれば、俗字では「勾」と書かれる。たとえば「句呉」と「高句麗」は、史書でしばしば「勾呉」と「高勾麗」に置きかえられる。

なお「珠」はもともと真珠と同様、パール類を指すが、『爾雅』の郭璞《かくはく》の注にあるように、美石(玉)の通称ともなっている。日本語では「珠」をタマとも訓み、玉に通じる。したがって、「青大句珠」は「真珠と青玉を産出する」の「青玉」にあたり、海から採れる「白珠」に対して、山から採れる「勾玉《まがたま》」のことであろう。さらに、「白珠」の「孔」とはちがって、「青大句珠」の場合に用いられる「枚」という類別詞は、両者の相違を明確に示している。

勾玉は鏡・剣とセットしたかたちで、しばしば古墳から出土するところから、古代豪族の伝家の宝物とされ、それがのちに天皇家の「三種の神器」のルーツとなった。「青大句珠」とあるから、巨大な勾玉であろう。

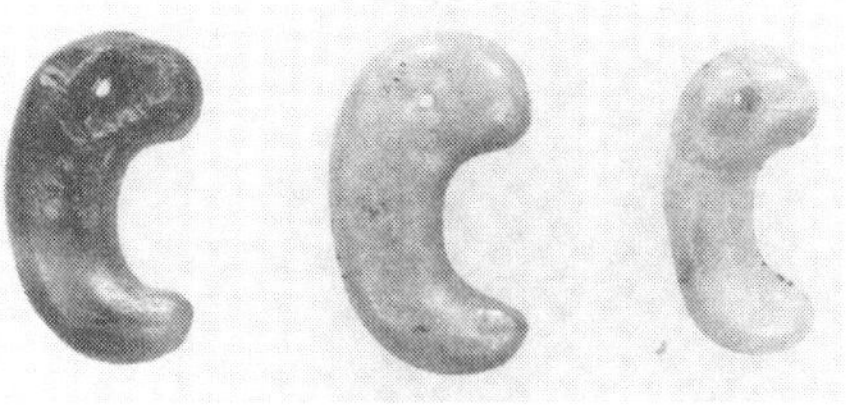

勾　玉

側面の形が「魚眼睛」(魚の目)に似ていて,「三種の神器」のルーツともなった勾玉,その巨大なものを邪馬台国女王が魏王朝に献上している。

「青大句珠」はふつう弥生遺跡から多く出土している青玉製の勾玉の一種に比定されるが、それを通例の「青玉の勾玉」より大きくかつ貴重な「ガラスの勾玉」と推定する意見もある(7)。

「大」という形容詞と「二枚」という数量詞に注目すれば、五千粒もある白い真珠とは異なり、その稀少価値がおのずとわかってくる。壹与がこうした国家の重宝まで献上した原因はさまざまに考えられるが、中国の権威をかりて、卑弥呼の死によって動揺しつづけた政局を収束しようとする狙いがあったのかもしれない。

2、海から湧き出る琥珀

上述のように、「怪珍あり」という日本認識は、邪馬台国から貢がれたビッグサイズの「勾玉」などによって芽生えてきたものだが、それがしだいに敷衍され、新しい伝説を生んでいくのである。『隋書』（倭国伝）にみられる「魚眼睛」の珍話などは、その一例である。

阿蘇山あり、その石は故なくして火起り天に接する者、俗もって異となし、因って禱祭《とうさい》を行なう。如意宝珠あり、その色青く、大きさは鶏卵の如く、夜は則ち光あり、魚眼睛という。

色青い「如意宝珠」は卵ほど大きく、夜になると光を放つとあるが、右の文中から「青・大・宝珠」の三字をかりに抜きだして並べてみると、すぐに邪馬台国の壹与女王より貢献された「青・大・句珠」のことを想起してしまう。両者の共通点は、同一物を思わせるほど歴然としている。

もしそれがガラス製の勾玉だとすれば、光を放つのは当然のことである。勾玉はまた曲玉とも書き、Cの字形の一端に孔をうがって緒を通し、弥生人の装身具として用いられていた。その全形は横からながめた魚に似ていて、緒を通す孔もちょうど魚の目にあたる部分にあるから、「魚眼睛」と呼ばれたのではないか。

なお「魚眼睛」の記述につづいて「新羅・百済、みな倭をもって大国とし、珍物多しと為す。ゆえにならびにこれを敬仰し、つねに通使して往来する」とある一文が目をひく。倭国が新羅や百済から敬意を払われる理由のひとつは「珍物多し」なのである。したがって、右の「魚眼睛」伝説も、倭のイメージアップにつながっていると考えてよかろう。

隋代以前の「白珠青玉」に取ってかわるかたちで唐代に登場した日本の怪珍は琥珀《こはく》と瑪瑙《めのう》である。それも神仙郷の投影をうけて、伝説化されたかたちで現われてくる。たとえば、永徽五（六五四）年十二月に入唐した遣唐使は、琥珀の大きさ斗《と》の如きものと、瑪瑙の五升の器の如きものを献じたとあるのは、よく知られる例である。(8)

瑪瑙については『延喜式《えんぎしき》』（大蔵省、賜蕃客例）に「瑪瑙十顆」とみえ、唐帝への朝貢品のひとつと定められているが、琥珀はそのリストに載っていない。

琥珀と瑪瑙はとくにその大きさを珍しがられたようだ。「斗」と「升」はみな体積を表わす単位である。一斗は十升、一升は十合、一合は一八〇・三九立方センチを目安に考えれば、「斗の如き」琥珀はなんと百合、「五升の器の如き」瑪瑙も五十合に達していることになる。宝石類として驚くべき大きさである。

さらに興味をそそられるのは、このような巨大な琥珀は、海から自然に湧き出てくるものだという伝説である。たとえば、『冊府元亀』（巻九百五十九、外臣部、土風）に「その琥珀は海中にあって涌き出る」とあり、『唐会要《とうかいよう》』（巻九十九、倭国条）にもほぼ類似のことが書かれている。

頗る綵錦を産出する。瑪瑙を産出して、黄白の二色がある。その琥珀の好《よ》きものは、海中より湧き出るという。

琥珀の大きさにやや誇張があったかもしれないが、「海より湧き出る」とは末尾の「云」の一字によって、それは伝聞によっていることが知られる。巨大な琥珀のような怪珍も海中よりぞくぞくと湧き出てくるほどだから、「宝物の島」という日本像は、これらの伝聞によってさらに補強されたのだろう。

マルコ・ポーロ
（1254～1324年）
イタリアの商家に生まれ，16歳のころ父に連れられて東方旅行に出発し，その足跡はひろく元朝の11省におよんでいる。19年間にわたる遊歴の見聞を口述したのが，『東方見聞録』の祖本である。

3、黄金伝説

十三世紀ごろ、イタリアの冒険家マルコ・ポーロは、中央アジアをへて中国の元に至り、各地を歩きまわった。帰国後、『東方見聞録』を口述し、日本を「黄金の島」として紹介し、ヨーロッパ人の日本観を大きく変えさせた。

しかし、日本に関する黄金伝説は、それより七百余年前の梁《りょう》代にさかのぼることができる。梁・任昉《じんぼう》の著わした『述異記《じゅついき》』(9)にみられる「金桃伝説」は、よく知られる一例である。

磅礴《ほうとう》山は扶桑を去ること五万里、日の及ばぬ所である。その地は甚だ寒く、千囲の桃があり、万年に一たび実る。一説に、日本国に金桃があり、その実の重さは一斤あるという。

日本に重さ一斤（約五〇〇グラム）の金桃をむすぶ桃の木があるという黄金伝説は、遣唐使による黄金の輸出によって裏づけられ、黄金産出の豊富な国という日本像を唐の人々につよく印象づけたのである。

たとえば、顔萱《がんけん》という唐の詩人は、入唐僧の円載《えんさい》が帰国するにあたり、送別の詩を贈り、そのなかに「禅林に幾度も金桃を結んで重く、梵室に重ねて鉄瓦を修めて軽し」という詩句が詠みこまれている。なお「金桃」について「日本の金桃、一つの実の重さは一斤である」という注記があり、『述異記』の金桃伝説から影響をうけていることは明白である。

日本では、八世紀から陸奥での黄金採掘が本格化するようになり、遣唐使による黄金輸出のケースがにわかに増えてくる。これらの実例は円仁《えんにん》の『入唐求法巡礼行記《にっとうぐほうじゅんれいこうき》』や『続日本紀《しょくにほんぎ》』などからは、容易に拾われるのである。

また『宋史』（日本伝）によると、「東の奥洲は黄金を産し、西の別島は白銀を出だす」とあり、黄金の産地をほぼ正しく突きとめているのは、それに対する関心の高さをうかがわせる。

ところで、唐人のもっていた「黄金の国」という印象が、中国と活発な貿易関係を結んでいた周辺地域にも広がっていったことは、ペルシアの地理学者イブン・フルダーズビーの著わした『諸道路と諸国の書』によって裏づけられる。

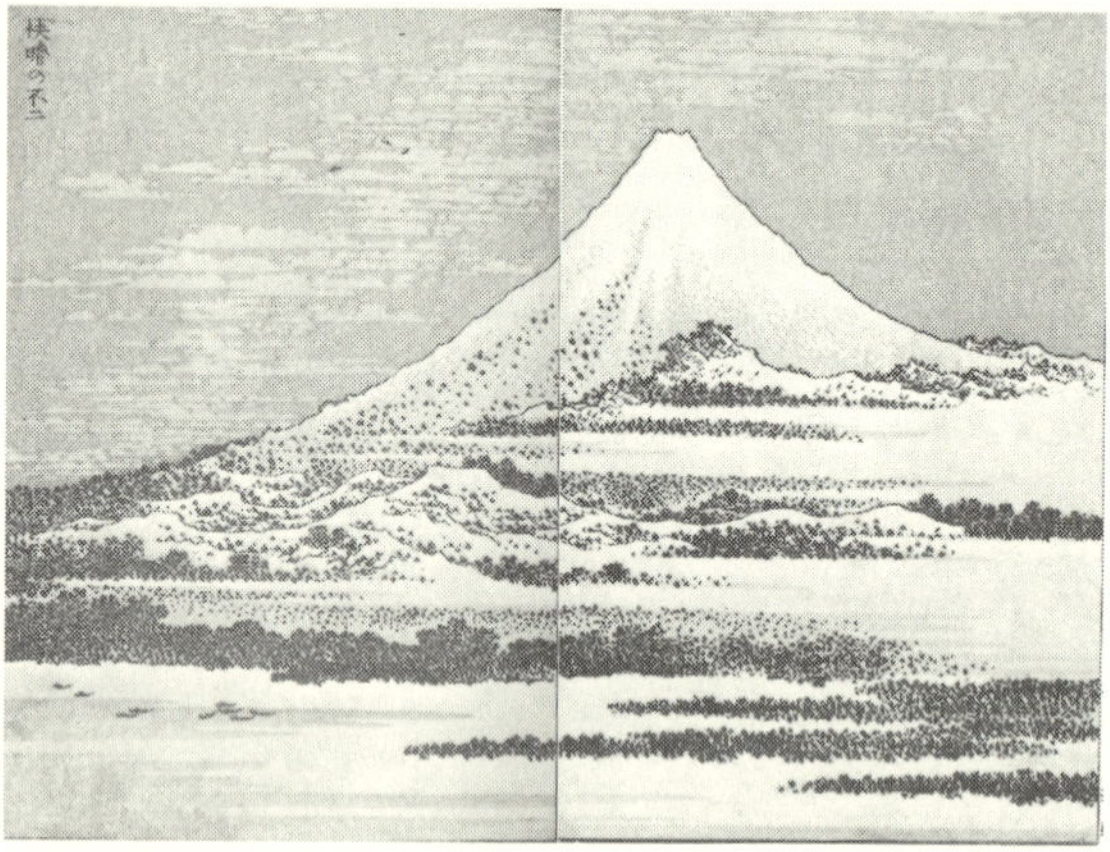

富士山

「富士」は「不死」とも表記され，早くから仙薬や仙人と結びつけられ，徐福が仙薬を求めるため日本にやってきて富士山の麓にとどまり，その子孫が「秦氏」と名乗っていたとも伝えられる（葛飾北斎筆『富嶽百景』より）。

中国の東にワークワークの地がある。この地には豊富な黄金があるので、その住民は飼い犬の鎖や猿の首輪を黄金で作り、黄金の糸で織った衣服をもってきて売るほどである。

右の記録は、ワークワークの国名が「倭国」に由来することからも明らかなように、唐人の伝聞によったものとみられる。つまり、それには唐人のもつ日本像が間接的ではあるが、生々しく示されている。

なお、唐人のこうした日本観の形成要因のひとつとして、先学諸氏によって指摘されたとおり、中国の伝統的な東方観をあげることができる。内田銀蔵氏はその証として、『列子《れっし》』（湯問）に、東海中の五神山の「台観はみな金玉である」とあること、『史記』（封禅書）に、同じく蓬莱・方丈・瀛洲《えいしゅう》の三神山について「黄金と銀は宮闕を為す」とあることをあげている。[10]

黄金とは直接にかかわりはないが、五代の義楚が撰した『釈氏六帖』は徐福の日本移住説を伝えながら、「富士山の諸宝」にふれる記述があるので、ついでにかかげておく。

また東北千余里に山があり、富士といい、また蓬萊という。その山は峻《けわ》しく、三面はこれ海にして、一朶は上に聳え、頂に火煙がある。日中、上に諸宝があって流れ下り、夜はすなわち上に却《もど》る。つねに音楽が聞える。

これは富士山の火山現象と中国の蓬萊伝説とがミックスしたもので、「諸宝流下」と「常聞音楽」は、中国人のユートピア幻想を濃厚に匂わせている。

以上、日本の「怪珍」として、魚眼睛（勾玉）・琥珀・瑪瑙・金桃・富士山の諸宝などを、それぞれ挙げてみた。これらのものは、自然物か半加工品ばかりではあるが、いずれもこの時代の中国人の日本像を形成させる重要な素材となったのである。

このように「宝物の島」は、卑弥呼以来の貢物にもとづいた日本の実像でありながら、古来の神仙郷伝説に彩られた日本の虚像でもある。

【注釈】

（1）『魏志』（倭人伝）では景初二（二三八）年となっているが、『日本書紀』と『太平御覧』に引かれた『魏志』および『梁書』はともに景初三年としている。公孫氏の滅亡した時期などを考慮に入れれば、三年説を取るべきである。

（2）『冊府元亀』（巻九六八、外臣部、朝貢一）にみえるこの記事は、泰始二（二六六）年の遣使と混同したようである。

（3）この記事では「泰初」は「泰始」の誤りであり、また「遣使」の「使」と「十一月」の「一」とが脱字していると考えられる。
（4）『王屋山人魏萬の王屋に還るを送るの詩』は「仙人は東方に出づ」から始まり、魏萬の風貌を仙人にたとえて詠んでいる。
（5）太田英蔵「倭人伝の倭錦と異文雑錦についての試論」、『太田英蔵染織史著作集』下巻（文化出版局、一九八六年九月版）所収。
（6）布目順郎著『絹の東伝――衣料の源流と変遷』（小学館、一九九九年二月版）。
（7）古田武彦著『「風土記」にいた卑弥呼』（朝日新聞社、一九八八年版）二五三頁。
（8）『旧唐書』（巻四、高宗本紀）と『唐会要』（巻九十九、倭国条）を参照。
（9）任昉撰『述異記』は『崇文総目』や『郡斎読書志』に著録されている。偽書とも言われているが、後世の好事家が任昉の佚文をあつめて本にしたものであろう。
（10）東野治之「日出処・日本・ワークワーク」、同氏著『遣唐使と正倉院』（岩波書店、一九九二年七月版）所収。

第三章　器用な民——虚像から実像へ——

唐宋時代から、日本の工芸美術品が従来の未加工の自然宝物に取ってかわり、中国に流入しはじめた。しかし、五代をはさんだ唐と宋の間には、日本像において大きな相違もまたみられる。

貞観四（六三〇）年に始まった遣唐使は、大陸文化をむさぼるように吸収する反面、島国の文物をも積極的に搬出した。こうして朝貢貿易を通して輸出された工芸品が、この時代の日本像の成立に、プラス的な影響を与えたことは否めない。これについて、東野治之氏は、次のように指摘している。

唐に対して朝貢ないし輸出される品々は唐に無いものか、あるいは唐国内の産出品や製品をしのぐものだったと考えられる。奈良時代にも、わが国が後の螺鈿《らでん》や扇・日本刀に類する特産品を朝貢・輸出していたとすれば、わが国の美術工芸も分野によっては当然唐に匹敵するだけの水準を擁していたことになろう。(1)

正倉院などに残された精緻を極めた唐代の舶載品に比べてみれば、奈良時代前後の日本の美術工芸品が全体として、遙かに立ち後れていることは疑われない。

しかし、どの地域にも独特な風土と民族性とを根底にもつ産出品と加工品があるはずである。明清

漆胡瓶

正倉院には光明皇后の納入品をはじめ，遣唐使の持ち帰った唐物が数多く保存されている。この漆胡瓶の表面には精緻な彫刻が施されており，西域美術の影響も認められる（奈良正倉院）。

時代に西洋人のもたらした機械類の器具が、当時の士大夫《したいふ》（知識人）から「奇物巧器」と呼ばれるのと同じように、唐代の日本文物にも中国人の興味をひく特異なものは少なくはなかった。『杜陽雑編《とようざつぺん》』に語られている日本人の「彫木」特技は、その端的な例といえよう。

ところが、唐に伝えられた日本の工芸品について、その多くは空想をまじえた伝説として語られ、実物の裏づけに欠けているのである。それが、宋代になると、朝貢品の質的な変化にも象徴されるように、実物から得た印象を土台にし、現実味を濃厚に帯びるようになってきた。

中国側の記録によれば、宋代に流入した扇子・螺鈿・彫刻・日本刀などは、高い評価をうけている。明代に至っては、日本製の文房具類が文人の書斎に飾られ、一種の「日本趣味」ともいうべきブームを呼んだのである。

このように、自然物を中心とした「珍物」から工芸品を中心とした「珍物」への変遷が、唐代を過渡期として宋以後から顕著に見てとれるようになり、「宝物の島」とされる日本像は、実物と人間とを媒介として、しだいに虚像から実像へと移行していくのである。

第一節　韓志和伝説

蘇鶚《そがく》の著わした『杜陽雑編』に、倭人韓志和《かんしわ》の神業ともいうべき彫刻の技芸が、虚構とも真実ともつかない説話のように語られている。『杜陽雑編』という書物は、『新唐書』『郡斎読書志《ぐんさいどくしょし》』『四庫全書』などには小説として著録されている。この視点からみれば、韓志和の物語は史実と異なって、虚構の成分を多くふくんでいるにちがいない。

しかし物語の主人公を、陳舜臣氏の述べたように新羅人でもアラビア人でもなく、とくに日本人としたのは、「やはり唐代の中国の日本像のなかに、（中略）小さな精巧なものをつくるのが上手であるというのがあったから」である。(2)

森克己氏も「この一篇の物語は極めて怪奇な、ありそうにもないような話であるが、ともかくも、この怪奇な物語によって日本人には韓志和の如き精妙な技術の所有者があるということを大陸の人々の脳裏に刻み込んだに相違ない」と論じている。(3)

1、韓志和の技芸

唐の蘇鶚の著わした『杜陽雑編』三巻は五十三条の独立した記事から成り立ち、代宗《だいそう》の広徳元（七六三）年から懿宗《いそう》の咸通十四（八七三）年にかけての唐代十朝のことを主として記しているが、筆墨の多くは周辺地域の異聞奇談や珍物宝器などの記述に費やされている。

これらの記事は、真偽はともかくとして、読者を興味津々の世界へいざなう。たとえば、巻中に詳しく述べられている倭人韓志和の事績も、じつに面白い筋書きとなっている。次に、その全文を現代語に翻訳しながら、適宜に解説をほどこしてみる。

飛竜衛士韓志和は、もとより倭国の人である。木を彫って鸞《らん》・鶴・鴉・鵲の状《かたち》を作るのが得意である。その飲啄《いんたく》動静は本物と区別がつかない。関捩《からくり》を腹の中に取りつけ、これを発動すれば、ただちに雲を凌いで高さ百尺ほどに飛びあがり、一～二百歩も遠く飛んで始めて落下する。また木を刻んで猫児をつくって鼠や雀を捕らえさせる。飛竜の抜群な技芸がついに皇帝に報告され、それをご覧になった皇帝はたいへん喜んだという。

韓志和はたんなる彫刻の名手だけでなく、物理学にも精通しているようで、木彫りの鳥獣の腹内にからくりを巧みに装着し、それを発動すると、鳥類は二百メートルほど空中を高く飛ばせ、木猫はネズミとスズメを逃さずに捕らせることができる。

ちなみに、鸞は鶏に似ていて、羽毛は五色をまじえ、鳴き声は音楽の調子にぴったり合うという空想の神鳥で、鳳凰の一種とされる。また、鴉はカラスのこと、鵲は喜鵲《きじゃく》ともいって、七夕《たなばた》の夜空に牽牛と織女が天の川を渡る橋をかけてくれるカササギそのものである。この神業にも匹敵する腕前の実演をご覧になった皇帝はたいへん喜んだという。

志和はさらに高さ数百尺の踏床を彫り、その上に金銀の彩絵を描いて飾り、見竜床と名づける。これは置いたままでは竜形が見えないが、もし踏み台に足を乗せれば、たちまち鱗鬣《りんりょう》爪牙《そうが》が顕われる。始めて進《たてまつ》るにおよんで、皇帝は足を履むと、竜が夭矯《ようきょう》として雲雨を得たかのように現われてくる。皇帝は怖れ畏《おどろ》き、ついに撤去させた。

さきの木鳥と木猫の実演を唐帝からもてはやされたことに、かなり自信をつけた韓志和は、今度こそと思って豪華なベッドを念入りにこしらえた。金銀の彩色に飾られたベッドには、竜形の彫刻をかすかにほどこしている。遠くからは気づかれないけれども、踏み台に足を乗せると、たちまちに光る鱗片・揺れ動くたてがみ・するどい爪・むき出すきばが生々しく現われてくる。あまりにも真に迫った不気味さに、さすがの唐帝もびっくり仰天、さっそく撤去を命じた。

志和は皇帝の前に伏して「臣は愚昧にして聖躬を驚き忤《さか》らうことを致しました。願わくは別の薄伎をたてまつり、やや至尊の耳目を娯しませ、死罪を贖《あがな》いたく存じます」という。皇帝は笑んで「汝の出来る伎を朕のために披露してくれ」と仰せつける。志和はついに懐中から桐木の合子を取り出す。数寸四方で、中には物があり、蠅虎子《ようこし》と名づく。その数は一、二百ほどあり、丹砂をもって赤く塗っているという。

ところで、精魂をこめて仕上げた侈麗《しれい》な「見竜床」を披露して意気揚々となった韓志和は、思いがけなく期待を裏切られ、皇帝からカンカンに怒鳴りつけられてしまった。そこでかれは、「勘弁してくだされ、今よいものをご覧にいれますから」といって、懐中に忍ばせていた桐の箱をそっと取りだした。箱の中には丹塗りの「蠅虎子《ようこし》」（蜘蛛の一種）がぎっしりと詰めてある。

すなわち分けて五隊となし、涼州を舞わせる。皇帝は楽隊を召してその曲を奏させ、(4)而して虎子は盤廻宛転して、拍子に中《あた》らざるものはない。詞を致す所になるとすなわち隠々として蠅声のごとく発する。曲が終わるにおよんで、尊卑の等級があるかのように累々として退く。

蠅虎子

蠅虎子の英語名はJumping spider（飛ぶ蜘蛛）といい，もとより蜘蛛の一種である。網を張らずに，ハエや虫などを見つけると，跳躍してとらえるので，日本ではハエトリグモと呼ばれる。人形の動きが敏捷なため，蠅虎子と名づけられたのだろう。

文中の「涼州」はすなわち涼州曲の略で、唐の段安節の編んだ『楽府雑録』（舞工）に、緑腰・蘇合香・屈拓・団円旋・甘州とともに挙げられた唐代軟舞曲のひとつである。もともと西涼一帯（今の甘粛省あたり）の地方楽舞だったのが、唐の開元年間（七一三〜七四一年）に西涼府の都督をつとめた郭知運によって長安にもたらされ、宮廷舞楽としてはやりだした。

韓志和の彫り刻んだ蠅虎子は、唐の宮廷楽隊の伴奏にあわせて、当時流行の涼州曲をみごとに踊ってみせたのみならず、空中を跳躍してハエをとらえる特技も、唐帝の前で堂々と披露した。

志和は虎子を臂《ひじ》に載せて、皇帝の前において蠅を数百歩のうちにとらせる。鷂《はいたか》が雀をとらえるように、とれないものはほとんどない。皇帝は、その小《すこ》しく観るべき技を嘉みして、雑彩の銀碗を賜わった。志和は宮門を出て、ことごとく他人にそれを譲ってしまう。年を逾《こ》えずして、ついに志和の行方がわからなくなった。

韓志和は蠅虎子を手にして、それを放つと、数百歩内外のハエを正確にとらえさせる。こうして、「見竜床」の件でしくじったが、涼州曲をおどり、ハエをとらえる「蠅虎子」の披露によって、その非凡な彫刻技芸をようやく鑑賞眼のもっとも厳しい唐帝に認めさせることに成功したのである。「宮門を出て、ことごとく他人にそれを譲ってしまう。年を逾《こ》えずして、ついに志和の行方がわからなくなった」と一編の物語を結ばせるところに、韓志和という人物の神秘性をますます深め、その出身地とされる「倭」の神仙郷伝説を匂わせている。

2、飛驒工の伝承

韓志和の彫刻技芸の記事は、『杜陽雑編』のほか、沈汾《しんふん》の『続仙伝』、杜光庭《とこうてい》の『仙伝拾逸』、馮贄《ひょうし》の『雲仙雑記』、李昉《りぼう》らの『太平御覧』、曾慥《そうぞう》の『類説』などの唐宋時代の筆記小説類にも転載されており[5]、その流布の広さをうかがわせる。

江戸時代の儒学者松下見林は、もっとも早くこの記事に注目した一人である。彼は元禄元（一六八八）年に歴代の中日関係資料をあつめた『異称日本伝』を書きあげ、巻上に『太平御覧』から韓志和の記事を採録して、次のように考証している。

> 穆宗《ぼくそう》は日本の嵯峨天皇、淳和天皇の世にあたる。むかし本朝の飛驒《ひだ》国に匠《たくみ》氏が多く、巧みに宮殿・寺院を作り、また木偶人をつくって動容周旋するのは生き物のようである。今に至っても飛驒工と称する。韓志和のごときはおそらく飛驒国の人だろう。道術があって品性も廉《きよ》い。

松下見林の唱えた飛驒工説は惜しくもその根拠を示していないが、那波利貞氏の詳しい文献考証によっていくらか補強された。那波氏はまず「『杜陽雑編』に見えたる韓志和」を世に問わせ、つづいて前稿の言い尽きぬところをおぎなって「補遺」を公表した。(6)以下、いささか私見をまじえながら、那波説を紹介してみる。

平安時代から、飛驒工は木彫りの特技をもってたびたび宮中に呼びだされ、名声を天下に馳せるところとなった。むかし、数人の飛驒工が日夜となく思案をめぐらし、生身のごとき人形を作りあげたところ、ある宮女はこの人形に恋をして男女のちぎりを結び、ついに「木子」と名づけた子供を生んだという奇談は、天文元（一五三二）年に編まれた『塵添壒囊鈔《じんてんあいのうしょう》』に語られている。

飛驒工というと、だれか特定の人物と思われがちだが、じつはふるく飛驒国に住みつく大工の名人を総称したものにほかならない。江戸時代の中ばごろ、易学の研究をもって知られる新井祐登《すけたか》（白蛾）は宝暦六（一七五六）年に『牛馬問』四巻を著わし、韓志和を飛驒工の一人と想定して、次のように述べる。

何とやらむ題する書に、飛驒の匠は一人の名にて入唐せしなどと来歴を引きて書きたる本あれども、その愚説案に落ちず、飛驒は良匠の多きなれど、そのうちより一人ふたりは異国へも行くなるべし。（原文）

飛驒工のもつ神業はかえって災いのもととなり、かれらは為政者の欲望を満たすため奴隷のように酷使され、その苦役に耐えられずに逃亡を企てるものがあとを絶たなかった。延暦十五（七九六）年十一月、朝廷は逃亡者をとらえさせ、もし隠すものがあれば勅命に逆らう罪を問うという捕獲令を諸国にくだした（『日本後記』）。追っ手の役人をおそれて逃げまわった飛驒工のうち、ついに波立つ荒海をよこぎって海外に活路をもとめる冒険者もいたと想像される。

山崎闇斎の門に入って神道の奥秘をきわめ、柔道と剣道を得意とした井沢長秀は、正徳五（一七一五）年、世に出した『広益俗語弁』（正編巻十三）に、飛騨内匠《ひだのたくみ》という職人の数奇な入唐経歴を載せている。韓志和の物語に似たりよったりの伝奇ものである。あらましは次のとおり。

むかし、飛騨内匠という者は唐へわたろうとして、木製の鳶《とび》をつくり、これに乗って筑前をすぎるとき、彼をうらむものが矢をはなったが、内匠にはあたらず、木鳶の片羽に命中した。その羽の落ちたところを羽形といい、のちに博多とあらためた。しかし、それでも内匠はおそれず、片羽だけで唐にわたった。在唐中、唐人を娶ったが、妻が妊娠十カ月のころ、日本に帰ってしまった。まもなく男の子が生まれた。この子が十三歳になったとき、肉親さがしに父の国へやってきた。内匠はわが子かどうかを疑い、「ほんとうにわが子ならば、仏像の半分を作ってみよ。わたしもあとの半分を作るから、もし両方がぴったり合えば、信じてあげよう」といった。結局、それぞれ作ったものを合わせてみると、りっぱな仏像となったから、わが子であると信じたという。

飛騨内匠がすなわち韓志和その人であるとは考えられないが、飛騨国の職人のだれかが中国へわたっていたことは、右の伝説からも十分に想像されるのではないか。

さて、韓志和の関係史料を詳しく考察した那波利貞氏は、『今昔物語』巻二十四に出てくる絵技をもって鳴る百済川成《くだらのかわなり》と腕比べをした飛騨工の話に目をつけ、韓志和が唐に名をあげてから帰国し、そして画壇を独歩した百済川成とわざを戦わせたと推測している。もっともそれも想像の域を出ないもので、事実の真相はおそらく永遠のなぞに包まれるであろう。

文字に現われるものは少数の例をのぞけば、ほとんどは事件後の追記にほかならない。したがって、史実というものは伝聞の過程において、いつしか虚構の成分を加えられることはしばしばある。その逆に、一見して奇想天外の伝説でも、なんらかのかたちで真実を屈折して反映していることも考えられなくはない。

3、伝説の土壌

それでは、韓志和の彫技にまつわる逸話がいったいどんな事実を映しだしているかを、検討してみる必要があるように感じられる。『杜陽雑編』の記事について、東野治之氏はきわめて慎重な態度をとって、次のように述べる。

唐、蘇鶚の撰した『杜陽雑編』には、奇巧にたけた日本の工人韓志和の話が載せられており、これをもとに那波利貞氏や森克己氏は、日本人の美術工芸方面の技術が唐の人々を感嘆させるに足るものであったとされている。しかしたとえ史実を下敷きにしているとしても、『杜陽雑編』はあくまで説話集であり、この話がどこまで事実であるかは明らかでない。（中略）このような説話から日本の美術工芸に対する一般的評価を推測することは、なお危険であるとみた方がよかろう。(7)

たしかに那波利貞氏のように、伝説に現われる人物を歴史のなかから無理やりに引き出すのは、たいへん危険な作業である。しかしながら、このような伝説を人々はなぜ興味津々と語りつづけるか、という問題も無視はできない。この意味で、説話というのは史実に劣らないほど、その時代その地域の読者の心の機微を率直に表わしているかもしれない。

韓志和という人物が実在なのか虚構なのかはしばらくさておき、遣唐使団の人員構成をしらべてみると、大使・副使・判官・録事のいわゆる四等官および留学生（僧）と船員のほか、メンバーに知乗船事・造船都匠・訳語（通訳）・主神・医師・陰陽師・画師・史生・音楽長・卜部・雑師・音楽生・玉生・鍛生・鋳生・細工生・傔人などがふくまれている。

そのなかで、玉生・鍛生・鋳生・細工生は彫刻の技術をもつ職人たちだったと思われる。かれらのうちのだれかが阿倍仲麻呂のような留学生、円載のような学問僧、藤原清河《ふじわらのきよかわ》のような役人とおなじく、唐にとどまって帰らず、チャンスをつかんで持ち前の特技を披露してみせたということは十分にありうるのではないか。

遣唐使船

遣唐使団は１～４隻の船からなり，１隻の船には120～160人前後が乗りこんでいた。造船技術が未熟なため，遭難事故が頻発し，船が真中から真っ二つに割れてしまうこともあった。

伝説はまったく空想から出てくるものではなく、時代ごとに地域ごとにそれぞれ異なった伝説が語られることからもわかるように、それを生み出す土壌というものがいる。とくに、虚実なかばの『杜陽雑編』のような書物は、「説話」だからといって一蹴《いっしゅう》されてはたまらない。

そして、これらの記事をささえる土壌とは、遣唐使時代からの頻繁な人員往来と盛んな文物流通にほかならない。次の各節はこの意味で、伝説の土壌として設けられたものである。

韓志和は実在の人物なのか、それとも虚構の人物なのか。かれの披露した彫刻の特技はどれほど信じてよいか。これらのなぞを解きあかそうとしても、無意味な徒労にひとしいであろう。問題は一般庶民の感覚の平均値をもっとも直截に映しだす唐代の小説が、このような神業にも近い特技の持ち主を倭人としるしていることである。

第二節　海をわたる仏像

日本から中国へ伝えられた工芸品のなかで、比較的早い時期に注目されるのは、仏像をはじめ仏具類であろう。そのことは、中日の文化交流が僧侶に負うところが大きく、その内容も仏教文化の色彩を濃厚に帯びていることと深い関係があるように思われる。

遣唐使往来の盛んな時代は、仏像を中国に持っていく例はごく稀れで、最澄《さいちょう》の場合にしても信仰用がその目的で、唐人に注目された痕跡もほとんどみられなかった。五代から宋代にかけて、このような状況が少しずつ変化をみせはじめ、中国で仏像を造ったり、日本の名品を中国に送りとどけたりして、中国人に深い印象を植えつけることになってくる。
この節では、五代から宋代までを中心にして、海をわたってきた仏像が「器用な民」なる日本像に、どのような影響を与えたかを考察してみたい。

1、遣隋使の伝えた情報

『法苑珠林《ほうおんじゅりん》』および『集神州三宝感通録《じゅうじんしゅうさんぽうかんつうろく》』などによれば、遣隋使にしたがって中国へわたった会承（会丞とも書く）は、数十年の長い留学生活をおえ、唐の貞観五（六三一）年、第一次の遣唐使の帰り船に乗って、いよいよ帰国するとき、長安の僧侶たちと興味深い会話を交わした。『法苑珠林』巻三十八「敬塔篇・故塔部・感応縁」より全文を以下にかかげる。

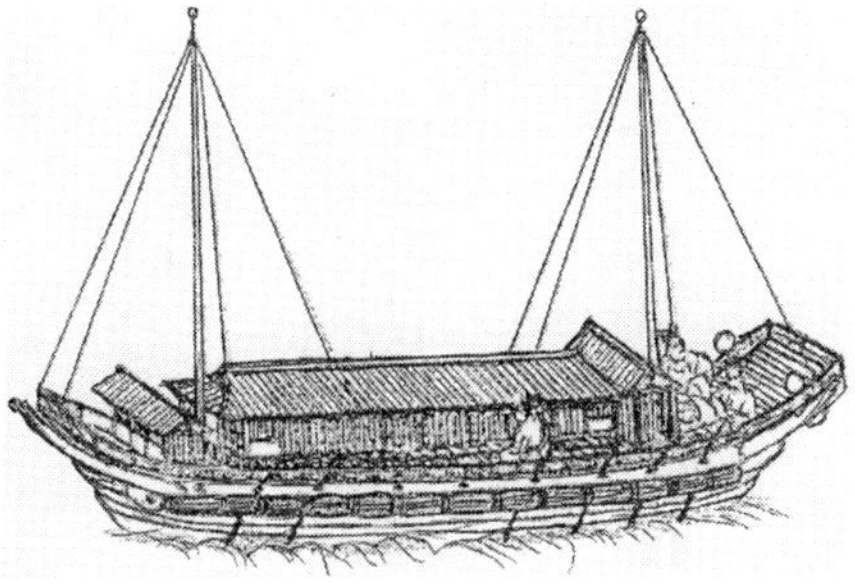

遣隋使船

聖徳太子による遣隋使の派遣は，「倭の五王」の南朝遣使以来，100年以上も中断していた中日直航の再開に大きな意味がある。遣隋使らの乗っていた船は百済式といわれる（『聖徳太子絵伝』より模写）。

倭国はこの洲の外の大海中にあり、会稽を隔てること万余里ある。隋の大業の初めに、かの国の官人会承はここに来て留学し、内典外書をひろく学んだ。貞観五年に至り、本国の僧俗七人とともに倭国へ還ろうとした。出発の前に、京内の大徳はかの国の仏法のことについて、「阿育《あいく》王は、『経』の説く所によれば、仏の涅槃より百年のちに出世し、仏の八国舎利を取って、もろもろの鬼神

釈迦三尊像

司馬止利の造った仏像は，中国六朝の風韻を漂わせ，世に「止利様式」と珍重される。釈迦三尊像はその代表作のひとつで，推古31（623）年に竣工したものである（奈良法隆寺）。

をして一億の家を一仏塔とし、八万四千の塔を造り、閻浮洲に遍《あまね》かせる。かの国の仏法は晩《おそ》く伝わったが、阿育王の塔があったかどうか」と聞く。会承は「本国の文献に記されていないので、確かなことは言えないが、その霊跡を験《しら》べれば、それなりの証拠はある。すなわち、本国の人々は土地を開発し、往々にして古塔霊盤や仏諸儀相を発見し、しばしば神光を放ち、種々の奇瑞を現わすことがある。この嘉応を詳らかにし、昔から仏塔があったことを知ることができる」と答えた。

日本における仏像の源流は、遥か大和時代にさかのぼれる。古墳から出土する仏像鏡は、ふつう中国伝来の舶来品であると考えられる。『扶桑略記《ふそうりやつき》』にひかれた『日吉山薬恒法師法華験記』によれば、継体天皇十六（五二二）年、司馬達止《しばたつと》という中国南朝梁の職人が来日し、大和国高市郡の坂田原に草堂をむすび、本尊を安置して帰依礼拝したことが書きしるされている。地元の人々から「大唐の神」と呼ばれた「本尊」の仏像は、おそらく司馬達止が中国からもたらしたものであろう。

司馬氏の一族は「鞍作《くらつくり》」を姓と名乗っているから、金工鏤刻の技術に長じていることがわかる。

達止の孫にあたる止利《とり》は仏像造りの名匠で、崇峻天皇元（五八八）年に「仏本」（仏像の手本）を献上し、さらに勅命をうけて銅繍（金銅と刺繍）の丈六仏像をつくり、二十年近くかかって推古天皇十四（六〇六）年にようやくそれを完成させた。それがすなわち法興寺にまつられた金銅釈迦如来座像であるといわれ、作風はみずから一家の体をなし、後世からは「止利様式」と呼ばれている。

聖徳太子が小野妹子《おののいもこ》と鞍作福利《くらつくりのふくり》らを隋に遣わしたのは、推古天皇十五（六〇七）年のことであり、ちょうど止利造仏竣工の翌年にあたる。会承は遣隋使団のなかで「官人」といわれ、同行の「僧俗七人」はおそらく留学生と留学僧をさすのであろう。

『日本書紀』は遣隋使の「官人」として正使の小野妹子と通訳の鞍作福利しか記録していない。小野妹子が中国風に蘇因高《そいんこう》をなのったのと同じように、会承は鞍作福利の中国名だったかもしれない。もちろんこれはあくまでも憶測にすぎないが、司馬一族のメンバーが使節団に加わっていたことだけは確かである。すると、会承のいう「仏諸儀相」云々は、出来たての「止利様式」の仏像を示唆している可能性がかなり高いといえよう。

2、最澄の送唐品

遣隋使らが日本の仏像を中国へもたらしたかどうかは不明だが、遣唐使の時代になると、日本の仏像が海をわたったことはれっきとした文献記録によって裏づけられる。

延暦二十三（八〇四）年七月ごろ、最澄の乗りくんだ遣唐使の第二船は高らかに帆をかかげて故国

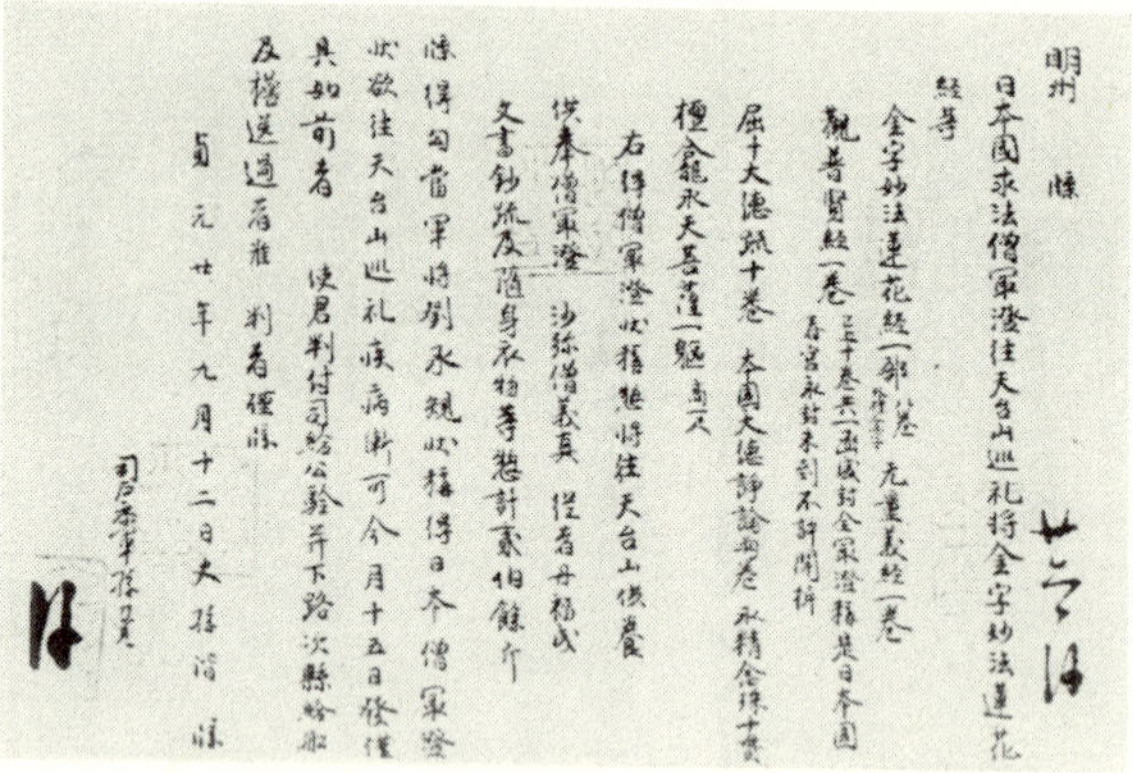
明州 牒
日本国求法僧最澄往天台山巡礼将金字妙法蓮花
経等
金字妙法蓮花経一部八巻 外標金字 无量義経一巻
観普賢経一巻 已上十巻共一函盛封全最澄称是日本国
春宮永封未到不許開拆
屈十大徳疏十巻 本国大徳諍論両巻 水精念珠十貫
檀龕水天菩薩一躯 高一尺
右得僧最澄状称総将往天台山供養
供奉僧最澄 沙弥僧義真 従者丹福成
文書鈔疏及随身衣物等総計壹佰餘斤
牒得勾當軍将劉承規状称得日本僧最澄
状欲往天台山巡礼疾病漸可今月十五日発
其如前者 使君判付司給公験并下路次県給舡
及擔送過者准 判者 謹牒
貞元廿年九月十二日 大 孫階 牒

『明州牒』

唐の貞元20（804）年，中国の明州に漂着した最澄は，天台山への巡礼供養を申請し，同年9月12日に許可の公文書（牒）が明州より下された（国宝，比叡山国宝殿）。

を発ち、空をつきさすような怒濤に翻弄《ほんろう》されながらも、運よく揚子江口にのぞむ明州に打ちあげられた。最澄の『顕戒論縁起《けんかいろんえんぎ》』に収められている『大唐明州より台州の天台山に向かうの牒』、俗に『明州牒』と呼ばれる唐朝の公式の文書は、最澄らの供養品リストを詳しく書きしるしている。

金字《こんじ》の『妙法蓮華経《みようほうれんげきよう》』一部〈八巻、外に金字を標す〉、金字の『無量義経《むりようぎきよう》』一巻、『観普賢経《かんふげんぎよう》』一巻〈以上の十巻、ともに一函に緘封している〉。最澄をして、これは日本国の皇太子が永く封じて、唐に到着する前には、開けひらくことを許さないと称させる。

『屈十大徳疏』十巻、『本国大徳諍論《じようろん》』両巻、水精の念珠十巻、檀龕《だんがん》の水天菩薩一躯〈高さ一尺〉（右、僧最澄の状によれば、総て天台山に往って供養しようとする）。

これらの供養品は、皇太子（安殿親王）から託されたものと、最澄自身が携えてきたものとに大きくわけられる。ここでは、最澄の供養品にふくまれる仏像について、考察してみよう。

「檀龕の水天菩薩一躯」について、岩波日本思想大系本『最澄』は「檀木で作った厨子入りの水天菩薩像。水天は水を司る神。渡海の守護神か」と注記している。佐伯有清氏は、天台山への供養品という用途に目をつけ、次のように述べる。

> さらに檀龕、すなわち檀木で作った厨子に納めた水天菩薩像は、渡海の安全を祈る守護神として最澄が持参したものかとされているが、これは水天が、水をつかさどる神であったところからいわれている説である。しかし、水天は、当時、西方を守護する神として認識されており、しかも、この菩薩像は天台山への供養のために持参したものなのであるから、西方の守護神として、すなわち天台山の安泰と加護を祈る意味をこめて最澄は、この菩薩像を選んだのであろう[8]。

これは傾聴すべき意見である。ただし、この菩薩像が、最澄が九州にとどまって、遣唐使船の再度の出発を待機している間に彫り刻んだ四体の薬師檀像や天台大師（智顗《ちぎ》）の霊前で読みあげた「求法沙門最澄度海願文」とのかかわりを、さらに追究してみる必要があろう。

智顗（538－597年）
中国隋代の名僧，慧思に師事して『法華経』の奥義を開き悟り，のちに天台宗を創設して煬帝の帰依を受ける。聖徳太子と同じく，慧思の転生とも信仰されている。

3、紙衣和尚

最澄のように、日本で彫りきざんだ仏像を中国へたずさえていくケースと異なって、中国へわたって現地で仏像を造る僧侶もいたのである。

こういう珍しいケースについて、森克己氏は

『四朝聞見録《しちようぶんけんろく》』という中国の書物から興味深い記録をみつけ、次のように紹介している。

四朝聞見録には、日常煙火に御せず、芹蓼《きんりよう》を食わず、絲綿を着ず、紙衣を常服としていたために紙衣和尚と呼ばれた日本僧転智《てんち》という者が宋の建隆元（九六〇）年秋、高さ五丈の観音像を彫刻した。この観音像は相当有名だったと見え、高宗が憲聖をともないこれに幸して礼拝した。憲聖は帰ったあと、金縷の衣を製して寄進し、これを観音像に着せかけたところ、その衣は像身の半分を蔽うにも足りなかったので、憲聖はさらに使を遣してその像身を測り、改めて衣を再製してこれを寄進したという。[9]

『四朝聞見録』という書物は、宋の葉紹翁《ようしようおう》の著わした筆記類の雑史である。全書は甲・乙・丙・丁・戊の五集にわけられ、南宋の高宗・孝宗・光宗・寧宗の四朝にかかわる見聞を中心にして、あわせて二〇九条の単独記事をかかげている。体裁は筆記雑史とはいえ、史実をかなり正確に伝えており、資料的価値が高いといわれる。

さて、日本僧転智のことはこの書物の「五丈観音」の条に述べられている。他書にはその伝記が今のところ見当たらない。木宮泰彦氏の名著『日華文化交流史』（冨山房、一九五五年初版）の「五代・北宋編」にもその名を逸している。また、森克己氏の論文をのぞけば、この人物に注目した先行研究も、筆者は寡聞にして知らない。したがって、『四朝聞見録』の記録は転智の行宜を知る重要な手がかりとなるわけである（その後の調査で、転智に関する新史料が見つかった[10]）。

日常の生活では、芹蓼（セリとタデ）を口にせず、絲綿の衣服を身につけないというのは、仏教の不殺生の戒律を異常なほどにきびしく守る日本僧の面目を躍如として想像させる。日ごろは紙でこしらえた袈裟しか着ないから、「紙衣和尚」と呼ばれたのも興味をひく記載である。

この一見はなはだ怪異な話は、じつはそれなりの事実を下敷きにしている。「紙衣」を着服する例は中国にもある。宋の蘇易簡《そいかん》はその著『文房四譜《ぶんぼうしふ》』に「紙譜」の項をたてて、

山に居る者は常に紙をもって衣となす。けだし、釈氏のいう「蠶口《さんこう》の衣を衣《き》ず」に遵《したが》うものである。

と述べ、山深くに隠遁する僧侶たちが釈迦の教えを守り、しばしば「紙衣」を身にまとった風習を紹介している。また同書によれば、紙衣は、風通しが悪く寒さをふせぐにはいいが、いっぽう体内の廃気を発散できないから、それを常服するものは、十年もたてば顔色を悪くし呼吸がきつくなり、嗜欲はしだいに衰えてしまうという。

「紙衣」と呼ばれる僧侶は、中国の歴史上何人か知られている。唐代の禅僧克符は涿州《たくしゅう》（今の河北省固安）の人で、日ごろ紙衣をこのんで着るから、「紙衣道者」または「紙衣和尚」とよばれる。『太平広記』巻二百八十九に「紙衣師」の一項があり、おもしろい逸話をのせている。

大暦中、一僧あり、苦行を称される。繒絮布絁《そうじょふし》の類いを着ず、つねに紙衣を着る。時の人は「紙衣禅師」と呼ぶ。代宗の武皇帝は、召し入れて禁中の道場に安置し、礼念させる。月ごとに一たび外に出て、人はますます崇め敬う。のちに禁中の金仏を盗むことが発覚して、京兆府に命じて死刑に処させた。

紙衣着用の風習は唐から宋へとうけつがれたようで、景徳四（一〇〇七）年ごろ宮廷に出入りし、のち山野に帰って紙衣をまとい外に出ないという奇僧の話は『仏祖統紀《ぶつそとうき》』巻四十四にみえる。

こうして見てくると、「紙衣和尚」と呼ばれる転智の伝記は、事実無根の怪談としてかたづけられないことがわかる。あるいは五代ごろ中国に来たこの日本僧は、唐代高僧のこうした伝聞を耳にはさみ、感激のあまりみずから実践したことも考えられなくはない。

さて、転智が高さ五丈（十七メートル近く）の観音巨像を彫りきざんだ建隆元（九六〇）年といえば、趙匡胤《ちょうきょういん》が陳橋駅で反旗をひるがえして、腐敗しきった五代の後周をほろぼし、開封に都を定めて宋朝を立てた年であった。高さ五丈の大仏を彫りきざむためには相当な期日を必要とするところから、転智の渡来はそれより前で、五代のころ（九〇七～九六〇年）だったと推察される。

この観音像は外国の僧侶によってつくられ、また江南では稀れにみる大仏であるから、朝野の注目をあつめたにちがいない。宋の高宗が皇后の憲聖をともなって礼拝したのはいつごろのことかはっきりしないが、高宗の在位は一一二七年から一一六二年までであるから、百数十年たってもなお信仰されつづけたことは明らかである。

4、入宋僧の携帯品

宋の咸平六（一〇〇三）年、日本天台僧の寂照《じゃくしょう》（寂昭ともいう）は、中国ではすでに散逸した『大乗止観』や『方等三昧行法』および『天台宗疑問二十七条』などをたずさえて、中国へやってきた。

翌景徳元（一〇〇四）年、上京して、宋の真宗へ無量寿仏像などを献上して、僧侶としては最高の名誉ともいうべき紫色の袈裟を賜わったことは、『仏祖統紀』巻四十五にみえる。

真宗の景徳元年、日本国から沙門の寂照が来り、無量寿仏像・金字法華経・水晶数珠を献上して、紫の方袍を賜わった。

寂照のもたらしてきた無量寿仏像は、鷲尾順敬氏の『類聚伝記大日本史』（雄山閣、一九八〇年十二月版）の「寂照伝」によれば、「本朝の名刻」といわれている。出典は示されていないが、なにか依拠するところがあったのであろう。

平安末期から、日本の貴族たちが入宋僧を通して、中国の名山古寺へ写経や仏器などを供養品として寄進する風習は、すこぶる流行っていた。(11) 仁明天皇の承和のはじめ、入唐して五台山にのぼり、名刹霊蹟を巡礼した恵蕚《えがく》が皇太后の橘嘉智子《たちばなのかちこ》より託された宝幢《ほうどう》および刺繍模様の袈裟などを施入し、さらに杭州塩官県の霊池寺にいたり、臨済宗の斉安国師にまみえ、皇太后の供養品を寄進したのは、その一例にかぞえられる。

嘉禎元（一二三五）年、日本に定住した杭州出身の謝国明の貿易船に便乗して海をわたった円爾弁円《えんにべんねん》（聖一法師）は、着岸地の明州の天童寺をまずおとずれ、さらに杭州にいたり、天竺・浄慈・霊隠の諸寺を歴訪してのち、今の余杭市の北西より約三〇キロの径山にのぼり、禅宗の高僧無準師範《ぶじゅんしばん》の門下へ身を投じた。仁治二（一二四一）年七月、師範より法系をうけついで帰国し、九条道家（藤原道家）にまねかれて、東福寺の開山となった。

無準師範

南宋時代の著名な禅僧で，五山の首とされる径山に住し，円爾弁円をはじめ，日本から入宋僧を熱心に指導した。無準師範の賛入りの頂相図を，円爾弁円は法系をつぐ印として日本に持ち帰った。

摂政・関白・左大臣などを歴任して准三宮にまで昇りつめた道家は、権力と栄華をほしいままにした鎌倉時代の風雲児であった。円爾入宋中の嘉禎四（一二三八）年に法性寺で出家して行慧と称したが、禅定太閤と呼ばれて依然として幅をきかせていた。ところが、建長三（一二五一）年、将軍頼嗣がらみの疑獄事件についての疑いをうけ、翌年の二月に不遇のうちに光明峰寺でこの世をさった。

その後、道家のもっとも愛寵した三子の実経は、その一族をあつめて計らったところ、「児女昆弟」を動員して『法華経』など四部三十二巻を丹念に写経させ、それを円爾の提言どおりに宋の径山寺へ供養して、故人の追善とすることにきまった。捨経供養のいきさつを、天童寺の住持だった西岩了恵は、宋の宝祐三年すなわち日本の建長七（一二五五）年、『日本国丞相藤原公捨経之記』に詳しくしるしている。

それによると、藤原家の写経は「貯えるに層匣《そうこう》をもってし、貫くに霞綃《かとう》をもってする。縷金螺鈿にして、極めて天巧を窺う」とある。層匣は重箱のこと、それに縷金螺鈿の装飾をほどこし、彩色の綃（平たく組んだ木綿紐）で縛った写経を納める。こうして貴族趣味によってこしらえた経箱は、彫刻芸術の逸品とも見られる。

円爾は藤原家の写経を径山にある「円照塔院」（無準師範の墓）へ供養してから、さらに弟子を遣わして明州天童寺の西岩了恵に「四十二臂旃檀《ひせんだん》大士」をおくり、捨経の始末を書きとどめるようにと依頼した。旃（栴）檀とはビャクダンの異称で、香木の一種である。「四十二臂」とあるから、千手観音像だったと思われる。この仏像は藤原家の写経とセットして中国へおくられたもので、おそらく名匠の手を借りて日本でつくられたものであろう。

第三節　精巧な工芸品

宋代になると、日本工芸品の流入は著しくなってくる。前述の仏像はその一例にすぎず、そのほかにも扇子・日本刀・螺鈿などの流入があり、とくに社会や後世への影響からいえば、後者のほうが仏具類より遥かに大きいものがある。

また唐代に比べれば、扇子のような日本独創のもの、日本刀のような中国の工芸技術をしのぐものの流入が目立ちはじめ、日本を見直させる気運をつくったことは否定できない。日本伝来の芸術品は、精緻さにくわえて、量的にも少ないため、目を瞠るような値段で売られ、ときには伝説化されることさえある。

宋代の『清波雑誌《せいはざつし》』などに載せられた「画牛」（牛図）伝説は、その顕著な例である。あらすじをかいつまんで紹介すると、次のようなものである。

江南の徐諤《じょがく》が「画牛」の絵を入手した。画中の牛は、昼は欄外に出て草を食《は》み、夜は欄内にかえって臥する。いかにも不思議な絵なので、朝廷に献上した。宋の太宗が群臣にそれを示したところ、誰一人としてその由来を知るものはいなかった。そこで、『宋高僧伝』を著わした博学な僧賛寧《さんねい》が前に出てきて、次のごとく答えた。

倭人は引き潮の時に海岸から蚌蛤《ぼうこう》（はまぐり）をひろって、その体液を顔料に和して物を描けば、昼は隠れて夜は顕われる。また、沃焦山《よくしょうざん》に火が燃えあがり、石が海岸に落下すると、これをひろって水を滴し色をみがき、溶かして物を染めれば、昼は顕われて夜は隠れるという。

このような怪奇極まりない話が宋代に流行ったことは、この時期に日本の高度な美術工芸品が流入した事実に、なおも従来の神仙郷の幻想が色濃く投影していることを物語るものと思われる。

1、工巧を極める螺鈿器

永観元（九八三）年に入宋し、日本の典籍と中国の佚書《いっしょ》を時の太宗に献じて、朝野の士を驚嘆させた東大寺の僧奝然《ちょうねん》は、寛和二（九八六）年、念願の蜀版『大蔵経』を下賜され、宋の商人の船に便乗して意気揚々と帰途についた。

数年後、奝然は弟子の嘉因らを遣わして、美文の謝表とともに数多の宝物を献上した。その献上品の数々は『宋史』（日本伝）によれば、次のごとくである。

仏経（青木函に納める）、琥珀・青紅白水晶・紅黒木槵子念珠各一連（ならびに螺鈿花形平函に納める）、毛篭一（螺杯二口を納める）、葛篭一（法螺二口を納める）、染皮二十枚、金銀蒔絵筥一合（髪鬘二頭を納める）、又一合（参議正四位上藤佐理の手書二巻及び進奉物数一巻・表状一巻を納める）、又金銀蒔絵硯一筥一合（金硯一・鹿毛筆・松煙墨・金銅水瓶・鉄刀を納める）、又金銀蒔絵扇筥一合（桧扇二十枚・蝙蝠扇二枚を納める）、螺鈿梳函一対（その一つに赤木梳二百七十を納める。その一つに竜骨十橛・螺鈿書案一・螺鈿書几一を納める）、金銀蒔絵平筥一合（白細布五匹を納める）、鹿皮篭一（貂裘一領を納める）、螺鈿鞍轡一副・銅鉄鐙・紅絲鞦・泥障・倭画屏風一双、石流黄七百斤を貢ぐ。

このなかで、漆器工芸を生かした螺鈿器として、螺鈿花形平函・螺鈿梳函・螺鈿書案・螺鈿書几・螺鈿鞍轡などがふくまれている。

螺鈿器

精緻をきわめた螺鈿器は漆工芸の一種で，入宋僧が中国へもたらした主要な文物である。この螺鈿箱は表に葡萄と栗鼠をあしらっていることから「葡萄栗鼠螺鈿箱」と呼ばれている（東京静嘉堂文庫）。

螺鈿の工芸は中国に起源し、その歴史を周代にまで遡らせる学説もあるが[12]、円熟期を迎えた唐代では奢侈品としてしばしば禁じられる羽目になったため[13]、中国では五代より以後は衰弱の一途をたどったのである。

　また一方では、螺鈿の技法は遣唐使らによって持ち帰られてから、しだいに日本化され、宋代のころになって中国から喜ばれる輸出品となったのである。奝然以外の例を挙げれば、藤原道長が長和四（一〇一五）年七月、入宋僧寂照の弟子念救に託して、宋の天台山に施入しようとした物品は『御堂関白記《みどうかんぱくき》』に、「木欒子念珠陸連(四連琥珀装束、二連水精装束)、螺鈿蒔絵二、蓋厨壱隻、蒔絵筥貳合、海図蒔絵衣箱壱隻、屏風形軟障陸条、奥州貂裘参領、七尺鬘壱流」と書きしるされている。

北宋のころ、方勺《ほうじゃく》は『泊宅編《はくたくへん》』を著わし、「螺填器はもとより倭国から出ている。物象百態にして、頗る工巧を極める」と述べている。中国起源であることを忘れるほど、日本の工芸技術を過大評価している。

相国寺

北宋の都だった汴京(開封)にある名刹で，周辺には大きな市場が開かれていた。多くの日本僧侶がここを訪ねている。写真は往時の繁栄を偲ばせる相国寺山門。

2、重宝される日本扇

螺鈿の例でもわかるように、宋に輸出した日本の工芸品は中国人の嗜好に迎合し、ひろく賞賛を博するに至ったのである。これらの輸出品のなかでも、とくに脚光を浴びたのは、大和絵などを描いた華麗な日本扇であろう。

熙寧(一〇六八~七七年)の末、宋の都汴京《べんけい》の相国寺で、日本の「画扇」が売られているが、手の出ないほど高値をつけられていた。宋・江少虞《こうしょうぐ》の編纂した『皇朝類苑《こうちょうるいえん》』(風俗雑誌、日本扇)に、このことが書かれている。(14)

熙寧の末、私は相国寺に遊び、日本国の扇を売る者を見かけた。琴漆の柄、鴉青紙をもって餅のごとく厚くして、揲して旋風扇と為す。淡粉して平遠山水を画き、五彩をもって薄く塗る。近岸に寒蘆衰蓼を為《つく》り、鷗鷺が佇んで立つ。景物は八、九月の間の気配である。漁人は小舟を岸につないで、蓑をかぶって船上で釣りを楽しむ。地平線あたりに微雲と飛鳥がかすかに見える。意思深遠にして、筆勢は精妙である。中国の画伯もそれに及ばないかもしれない。値段ははなはだ高くて、そのとき貧しかった私は買えなかったが、しばし恨みと為す。その後、ふたたび市場を訪ねたが、ついに見つからなかった。

扇面法華経冊子

中国伝来の団扇に対して，折り畳み式の扇は8世紀半ばごろ日本で発明され，平安時代から高麗と宋へ輸出し，たちまち好評を博した。とくに日本の風物を描いた扇絵は，芸術的な価値が高く，文人らに珍重される（国宝，大阪四天王寺）。

さきに挙げた奝然の献上品にも、「桧扇二十枚・蝙蝠扇二枚」とみえ、これらの扇子は中国の団扇とちがって、折り畳むことのできる代物である。中国では摺扇・摺畳扇・摺子扇・聚扇・聚頭扇・撒扇などと呼ばれ、「海外の奇珍」として珍しがられた。

北宋の郭若虚《かくじゃくきょ》が著わした『図画見聞誌《ずがけんぶんし》』（巻六、高麗国）によれば、高麗の使節はよく「点綴精巧」の摺畳扇を土産物として中国にもってくるが、「これを倭扇といい、もとより倭国から出ている」と説明している。

また北宋の有名な詩人蘇轍《そてつ》に『楊主簿日本扇』という詩があり、それは「扇は日本より来たり、風は日本の風に非ず」

から始まり、「ただ日本扇を執るのみ、風の来るは窮《つ》くるなし」をもって結ばれている。

明代には、日本扇が勘合貿易のメイン商品として大量に輸出されるようになった。『両山墨談』によれば、明の皇帝が日本から貢がれた扇子をあまねく臣下に賜わり、舶来品が間に合わなくなると、内府に命じて模造品をつくらせたという。

「天朝大国」を自認する中国が、ついに「東夷小邦」とされる日本の文物を模造するようになったのだ。悠久にして広範な中日文化交流史のなかで、中国は西域の文物を積極的に取りいれて模倣することはあっても、東アジア諸国の文物を意識的に学ぼうとする姿勢はなかなか見られなかった。したがって、ここにも日本観の大きな転換が現われているといえよう。

3、日本刀の値打ち

日本扇とならんで、日本刀もその切れ味のよさと装飾の華麗さによって、宋代から嘖々たる好評を浴びるようになったのである。

日本刀の伝入は、宋代になってから盛んになるが、じつは唐代にも輸出の例があったのである。阿倍仲麻呂（唐名は朝衡）は天宝十二載（七五三年）ようやく一時帰国を許され、長安を発つ前に、李白ら親交を結んだ友人らに『命を銜《ふく》んで国に還るの作』と題する留別の詩をのこしている。

命を銜み将に国を辞せん、非才ながら侍臣を忝くす。
天中にて明主を恋しがり、海外にあれば慈親を憶う。

伏奏して金闕をたち違《さ》り、騑驂《そえうま》は玉津を去らんとす。
蓬莱まで郷路はいと遠く、若木とは故園の隣りなり。
西を望んで恩をしのぶ日、東へ帰って義に感ずる辰《とき》。
平生ただ一振りの宝の剣、交を結びし人に留め贈る。

親交の友人に贈った「宝剣」は、阿倍仲麻呂の「平生ただ一振り」の愛用品とあるから、入唐のときに日本から携えてきたものであろう。

宋・欧陽脩（一説に作者は銭君倚）の名高い『日本刀歌』は、玉をも切る「宝の刀は近ごろ日本国より出づ」るが、江南の商人が「百金」を投じて「滄海の東」から入手し、「佩服《はいふく》してもって妖凶を禳《はら》うべし」と謳っている。また徐福が日本に移住し「百工五種」をもたらしたから、「今に至って器玩はみな精巧なり」とも賞賛している。

また欧陽脩と同じころの詩人梅堯臣にも『銭君倚学士日本刀』という詩作があり、明代になると、倭寇の凶器として嫌われる反面、秘伝の技法として伝説化される傾向もみられるようになった。

欧陽脩（1001～1072年）
北宋時代の名高い文学者であり，歴史家である。その『日本刀歌』は日本の工芸技術を徐福の東渡伝説と関連づけながら高く評価している。

第四節　明代文人の日本趣味

応永八（一四〇一）年、室町幕府の三代将軍足《あし》

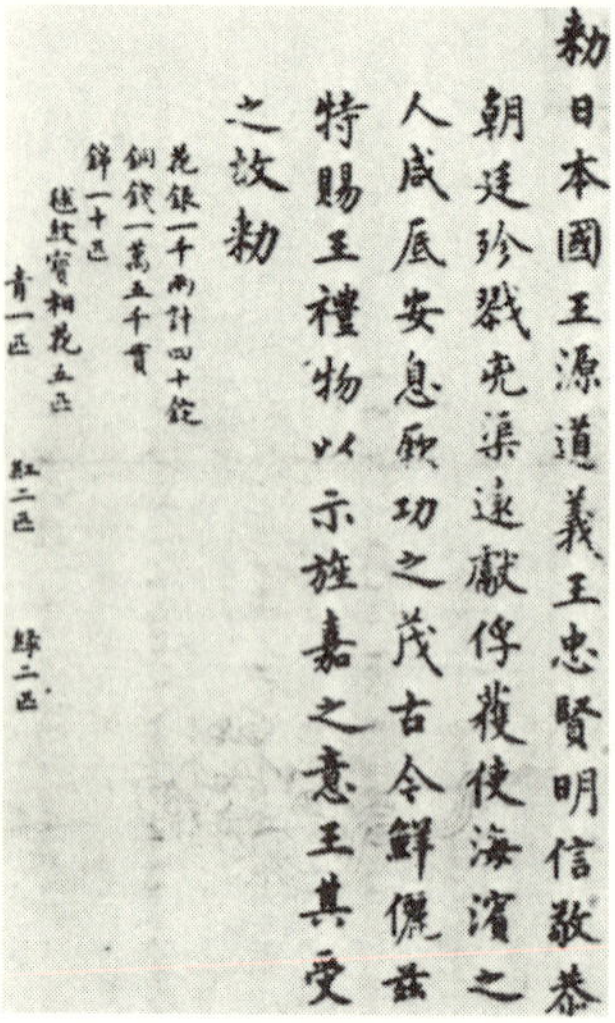
勅日本國王源道義王忠賢明信敬恭
朝廷殄戮兇渠遠獻俘獲使海濱之
人咸底安息厥功之茂古今鮮儷茲
特賜王禮物以示旌嘉之意王其受
之故勅
花銀一千兩計四十錠
銅錢一萬五千貫
錦一十匹
毬紋寶相花五匹
青一匹　紅二匹　緑二匹

明の国書
永楽5（1407）年5月，明の成祖（永楽帝）が足利義満に与えた勅書に添えられた別幅で，義満に対する下賜品の目録が記入されている。

利義満《かがよしみつ》は南北朝統一の偉業をなしとげるや、さっそく明へ使節を遣わし、臣下と称する国書とともに、「金千両、馬十匹、薄様千帖、扇百本、屏風三雙、鎧一領、剣十腰、刀一柄、硯筥一合（同文台一個）」をときの恵帝に献上した。遣唐使の廃止以来およそ五百年も中断していた中日間の朝貢貿易は、これをきっかけに再開された。

明代の中日関係史を概観してみると、まったく離反するふたつの側面が現われていることに気がつく。ひとつは倭寇の跳梁と豊臣秀吉の朝鮮侵略とに象徴される国交悪化の側面であり、いまひとつは遣明使と勘合《かんごう》貿易とによって国交の回復と貿易の隆盛をもたらす側面である。

この時代に、中国の知識人はながく目をそらしてきた日本への理解を切実な課題として痛感しはじめ、「日本」と題する著作をおおく世に問わせた。もちろん、そのほとんどが倭寇退治のために編まれたものだが、日本の歴史・地理・風俗・文化などについての記載も少なくはない。たとえば、薛《せつ》俊《しゅん》の著わした『日本考略』の「貢物略」は、日本からの輸入品のかずかずをかかげている。

馬、盔、鎧、剣、槍、腰刀《たち》、瑪瑙、硫黄、蘇木、牛皮、貼金扇、洒金厨子、洒金文台、描金粉匣、洒金手箱、塗金装彩屏風、描金筆匣、彩金提銅銚、洒金装木銚、角盥、水精数珠。

これらの文物は中国にもたらされると、文人たちの収蔵品として愛玩され、一種の日本趣味がおのずと形成されつつあった。明人の著作をひもとくと、これらの文物にかんする記載がおおく拾われる。ここでは、高濂《こうれん》（一五七三～一六二〇）の著わした『遵生八牋《じゅんせいはっせん》』に焦点をしぼって、彫刻関係の史料を紹介するにとどめる。

1、鏤 金

作者は「宣銅・倭銅・炉瓶・器皿を論ずる」という項で、「潘銅《はんどう》」という本名のはっきりしない人物を取りあげている。もともと浙江省の人だったが、幼いころ倭寇にさらわれて十年ほど日本に住んでいた。その間、鏤金の技術を習って、「金銀倭花」を彫刻する技をことごとく身につけた。帰国してからはその特技を生かして銅器をつくり、世には「仮倭炉」と呼ばれる。

高濂はかつて潘銅を自宅に招きいれ、数年の間に文房具や調度品をこしらえさせた。潘銅のつくった「倭尺」は一見して他と違わないが、中腹を空にして文房具十数点を内蔵している。またハサミは折り畳み式につくられ、当時は珍しいものとされる。その他、「銅合子、途利筒、彝炉、花瓶」などは金銀を象眼し、模様を彫り刻み、倭製の本物に勝るとも劣らないほど精巧を極めていたという。

「潘銅」はもちろん本名ではない。屠隆《とりゅう》の『考槃余事《こうはんよじ》』には「潘鉄」とあり、日本から帰ってくると「雲門」（今の紹興）に住んだという。彼は日本滞在の十年間に、象眼・鏤金・彫刻の工芸技術を学びとり、帰国してから造った模造品は世の中にもてはやされ、それを入手する者はかならず宝物とするから、とても高価な収蔵品となったといわれている。

高濂は「潘銅」の記事につづいて、日本製の鏤金器皿を数多くあげている。たとえば、細かい網目の蓋をもつ熏炉を「美しい」といい、四方のそれぞれに神獣を取りつけた香盤を「優雅である」といい、奇石をはめた象眼の指輪を「精妙である」といい、また酒銚、水罐・金銅提・匳鎧・腰刀・槍剣・紫銅湯壺・海螺鼻の銅鏡・銅鼓などはいずれも「天地の機巧」をきわめたものとたたえている。

2、漆　彫

漆彫りの工芸は唐代からすでに始まっていた。宋代に至ると、ますます隆盛しだし、多くは金銀の器の表に幾重にも赤い漆を塗りかさね、そのうえに人物・楼閣・鳥獣・花草などを彫りきざみ、絵画以上の華やかさをつくりだしている。この技法はふつう「剔紅《てきこう》」というが、日本に伝わって「堆朱《ついしゅ》」とよばれる。元のころ、張成と楊茂の二家は海内を独歩し、遠く日本にもその芸名をひびかせている。室町時代に長充という職人はその技法を習得し、わが師とあおぐ張成と楊茂からそれぞれ一字を借りとって「楊成《ようぜい》」と自称し、世にもてはやされた。

日本の漆工は宋元の漆彫技術をさかんに模倣しつつ、さらに各人の創意を加味してしだいに日本化させ、伝統的な螺鈿工芸とも融合してついに独自な作風を形成したのである。『遵生八牋』には「論剔紅倭漆彫刻鑲嵌器皿」の一項があって、日本の漆彫工芸を詳しく紹介している。

「漆器はただ倭をもって最とする。しかも胎胚の式制もまた佳い」との前置きにつづいて、描金の重ね箱、紅漆を塗った金縁の盒子、金塗りの彩色屏風、精巧をきわめた文房具、漆塗りの仏壇、昭君図を金銀象眼した香几、山水鳥獣をデザインした机など数十種類を列挙しながら、「ことごとく数えきれない」と感嘆した。

これらの工芸品は、たとえ一部は伝聞によって記録したとしても、一介の文士にして、これほど大量の奇器珍物を目にし耳にしたことは、中国にもたらされた日本工芸品が多様多彩であり、またぼうだいな量にのぼった背景があったからであろう。

高濂は「倭人の製る漆器は、工巧がいたって精緻である。また彫刻・宝嵌・紫檀などの器のごとく、その心思工本を費やすのは、また一代の絶である」と賛辞を惜しまずに褒めたたえ、つづいて中国の模造品に言及して「近ごろの倭器を倣效するものは、呉中の蒋回回《しょうかいかい》のごとき者、制度造法は極めて

明代の倣倭漆器

明代のころ，勘合貿易によって蒔絵を施した日本漆器が中国に輸出された。楊塤は宣徳年間（1426～1435）日本へわたり，蒔絵の技法を学んで帰国し，創意を加えた模造品を大量につくった。図は「大明宣徳年製」と銘記した食籠で，製法・色彩・模様は桃山時代の金蒔絵と酷似していて，模造品に間違いない。上は原物，下は蒔絵の模写。

秘　閣

「秘閣」は従来より帝王の書庫または尚書省の別称と理解されているが，文人が揮毫するとき，肘をのせる文房具でもある。図は竹製の秘閣（『長物志』より模写）。

模擬を善くし、鉛をもって口を鈐じ、金銀花片・鈿嵌樹石・泥金描彩などよく肖り、人はまた佳と称える。ただし、胎を造るに布を用いることやや厚く、手に入れて軽からず、倭を去ること遠かるに似る」と、模倣作の本物に遠くおよばないことを嘆いている。

3、秘閣その他

鏤金と漆彫のほか、高濂は他の工芸品にもいいおよんでいる。たとえば、「圧尺」は通常のかたちをしているが、表面には金で桃の木をかたどり、銀で葉っぱを表わしており、中腹に穴をあけて引き出しを取りつけ、ナイフ・けぬき・爪切り・爪楊枝・耳払い・はさみなどをすっぽりおさめるようになっている。高濂はこの神業について「倭にあらずんば、それ誰ぞこれを能わんや」とあきらめている。「圧尺」は文鎮のたぐいであろう。高濂はかつて潘銅に請うてその模造品をつくらせたことがある。

もう一例、日本伝来の「黒漆秘閣《ひかく》」を取りあげてみよう。秘閣というのはふつう天子の書物をおさめる書庫、または尚書省の別称の意味にとられるが、ここでは文字を書くとき紙面を汚さないように肘をのせる長方形の道具をさす。さて、この日本の「黒漆秘閣」は長さ七寸ほど、幅は二寸あまり、表には金泥の花模様を描いており、紙のように軽い漆器であるという。

『遵生八牋』の記録からわかるように、明代になってから中日の国交が勘合貿易を象徴に回復され、公私の商船によって日本の工芸品は空前の規模をもって中国にもたらされるようになった。これらの工芸品の製造技法のほとんどは、もともと中国から習ったものだが、長期にわたって模倣されつつ、しだいに日本民族の美意識と独特な手法に融合して改良されてきた。こうして生まれ変わった工芸品はふたたび中国へ逆輸出されて、中国芸術の繁栄を促したのである。

文化交流のもつ本当の意味は、まさしくこうした文物の循環往復にこそ見いだされるものと思われる。

【注釈】

（1）東野治之著『遣唐使と正倉院』（岩波書店、一九九二年版）三九頁。

（2）陳舜臣「中国の中の日本像」（国際日本文化研究センター、『世界の中の日本』第三号、一九九一年）

（3）森克己著『増補日宋文化交流の諸問題』（国書刊行会、一九七五年版）四一五頁。

（4）原文は「挙」となっているが、文意より「奏」にあらためた。

（5）ここにあげた唐宋筆記小説のなかで、沈汾の『続仙伝』と杜光庭の『仙伝拾逸』の現存本は、韓志和の記事を散逸している。詳しくは蔡毅氏の「飛竜衛士、韓志和」（中西進・王勇共編『日中文化交流史叢書・人物』、大修館書店、一九九六年版）四四一～四六一頁を参照されたい。

（6）この二文はそれぞれ『支那学』第二巻第二号と第四号（弘文堂書房、一九二二年）に掲載されている。

（7）東野治之著『遣唐使と正倉院』（岩波書店、一九九二年版）四六頁。

（8）佐伯有清著『若き日の最澄とその時代』（吉川弘文館、一九九五年版）二二五頁。

（9）森克己著『増補日宋文化交流の諸問題』（国書刊行会、一九七五年版）四一五頁。

（10）詳しくは拙稿「日本僧転智の入呉越事跡について――『四朝聞見録』「勝相寺記」の史料解読を兼ねて」（田中隆昭編『日本古代文学と東アジア』所収、勉誠出版、二〇〇四年三月版）を参照。

（11）これについては、拙論「日本の江南諸寺への捨経供養について」（『中日文化論叢――一九九四』所収、杭州大学出版社、一九九六年版）に詳論されているので、参照されたい。

（12）田自秉著『中国工芸美術史』（知識出版社、一九八五年版）七九頁。

（13）たとえば、『資治通鑑』（粛宗紀）の至徳二（七五七）年条に「珠玉・宝鈿・平脱・金泥・刺繍を禁ずる」とあり、『旧唐書』（代宗紀）の大暦七（七七二）年条にも「仮花果及び金平脱・宝螺等の物を造るを得ず」と見える。宋代もしかりで、『清波雑志』によれば、宋の高宗は「螺鈿は淫巧の物である」として禁じていたという。

（14）日本画扇の中国への流入について、拙文「日本扇絵の宋元明への流入」（『日本美術史の水脈』所収、ぺりかん社、一九九三年版）を参照されたい。

第四章　礼儀の邦——モノからヒトへ——

これまでは、古来の伝聞や舶来の文物などによって発生した日本像をたどってみた。「神仙の郷」と「宝物の島」は、日本認識の基本パターン（先入観ともいえる）として、その後の各時代の日本像にも継承されている。

唐代になってあらたに市民権を得た「礼儀の邦」という日本像は、「神仙の郷」にふくまれた「君子国」のイメージと無関係ではないが、独自な時代色をもはっきり反映させている。

唐宋時代から、海をわたって大陸に足を踏みいれた日本人は、めっきりと増えつづけた。遣唐使人だけでも、五〇〇〇人をこえると推計される。したがって、伝聞や舶来品のみに頼ることなく、生身の日本人に接して印象をうけることが、この時代の日本像を作りあげる原動力となり、これまでにみられない特徴でもある。

唐代の日本像を論じるときに、玄宗《げんそう》皇帝から聖武天皇へ贈られた『日本国王に勅するの書』が、よく引き合いにだされる。この勅書は、張九齢《ちょうきゅうれい》の『曲江集《きょくこうしゅう》』（巻七）に収められており、その冒頭に「日本国王主明楽美御徳に勅する。彼は礼義の国にして神霊の扶ける所である」とある。

李隆基

（唐の玄宗，685～762年）

玄宗皇帝は日本との交流を積極的に推進し，治世中（712～755年），日本から遣唐使の任命が4回あり，うち3回が唐にわたっていた。入唐僧弁正と碁を打ち，留学生の阿倍仲麻呂を客卿に登用したことはよく知られている。

「主明楽美御徳」は、いうまでもなくスメラミコト（天皇の古名）の音訳と思われるが、目をひくのは訳語にすべて佳字を選んでいることである。これは次の「礼義の国」の賞賛とも呼応して、唐王朝トップクラスの日本像を如実にあらわしている。

石原道博氏は「唐から近隣の諸国へおくられた国書には、このように特別の敬意をあらわした文字はみえない」と指摘し、その原因を、「大伴古麻呂のような遣唐使・留学生・学問僧たちに俊秀が多く、いずれも国家的自覚のもとに堂々たる外交・研修・求法などに精神をうちこんだ」ことに帰結している(1)。

しかし「神霊の扶ける所」などの表現によっても明らかなように、このような日本像は中日交渉の現実を反映するものでありながら、従来の神仙郷・君子国の影響をも少なからず受けついでいるのも事実である。

宋の政和六（一一一六）年、徽宗《きそう》が日本に送った牒状に、日本のことを「東夷の長」と称し、つづいて「人は謙遜の風を崇め、地は珍奇の産に富む(2)」と礼賛しているのをみると、「謙遜の風」と「珍奇の産」とがセットされ、新しい日本像の基盤となっている。

第一節　華夷同祖の意識

江戸時代の伊藤松貞が著わした『隣交徴書《りんこうちょうしょ》』（初編巻之一）に、峨嵋《がび》山《さん》居士と号する宋・文博の『日本国賛』を載せている。この五言律詩のなかに「孰《たれ》ぞ彼土此土を分たん、相去る纔《わず》かに咫尺《しせき》なり」との詩句があり、従来の偏遠にして到達しがたいという日本像と大きく趣を異にしている。

宋末元初の馬端臨《ばたんりん》によって編纂された『文献通考《ぶんけんつうこう》』（巻三百二十四、四夷考、倭条）をみると、唐宋時代を境にして、日本に対する中国人の距離感に著しい変化が現われている。

つまり、漢魏時代の日本は、楽浪郡や帯方郡から一万二千里も離れていて「その地は遼東を去ること甚だ遠い」とされるが、唐宋時代になって海路による交通が盛んになり「閩浙を去ること甚だ迩《ちか》い」と書かれている。

唐宋以来、中日間の交通は、海岸ぞいの北路から東シナ海を横断する南路へと切りかえられ、また季節風の利用や造船技術の発達もあって、両国間を結ぶ航路を大幅に短縮させることに成功した。

しかし、右の『日本国賛』と『文献通考』にみられるような距離感は、おそらく心理的要素を多くふくんでいるであろう。その背後には、文明の同質や民族の同種といった認識がつよく働いていると思われる。

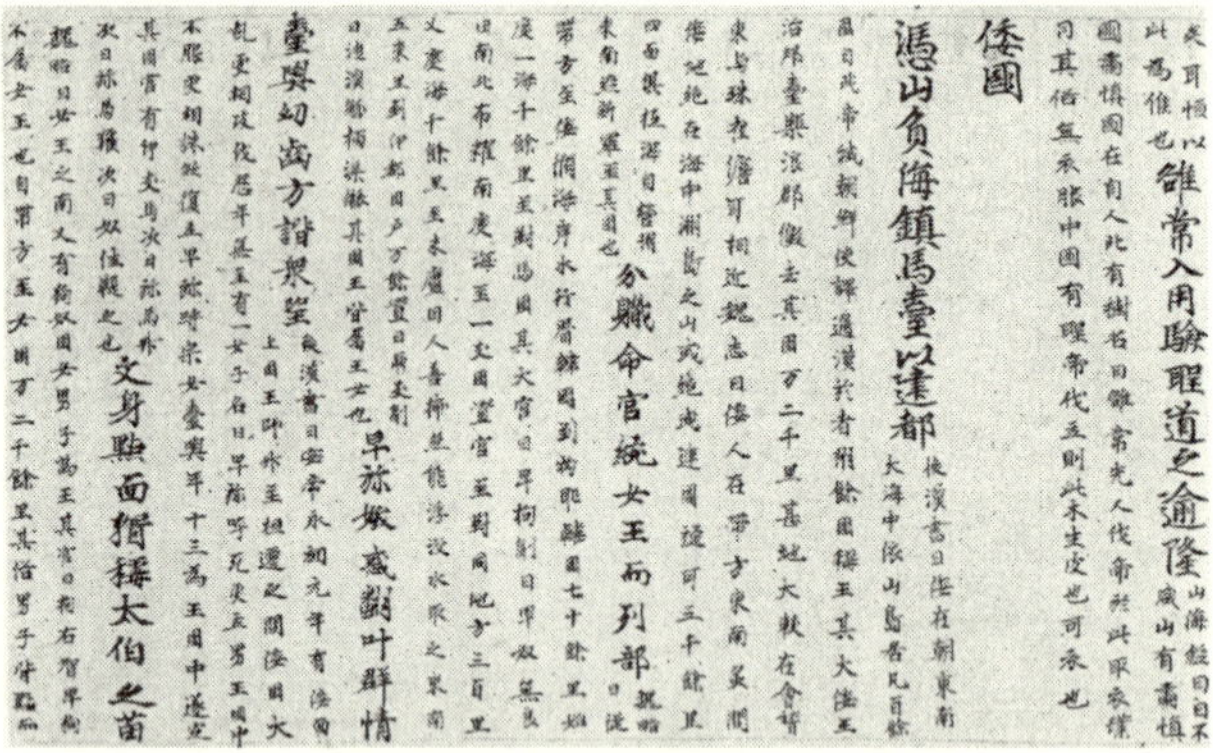
倭國
雖常入用驗聖道之逾隆
憑山負海鎮馬臺以建都
分職命官統女王而列部
卑弥娥惑翻叶群情
臺與幼歯方諧衆望
文身黥面猶稱太伯之苗

『翰苑』残巻

唐の張楚金が顕慶5（660）年，夢で孔子と語らい感ずるところあって著わした歴史地理書である。原書は散逸しているが，太宰府天満宮に伝わる写本残巻（巻30）は「天下の孤本」と称される（国宝，太宰府天満宮）。

1、呉人の後裔

日本民族の起源について、中国の文献では、江南の呉越民とのかかわりで記述されることが多い。そのひとつとして、倭人がみずから「呉の太伯《たいはく》（泰伯）の子孫」を名乗っていることは、多くの歴史書に記録されている。

その伝説が最初に登場するのは、『魏志』より少し成立の早い魚豢《ぎょかん》の撰んだ『魏略《ぎりやく》』である。残念なことに、『魏略』はすでに散逸して伝わらないが、『翰苑《かんえん》』という唐代の書物に引かれた逸文に「その旧語を聞くと、自ら太伯の後という」とみえる。

ところで、倭人がその子孫であると自称する「太伯」とは、いったい何者なのだろうか。まずはその人物像を明らかにしておこう。

『史記』（呉太伯世家）によれば、太伯は周の太王（古公亶父《ここうたんぽ》）の長男だが、父の胸中を推しはかり、王位を三男の季歴にゆずるため、断髪文身して荊蛮《けいばん》の地に落ちのびた。土着民は彼の義を慕って身をよせるもの千余戸におよび、彼を呉の開祖に推したという。

こうして国ゆずりした太伯は、孔子から「それ至徳というべきのみ」（『論語』泰伯篇）と激賞され、儒教の世界では賢人として尊敬される。

呉は春秋時代（前七七〇～前四〇三年）、揚子江下流域をその勢力圏とし、「春秋五覇」のひとつにかぞえられた強国である。呉は中原に鹿を逐うなかで、文明度の高い漢民族と関連づけて、自らの正統性を主張する必要があった。その必要から、越は夏の少康の子、斉は周の太公望、晋は周の成王の弟、呉は周の太伯といった具合に、非漢民族の始祖伝説がつぎつぎと生まれてきた。

ここで注意すべきは、倭人がみずから呉民族との同源を主張していることだけでなく、越民族との関連もあったと中国人に意識されていたことである。『魏志』（倭人伝）に「夏后少康の子、会稽に封ぜられ、断髪文身し、もって蛟竜の害を避ける。今倭の水人、好んで沈没して魚蛤を捕り、文身し、またもって大魚水禽を厭《はら》う」とあるのは、その一例である。

三世紀ごろ、倭人は中国江南の呉越民と共同の起源をもっていると伝えられるが、それが唐宋時代に入ると、秦漢移民の子孫たちがそのまま日本住民の一部をなしていると信じられるようになった。

倭人の太伯後裔説は、『魏略』と『翰苑』のほか、『梁書』『晋書』『北史』『通典《つてん》』『太平御覧』『資《し》治通鑑《じつがん》』などの唐宋文献にもみられる。この伝説がひろく引用されるのは、儒教上の理想人物としての太伯を東方の君子国の始祖に置くという解釈の合理性があるばかりでなく、奈良時代より始まった日本文化の唐風追随が中国人に親近感をあたえ、従来の日本像を変えさせたのも一因だったと考えられる。

2、秦王国の発見

大業四（六〇八）年、隋の使者として文林郎の裴世清《はいせいせい》は、遣隋使の小野妹子らにともなわれて、倭国へ赴いた。『隋書』（倭国伝）によれば、隋使一行は百済をへて都斯麻国（対馬）に至り、さらに一支国（壱岐）・竹斯国（筑紫）をへて「秦王国」にたどりついたとある。

このなぞの秦王国について、松下見林は『異称日本伝』において安芸の厳島とし、本居宣長は『馭戎慨言《からおさめのうれたみごと》』において山陽道西端の国名の誤記と主張し、また山田安栄は周防の音訳とみるなど、まさしく諸説の分かれるところである。

秦王国という表記には、古来の徐福伝説がからんでいるとみたほうが妥当であるかもしれない。「人々の様子はわれわれと同じであり、徐福のとどまった夷洲ではないかといわれているが、この疑問は明らかにすることができない」とつづく裴世清の感想は、その証拠となろう。

夷洲（亶洲をふくめて）は『後漢書』（倭伝）と『呉志』（孫権伝）では、徐福の止住した地として伝えられている。また『太平御覧』（巻七百八十二、外国記）には、「周詳、海に浮かび、紵嶼《ちょしょ》に落ちる。その中に紵が多く、三千余家ある。徐福童男の後という。風俗は呉人に似ている」と記されている。

『隋書』（倭国伝）の記事は、裴世清の帰国報告をもとにして書かれていることは疑いない。「文字はなく、ただ木を刻み縄を結ぶのみ。仏法を敬う。百済に於いて仏経を求め得、始めて文字を用いる」とあるのは、従来の日本像とははっきり一線を画し、仏法を信じ文字を知っている開化民族として、日本を認識しているのである。
ふたたび秦王国の記事に目をもどすと、徐福の子孫を思わせるような秦王国の住民をここに「華夏に同じ」と評価している。それは「性質直にして雅風あり」「仏法を敬う」「文字あり」といった記述とともに、隋代の新しい日本像を示唆するものである。

「華夏に同じ」という秦王国の実像と伝説に語られる蓬萊の虚像とが交錯するなかで、初めて日本に足を踏みいれた裴世清は、その戸惑いと驚きの心情を隠しきれず、「夷洲ではないかといわれているが、この疑問は明らかにすることができない」とつづく記述に、すべての疑念を投げかけている。

こうした疑念は唐以降になると、しだいに薄れていく。五代のころ、義楚の著わした『釈氏六帖』は、徐福の止住した蓬萊を日本の富士山に比定し、その子孫が「秦氏」を名乗っているとして、「今、人物は一に長安の如し」と書きしるしている。これは『隋書』の「その人は華夏に同じ」よりも、一段と評価を高めているばかりか、語気

蓬萊仙島図

不老不死の仙薬があると信じられる蓬萊島は，東海中にあることから，日本の別称として用いられるようになった。

『聖徳太子二王子像』
聖徳太子は奈良時代から中国の高僧慧思の転生として信仰されていた。主人公の聖徳太子を中心にすえ，左右には二人の王子を小さく描いている構図は，唐・閻立本の『帝王図巻』から影響を濃厚に受けている（著者蔵）。

にはなんの躊躇もみられない。

「礼儀の邦」という隋唐時代から始まった斬新な日本像は、人間同士の直接の接触によって形成されていくところに、最大の特色があったのである。

3、転生伝説

日本文化の著しい唐風化は、結果として中国との文明の落差を効果的に縮小させ、また両国の人種的な相違の影をしだいに薄めるかたちで、中国人の日本像に色濃く投影されるのである。こうした影響は、太伯後裔説のほかに、仏教的な転生《てんしょう》伝説にも顕著に見てとれる。

奈良時代から江戸時代にかけて編まれた多くの聖徳太子伝をひもとくと、中国の南北朝時代の乱世を力づよく生きぬいた高僧慧思《えし》（五一五～五七七）が亡くなってから、聖徳太子に生まれ変わったと記されている。[3]

『法華経』をはじめ大乗仏教をとなえて、他宗派からしつこい迫害をしかけられ、幾度となく生死をさまよった慧思は、五五八年の正月に心機一転して、金字の『大品般若経』と『法華経』をつくることを発願し、ひろく僧俗の善知識をつのった。

大願成就の吉日に、慧思は自叙伝ともいうべき『立誓願文《りゆうせいがんもん》』をしたため、「一切十方の世界中」に生まれ変わることをおごそかに誓ったのである。そのとき慧思は、漠然とした未来よりも、仏教弘伝の新天地へ熱い視線をむけるようになったのであろう。

慧思の死後、信者たちは右の再誕予言にもとづいて、かずかずの転生伝説を創作するのである。そして、伝説はさらに伝説を生みだして、一人歩きするようになると、慧思の再誕地は、最初の「遠遊」や「無仏法処」から、しだいに「海東」や「東国」へと具体化されていく。

中国の感覚からいえば、仏教は西方より伝わってくるから、中国より東にはなかったものである。言葉を換えれば、求法は西へ、伝法は東へといった図式は、中国人の脳裏に刻みこまれている。この意味で、慧思の東方転生が、東海中にある日本へつながっていく伏線となったのである。

これまでに、「慧思の日本への生まれ変わり」という伝説は、日本だけにみられる信仰とされ、中国発生説に疑問を投げかける学者が少なくなかったようである。けれども、「日本への生まれ変わり」は、慧思にまつわる雄大な転生劇の一コマにすぎず、中国に発生する土壌的な要因があったのである。

たとえば、作者不詳の中国の『大唐七代記』(正しくは『大唐国衡州衡山道場釈思禅師七代記』)は、南北朝時代に六たび生まれ変わってから、第七生は「倭国の王家」に生まれ、仏教を弘めたと書きとめている。この本の成立時期は詳らかでないが、思託の『大唐鑑真伝』(正しくは『大唐伝戒師僧名記大和上鑑真伝』)とすこぶる類似している記述がある点から、八世紀のなかばをくだらないと推定される。

近ごろ、京戸慈光氏の紹介によってその存在を学界に知られるようになった『浄名経関中釈抄注』

という書名の敦煌文献にも、中国の各王朝に転々と生まれ変わった慧思は、とうとう海のかなたに再誕して国王となり、『法華経』をひろく流布させたとみえる。(4)

ついでに、機敏をあらそう禅僧たちの名問答とされるこぼれ話をここにひとつ紹介しておこう。ある日、洞山良介《とうざんりようかい》という曹洞宗の開祖が座禅の合い間に、「慧思が生まれ変わって倭国の王となった話を聞いたけど、本当か嘘か」と弟子らの学力をためそうとして聞いてみた。そこで、道膺《どうよう》は「慧思の人となりを考えれば、仏さまになるのも嫌な質《たち》だから、ましてや国王になるはずはない」ときっぱり応対したという。

道膺は八三五年から九〇二年にかけて生存していた人物であるから、唐の末期には禅宗のあいだで慧思の倭国転生説が常識として知られていたことがわかる。

また、鑑真が入唐僧の栄叡《ようえい》らに請われて、渡日を決意したとき、「むかし聞いた話では、南岳の思禅師は遷化《せんげ》してのち、生を倭国の王子に託して仏法を興隆し、衆生を済度しているという」と語ったことは、唐の天宝元（七四二）年の出来事で、淡海三船《おうみのみふね》の『唐大和上東征伝《とうだいわじようとうせいでん》』に語られている。

ここで注目すべきは、慧思の倭国転生を、鑑真は「むかし聞いた」話と断っていた点である。その話を裏づけるものとして、慧思が「倭州の天皇」に生まれ変わったことを明記した碑文は『大唐七代記』に引かれている。碑文の最後には、「李三郎帝の即位する開元六年歳次戊午二月十五日」という日付がついている。

碑の下に題していわく、倭州の天皇は、彼の聖化する所である。聖人の遷跡より隋代に至るまで、禅師の調度、金銀書・仏肉舎利・玉典・微言・香炉・経台・水瓶・錫杖・石鉢・縄床・松室・桂殿が、なお失ない損なわれることなく、衡山の道場に悉く安置されている。今の世の僧俗はともにこれを崇拝している。

「李三郎」とは、唐の叡宗の三男に生まれた李《り》隆基《りゅうき》のニックネームで、先天元（七一二）年に即位してから、「玄宗皇帝」となる。「開元六年」は養老二（七一八）年にあたる。慧思が「倭州の天皇」に生まれ変わった伝承を記したこの碑文は、鑑真の問答より二四年も前に書かれたもので、「むかし聞いた話云々」とある『唐大和上東征伝』の記述を裏づけてくれる。

鑑真にしたがって渡日した唐僧思託は『大唐鑑真伝』で「その智者禅師は、南岳

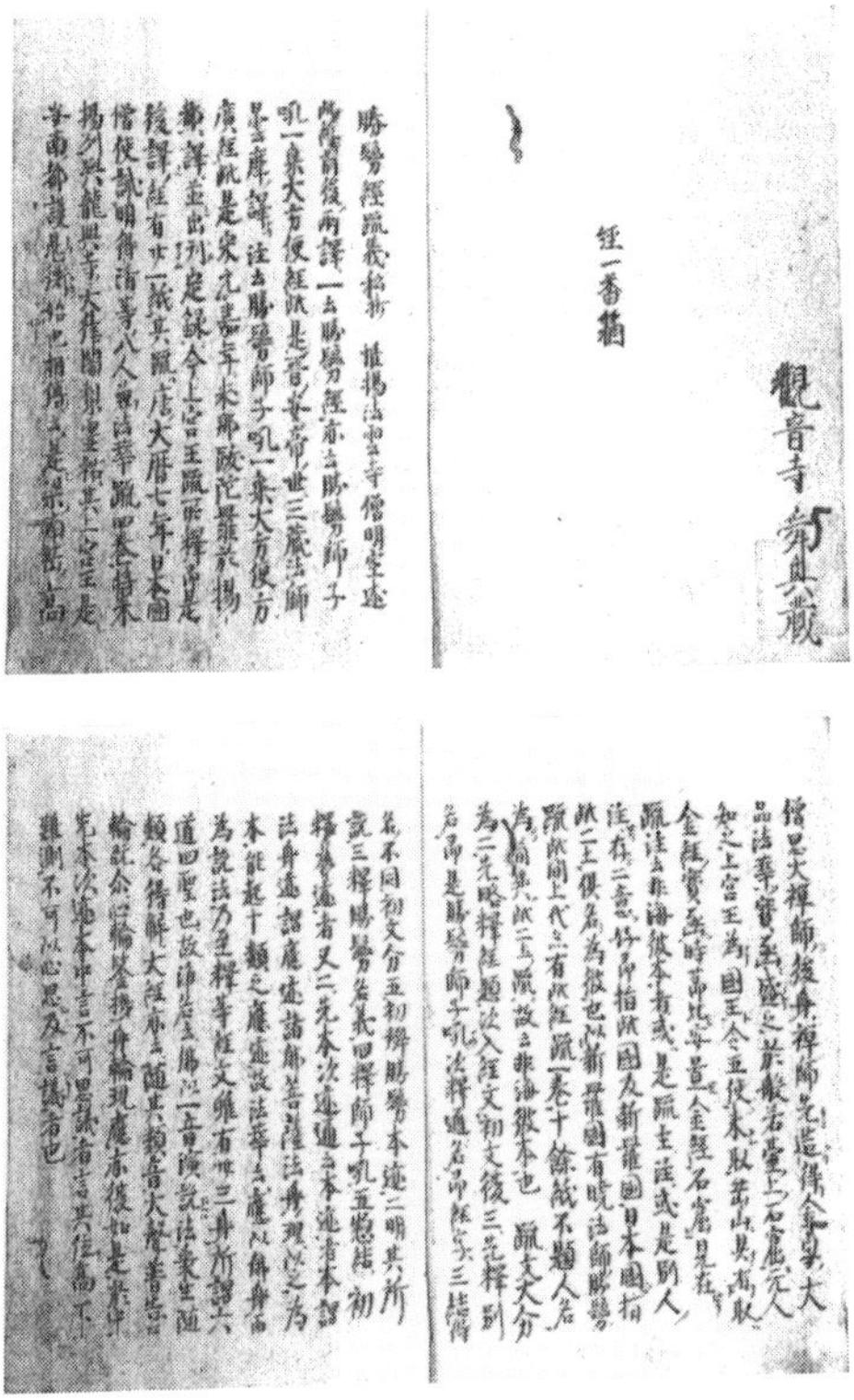

『勝鬘経疏義私鈔』書影
唐の天台僧明空が聖徳太子の『勝鬘経義疏』に注をつけたもの。巻頭に聖徳太子が慧思の生まれ変わりだった旨を書き記している。巻末にはこの書を「大唐高僧の製造にして，日域面目の秘書なり」と賛える円珍の跋語がある（大津西教寺）。

慧思禅師の菩薩戒の弟子である。慧思禅師は乃ち日本に降生し、聖徳太子と為る。智者は唐国の分身で、思禅師は海東の化物である」と述べ、さらに『上宮皇太子菩薩伝《じょうぐうこうたいしぼさつでん》』に「思禅師は、のちに日本国　橘　豊日《たちばなのとよひの》天皇（用明天皇）の宮に生まれる」と明記している。

慧思の倭国転生説は、唐代から興味津々と語りつがれていたようで、明空《みょうくう》の『勝鬘経疏義私鈔《しょうまんぎょうしょぎししょう》』、思託の『延暦僧録《えんりゃくそうろく》』（上宮皇太子菩薩伝）、法進《ほっしん》の『註梵網経』などにも記述されている。宋代では、道原《どうげん》の『景徳伝燈録《けいとくでんとうろく》』などにみえるのみならず、宋人の沃承璋《よくしょうしょう》が亡くなって日本の国主に生まれ変わったという類話まで流布していたようである。(5)

この類の伝説がとくに唐宋時代にひろく流布したのは、この時代の新しい日本像と無関係ではなかろう。

第二節　上古の遺風

中国人は空間的に海彼の島々に幻想の神仙郷を想像し、時間的には遥かなる古代に理想的な王国を追憶する。中国における日本像の生成変化を考察するにあたり、「古代への郷愁（ノスタルジア）」のもつ文明論的意味を看過してはならない。

唐の詩人王維《おうい》の詩集『王右丞集』をひもとくと、阿倍仲麻呂に贈った『秘書晁監《ちょうかん》の日本国に還るを送る』と題する五言律詩がある。その詩序に、日本の文明を概観して、こう書かれている。

海東の国、日本を大と為す。聖人の訓に服し、君子の風がある。正朔は夏の時に本づき、衣裳は漢の制に同じである。

中国人にとって、古代にさかのぼるほど、理想的な良風美俗が残されており、聖人の教えにもとづく政治秩序が保たれていると考えがちであるから、夏朝の暦を用い漢代の服を着ていることは、まさしく「聖人の訓に服し、君子の風がある」の表われと認められる。

中国人にとって、上古の遺風がどれほど受けつがれているかは、国内にあってはその王朝の治世の善悪を見わける基準であり、域外にあってはその民族の文明の高低をはかり知る指標となる。

唐代の中日交流を振り返ってみると、人物往来の隆盛にして多彩な様子は、まことに注目に値する。遣唐使をはじめ、中国へわたった日本人が相当な数にのぼったことはいうまでもないが、日本へわたった中国人も無視できるほど少数ではなかった(6)。

使者・商人・僧侶・留学生らの往来による直接交流の機会が急増することによって、唐代の中国人は伝説の濃霧から日本の真相を一部ながらかいま見ることができた。そして、日本の実像を「古代発見」として記述したところに、この時代の日本観の特色が鮮やかに表わされている。

1、「柏手」の古礼

今日の日本人は仏前では合掌、神前では柏手、人間同士では握手というふうに、相手によって作法を自在にかえている。神社に参拝したり、家庭で神を拝むとき、両手を打ち合わせて鳴らすことを、

「かしわで」といい、それに「柏手」か「拍手」の字をあてるのが普通だが、ほかに「八開手」との表記もみられる。

柏手の礼法は、その起源がきわめて古く、中国の文献に徴するかぎり、弥生末期にまでさかのぼることができる。すなわち、『魏志』（倭人伝）に記された次の一文である。

大人の敬する所を見れば、ただ手を搏《う》って、もって跪拝に当てる。

三世紀ごろ、跪拝礼に慣れていた中国使者の目には、貴人らが敬意を表わす作法として、拍手を礼とする倭国の風習は、きっと奇異に映ったのであろう。

柏手の礼法は、従来より日本独特のものだと思われてきたが、事実は果たしてそうなのであろうか。いいかえれば、中国にはかつて柏手の礼法は存在しなかったのか。『周礼註疏《しゅらいちゅうそ》』（巻二十五、春官宗伯第三）をひもとくと、周代の大祝儀式に用いられる「九拝」の礼法が書きしるされている。

大祝は九拝に辨《わか》れる。一に稽首という。二に頓首という。三に空首という。四に振動という。五に吉拝という。六に凶拝という。七に奇拝という。八に褒拝という。九に粛拝という。もって右の祭祀を享する。(7)

右文にみえる「振動」について、漢の鄭玄《じょうげん》は「動」の音を「董」と示し、「振董」とは「両手を相撃つことである」と注記している。この注記をうけて、隋唐時代の経学者である陸徳明《りくとくめい》はさらに倭人の例をあげて、「今、倭人は拝するに両手を相撃つを以てする。鄭大夫の説くようである。けだし古えの遺法であろう」と釈文をつける（『経典釈文《けいてんしゃくもん》』巻八）。

以上で明らかなように、周の大祝に用いられる九拝礼のひとつである「振動」とは、両手を撃ちあわせる柏手の礼法であり、漢代のころはまだ残っていたらしい。しかし、陸徳明の釈文をみてもわかるように、それが唐代に至ると、中国ではすでに失われてしまい、わずかに倭国の柏手の礼法から、この「古えの遺法」を偲ばざるをえない状態にあった。(8)

古代王朝における社会秩序の手本とされる周礼を、現実の倭人が用いつづけているということは、中国人にとって大きなショックであり、信じがたい事実でもある。陸徳明は羨望と感激の気持ちをこめて「けだし古えの遺法」であると断言しているのである。

また「遺法」とは、中国で散逸したものであり、とりわけ珍重されるわけである。海彼の日本がいまだ上古の理想的な秩序をしっかり守ってくれているというイメージは、王維の詩にも「正朔は夏の時に本づき、衣裳は漢の制に同じである」と謳われているように、唐代からすでに芽生えていたのである。

鄭玄（127〜200年）
後漢高密の人，字は康成。太学に入り，経学に精通する。古典籍への独自な注釈は一家の言をなし，後世に大きな影響を与えた。

2、宋太宗の感嘆

約三百年もつづいた唐王朝が九〇七年にほろぼされると、中国はふたたび五代十国という紛争期に突入する。新しい宋文化を生みだす陣痛として、多くの伝統文化が唐末以来の喪乱によって跡形もなく破壊された。五代から宋にかけて、「古代発見」への関心が突如として強まってきた原因のひとつは、まさにここにあるといわなければならない。

宋の太平興国八（九八三）年、東大寺の奝然が入宋し、中国の佚書『孝経新義』と『孝経鄭氏注』とともに、本国の『職員令』と『年代記』を、ときの太宗に献上した。

奝然の将来した日本の書籍は、楊億《ようおく》の『談苑《だんえん》』（『楊文公談苑』とも書く）に「予は史局にあり、降所の禁書を閲すると、日本の『年代記』一巻及び奝然『表啓』一巻があり、因ってその国の史伝を修めること、甚だ詳しきを得た」とあるように、『太宗実録』または『宋史』の編纂に利用されたことがわかる。

奝然のもたらした情報は、中国人の日本知識を豊かにしたのみならず、支配層のもつ従来の日本像を大きく変えさせる転機ともなった。とくに、後者の意義は知識の増大よりも大きなものがある。『宋史』（日本伝）には、神代より六十四代目の円融天皇に至るまでの天皇系譜が整然として列挙されている。奝然が将来した『年代記』から引用していることは明らかではあるが、それを延々と中国の正史に採録することは、前代未聞の措置であり、宋王朝の複雑な心境が見え隠れする。

宋の太宗は、こうした心境を隠せずに「その国王は一姓を伝え継ぎ、臣下もみな世官であるのを聞き」、ふかく嘆息し、宰相に次のように胸中をうち明けている。

これは島夷にもかかわらず、君主の系統が悠久で、その臣下もまた継襲して絶えない。これがおそらく古えの道であろう。中国では唐季の乱から天下が分裂し、梁・周の五代、歴を享《う》けることがもっとも短く、大臣の世冑《せちゅう》（後継ぎ）も、そのまま続くことは稀れである。朕《ちん》は、徳は昔の聖人にはるかに及ばないものの、日夜慎み恐れ、治政の根本を講求し、休むことがない。無窮の業を建て、可久の範を垂れ、またそれを子孫の計と為し、大臣の後をして禄位を世襲させること、これこそ朕の願いである。

宋の太宗は、王姓一伝と臣位世襲を古代の理想的な政治秩序とし、唐末以来の制度の紊乱《びんらん》および世風の衰微《すいび》をいたく嘆きながら、「君主の系統が悠久で、その臣下もまた継襲して絶えない」という「島夷」の政治制度に、羨望の念を禁じえなかった。

これに刺激されてか、太宗は「無窮の業を建て、可久の範を垂れ」るべき世襲制の復興を、自らの政治理想としてかかげた。日本における「古代発見」は、このように中国の政治制度にもひびいてくるのである。

第三節　遣唐使の風貌

唐の都長安は、五十余りとも七十余りともいわれる国々から、しきりに遣唐使を迎えていた。これらの遣唐使たちは、文物の輸入を目的とするとともに、各国の使節団と立ちならんで、国威宣揚の狙いもあったにちがいない。

それは朝賀の儀に参列するときの「席次争い」の諸事件によってもっとも象徴されるが、使節の容

渡海中の遣唐使船

遣唐使時代に，中国へわたった日本人は5,000人以上と推計される。図は延暦23（804）年，空海渡海中の様子を描いたもの（『弘法大師行状絵詞』より）。

貌や服装などによって自国の文明度をアピールすることにも反映される。

森克己氏の指摘されたとおり、日本の遣唐使人も右のふたつの目的にあわせて、唐の先進文明を輸入するとともに、「唐朝に集まる各国使臣の中にあってわが国際的地位を高める」任務にふさわしい人物が選ばれるのであった[9]。

つまり選考にあたって、学問的素養と優雅な容姿とが条件として問われるわけである。本節では主として後者、すなわち使節団に選抜された遣唐使人の身体的特徴および外交舞台での振る舞いなどに、スポットライトをあてて考察してみたい。

1、美貌が選考の条件

華やかな中華文明を学ぶため、拙い航海

術と未熟な造船術とを頼りにして、多大な犠牲を覚悟のうえで海をわたった遣唐使人は、ほとんどが好学の士のみであった。森克己氏によれば、「ことに注目すべきは容貌・風采・動作・態度などを選考の条件にしているらしく思われることである(10)」。

このような厳しい条件を設けると、遣唐使わけても大使や副使などの引率者に適任する人物がなかなか見つかりにくいのも事実である。たとえば、天平十八(七四六)年の大使選任について、『懐風藻《かいふうそう》』は次のように伝えている。

天平年中に、詔して入唐使を簡《えら》ぶ。元来より、この挙はその人を得難い。ときに朝堂に選び、公の右に出るものはない。ついに大使に拝され、衆僉《み》な悦服する。

「其の人を得難い」とは、おそらく事実だったのであろう。そして「衆僉な悦服」して選ばれた石《いその》上乙麻呂《かみのおとまろ》は「地望は清華にして、人才穎秀である。雍容閑雅にして、甚だ風儀を善くする」と記され、『懐風藻』の著者は学問よりも風貌のほうに注意をむけているという印象をうける。

乙麻呂の子息の宅嗣《やかつぐ》も親譲りの美貌の持ち主だったらしく、『続日本紀』は「性は朗悟にして姿儀がある」または「辞容は閑雅にして、時に名がある」と書きとめている。

石上親子のほかにも、遣唐使に選ばれた人物の容貌について、日本の諸文献から賛美の言葉が多く拾われる。ここでいくつかの例をかかげよう。

たとえば、藤原常嗣《ふじわらのつねつぐ》は「立性は明幹にして、威儀は称えるべし」(『続日本後紀』)、菅原善主《すがわらのよしぬし》は「聡恵にして容儀を美しくする」(『文徳実録』)、藤原松影《まつかげ》は「人となりは厳正にして、鬚眉は画くが如し」（同上）、小野篁《おののたかむら》は「身長は六尺二寸ある」といった具合である。

藤原常嗣は一九回目の遣唐大使として選ばれたが、そのとき小野篁は副使、菅原善主と藤原松影は判官をつとめた。母親の老衰を理由にして渡航を取りやめた藤原松影は「進止容儀は天骨を得る」といわれ、のちに式部官吏の手本とされたという。

2、君子国のイメージ

石上親子はその持ち前の知性と生まれつきの容姿とを買われ、それぞれ十一回目の遣唐大使と十四回目の遣唐副使に任命されながらも、さまざまな事情があって結局は唐へわたらなかった。ところで、海彼へわたった遣唐使人は、異国の人々にどんなイメージを植えつけたのか。つぎに唐人の目を借りて、遣唐使人らの容貌をクローズアップしてみよう。

斉明天皇五（六五九）年、四回目の遣唐使にしたがって入唐した伊吉博徳《いきのはかとこ》が、渡航の様子を書きとめた記録は「伊吉博徳書」として『日本書紀』に引かれている。それによると、同年十一月一日に洛陽で行なわれた冬至《とうじ》の儀に参列した諸国の使節のなかで、日本の遣唐使は「最も勝《すぐ》れている」と評価されたという。

中国では古くから東シナ海の彼方に神仙郷があると伝えられ、そこの島々には仙人と君子が住んでいると信じられてきた。したがって、大海をわたってきた遣唐使には、こうしたイメージが重ねあわせられたことも否めないが、それよりも眼前に現われた遣唐使人の堂々たる容姿が、「君子国」のイメージをいっそう強めたにちがいない。

たとえば、十二回目の遣唐使らが天平勝宝四（七五二）年四月ごろ出航して、明州（今の寧波《ニンポー》）あたりに着岸してのち、大使藤原清河をはじめとする一行は長安へ向かい、玄宗皇帝にまみえた。その情景を、『延暦僧録』は次のように活写している。

使は長安に至り、塵を払わずして拝朝する。唐主開元天地大宝聖武応道皇帝は、「かの国に賢い主君がいる。その使臣を観れば、礼儀正しい振る舞いが他国と異なる」と讃えて、すなわち日本に「有義礼儀君子国」という称号を授けた。

「礼儀正しい振る舞いが他国と異なる」とは、唐側からみれば、日本の遣唐使は他の国の使節と異なって、君子らしく振る舞ったことであろう。それはまさしく「伊吉博徳書」に「諸蕃の中で、倭客は最も勝れている」とある記載とぴったり照応する。

阿倍仲麻呂（698～770年）

17歳のときに入唐した阿倍仲麻呂は，唐の太学に入り，20代のころ天下の難関とされる科挙試験に合格し，進士の栄冠に輝いた。唐詩人の儲光羲は阿倍仲麻呂への祝賀詩にその容貌を「美無度」と称えている。

もう一例をあげる。『続日本紀』に「わが朝の学生《がくしょう》にして、名を唐国に播《あ》げる者は、ただ大臣と朝衡の二人のみ」と激賞された朝衡こと阿倍仲麻呂は、唐の文人とひろく交遊し、それをしめす漢詩がいくつか現存している。儲光羲《ちょこうぎ》の贈答詩は仲麻呂のことを「美無度」と称している。「美無度」とは「美度《はか》る無し」

と訓むが、中国書家の模範とされる王献之について、宋の周密が「王郎風流を擅にし、筆墨の美度る無し」と賛美するように、美の極致をいい表わしている。これで、仲麻呂が美貌の持ち主だったことがわかる。

こうしてみてくると、王維をして仲麻呂への送別詩に日本のことを「君子の風がある」と歌わせたには、友人の仲麻呂からうけた印象が大きく働いただろうと想像される。

3、粟田真人の容姿

遣唐使人のなかで、その容貌を中国の文献にもっとも多く記されたのは、第八次の遣唐執節使をつとめた粟田真人《あわたのまひと》をおいて、ほかにいないであろう。

一行が大宝二（七〇二）年六月に筑紫を発って、十月に楚州の塩城県に吹きよせられ、地元の唐人と問答を交わしたとき、唐人は日本使だと知り、使者らの「儀容」をみて、「さすが君子の国だ」と感嘆したというエピソードは、『続日本紀』に伝えられている。

聞くところによれば、海東に大倭国という国があり、これを君子国といい、人民は豊楽にして、礼義は敦《あつ》く行なわれているという。今、使人を看ると、儀容はなはだ浄く、伝聞を信じないわけにいかない。

右の文章は遣唐使らの帰国報告にもとづく記録ではあるが、いくらか粉飾があったとしても、おおむね事実であると受けとめてよかろう。というのは、それを裏づける記録が、中国側の文献にも見いだされるからである。

まず『旧唐書』（日本伝）をひもとくと、「進徳冠を冠り、その頂に花を為り、分かれて四散する。身は紫袍を服し、帛をもって腰帯と為す」という細やかな装束描写につづき、その学問と容貌について「好んで経史を読み、文を属《つく》ることを解し、容止は温雅である」と書かれている。

また表現上の小異はあるものの、『新唐書』（日本伝）は「真人は学を好み、文を属ることを能《よ》くし、進止に容がある」、『通典』は「容止は温雅にして、朝廷はこれを異《い》にする」、『唐会要』は「容止は閑雅にして、人を可《よ》しとする」とそれぞれ評価している。

「朝廷はこれを異にする」（原文は「朝廷異之」）の「異」は動詞として「あやしむ」「うやまう」「めずらしくする」などの意味合いがあり、真人の非凡な容姿が唐人を驚かせたことを物語る。また「人を可しとする」つまり原文の「可人」は『角川大字源』によれば、熟語として「よい人物」「とりえのある人」を表わす。

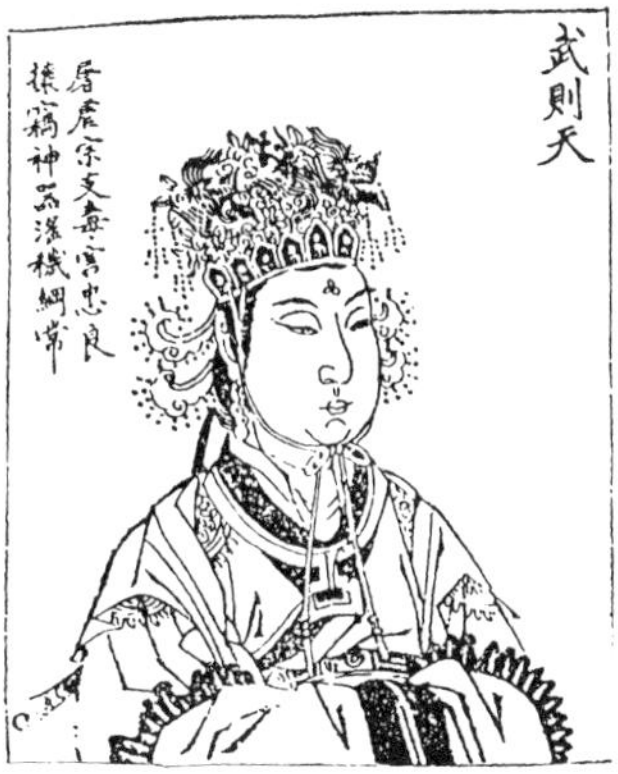

則天武后（623～705年）
中国史上初の女帝。日本との交流には積極的で，粟田真人をはじめとする8回目の遣唐使を厚遇した。また日本の国号を「倭」から「日本」に改めさせたのが則天武后だったとの説もある（『歴代古人像賛』より）。

とにかく、粟田真人はときの則天武后にもよい印象を与えたらしく、麟徳殿の盛宴に招かれたのみならず、司膳卿という名誉職まで授けられたのである。

遣外使節の容貌がその国のイメージ作りにどれほどの意味をもつかは、粟田真人の一例によって推し量られるであろう。いい換えれば、遣唐使の人選に「容貌」を条件として設けることは、外交の現場において要求される常識であるといえるかもしれない。

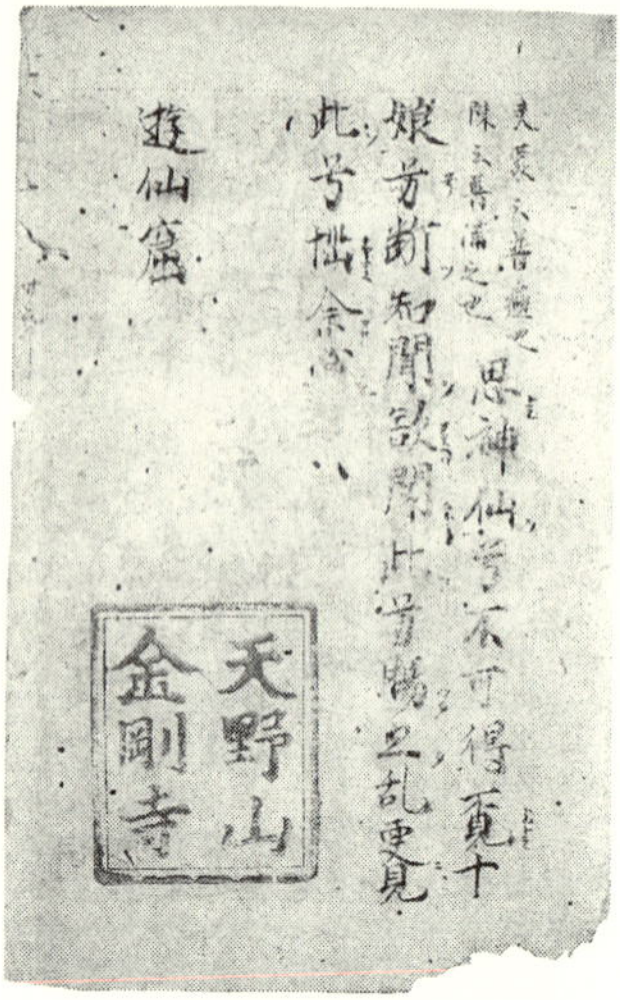

『遊仙窟』書影
唐代随一の文人張鷟（文成）が，調露元（679）年ごろ著わした伝奇小説で，奈良時代に遣唐使が持ち帰り，知識人らに愛読された。中国では早くも散逸してしまったが，日本ではいくつかの写本と版本が伝存している。書影は元亨元（1321）年の紀年をもつ最古の写本（大阪金剛寺）。

4、「長大少髪」の渾名

阿倍仲麻呂は「美度る無し」、藤原清河は「礼儀正しい振る舞いが他国と異なる」、粟田真人は「容止は温雅である」とか「進止に容がある」とか「儀容はなはだ浄く」などといわれても、個々人のもつ具体的なイメージを、脳裏に描きだすことはそう簡単ではない。

空海の場合は唐人朱千乗《しゅせんじょう》の送別詩に「古貌は休公の宛《ごと》く」「威儀は旧体を易《か》え」ると歌われているから、もし休公こと南朝宋の名僧湯恵休《とうけいきゅう》の相貌を画像などで覚えているならば、渡唐前とは打って変わった空海の姿をいくらか想像できるかもしれないが、それも詩人の賛辞としてリアルに描いているという保証はない。

ところが、遣唐使の身体的特徴をはっきりしめす記録は、『遊仙窟《ゆうせんくつ》』の著者として世に知られる唐の文人張鷟《ちょうさく》（字は文成）の著わした『朝野僉載《ちょうやせんさい》』巻四にのこされている。兵部尚書の姚元崇《ようげんすう》をはじめ、要路の朝官十五名を揶揄《やゆ》したため、地方の県尉に左遷された左拾遺魏《ぎ》乗光《じょうこう》の逸話だが、そのなかで「長大少髪」の舎人呂延嗣《ろえんし》が「日本国使人」と渾名《あだな》されている。この一節の訳文をつぎにかかげる。

唐の兵部尚書姚元崇は、長身にして歩き方がせっかちであった。魏乗光は、「蛇を追いかける鸛鵲」と呼んだ。黄門侍郎の盧懐慎は、よく地面を見つめるから、「ネズミを狙う猫」と称した。殿中監の姜皎は、肥って色が黒いから、「桑の実を飽食した牝豚」と名づけた。紫微舎人の倪若水は、色が黒くて鬚がないので、「酔部落精」といった。舎人の斉処冲は、目を眇めて見る癖があるから、「暗い蝋燭の下で虱をさがす老婆」とした。舎人の呂延嗣は、長身にして髪が薄いから、「日本国使人」と渾名をつけた。（後略）

この史料を日本で初めて紹介した加藤順一氏は、文中の「日本国使人」とは粟田真人とともに入唐し、十余年におよぶ在唐生活をおくった大使の坂合部大分《さかいべのおおきだ》がそのモデルだろうと考え、このようなイメージが成立したのは「開元初期」（八世紀はじめ）と推定している。(11)

肝心の人物呂延嗣について、加藤氏はその伝記を不明としているが、その後、池田温氏は唐代の史料を丹念に調べられ、呂延嗣とは開元初年ごろ紫微舎人として活躍した呂延祚《ろえんそ》の誤写であると考証した。(12)

『朝野僉載』の著者張文成は、『旧唐書』や『新唐書』の「張鷟伝」によると、新羅や日本の遣唐使が長安に来るたびに、大金をなげうってその詩文を買いもとめたとあり、文名を東アジアにひろげていたことがわかる。著者自身もおそらく日本使との交流があったと思われ、史料の信憑性が高いとみてよかろう。

日本人は、平均的に身長が低かっただけに、堂々とした風采を要求される使者の選任にあたって、長身の大男が優先的に選ばれた節がある。したがって、大使の坂合部大分（あるいは執節使の粟田真人か）も、小野篁のような「六尺二寸」ほどの偉丈夫だったと想像される。

5、遣唐使人の肖像

文字資料による遣唐使人の描写について、以上のように諸文献から実例をあげながら述べてきたが、もっと直感的に視覚に訴える画像資料は、かつてあったかどうか。もしあったとすれば、現存しているかどうか。

中国では、古くから外国の使節を画像に描きとめて、天子の威徳が四夷におよぶことを讃える慣例があったようだ。残巻ながら現存する『職貢図』（口絵iページ参照）はその古い例で、「倭の五王」から派遣された使者がそのなかに描かれている。

遣唐使時代になると、日本使人の肖像が何度か描かれていたことは、文献記載によって知られる。『延暦僧録』によれば、玄宗皇帝は藤原清河の礼儀正しい振る舞いに感激し、日本国に「有義礼儀君子国」の佳号を加えただけでなく、有司に命じて藤原清河をはじめ副使の大伴古麻呂と吉備真備の肖

『礼賓図』

8世紀初めごろ，唐の章懐太子の墓に描かれた壁画。先頭（画面の左側）の三人は鴻臚寺の役人，後方の三人は外国の使節。画面の右側から二人目は日本使か高句麗使かをめぐって議論があった（陝西省乾県）。

像を描かせ、それを蕃蔵に納めたとある。

また、唐人曇清《どんじょう》の送別詩『奉送日本国使空海上人橘秀才朝献後却還』には「宮に到り方に奏対せんとし、図像すでに王の庭に到れり」と詠まれており、空海と橘逸勢《たちばなのはやなり》の二人も画像に描かれる名誉を手にしたことがうかがわれる。

これらの肖像画はどうやら二部ずつ作られ、一部が使者とともに本国へ送られたらしい。しかし残念なことに、右の五人の肖像画がいずれも散逸して現存せず、その華やかな模様は想像を逞《たくま》しくするほか偲ばれない。

ところが、これで諦めるのは、まだ早い。一九七一年七月から、陝西《せんせい》省乾県にある唐の章懐太子墓の発掘が始められ、翌年七月にまとめられた報告書によると、

棋図』
れる。玄宗帝皇と碁を打つ留学僧の弁正は左から三人目。（台湾故宮博物院）

墓道の東壁には『礼賓図』（客使図とも呼ばれる）が描かれていたことがわかった。[13]

壁画の南から北にむかって二人目の外国使節について、日本使か高句麗使かをめぐって議論がかわされた。一時は『旧唐書』に「進徳冠を冠り、その頂に花を為り、分かれて四散する。身は紫袍を服し、帛をもって腰帯と為す」としるされた粟田真人ではないかという見方が有力であったが、[14]頭上に二本の鳥羽を挿していることから、今では朝鮮半島の使者に軍配をあげる方が多い。[15]

遣唐使人を描いた絵画として、比較的可能性の高いものは、台湾の故宮博物院に所蔵されている『明皇会棋図』だろうと思われる。『懐風藻』弁正伝に「大宝年中に、唐国に遣学する。ときに李隆基の竜潜の日に遇う。囲碁を善くするをもって、しばしば賞遇される」とある記述によって、中央の明皇（玄宗）にむかって左から三人目が弁正その人だろうと推定される。[16]

もし右の推測がまだ証拠不足なら、古くから近江国蒲

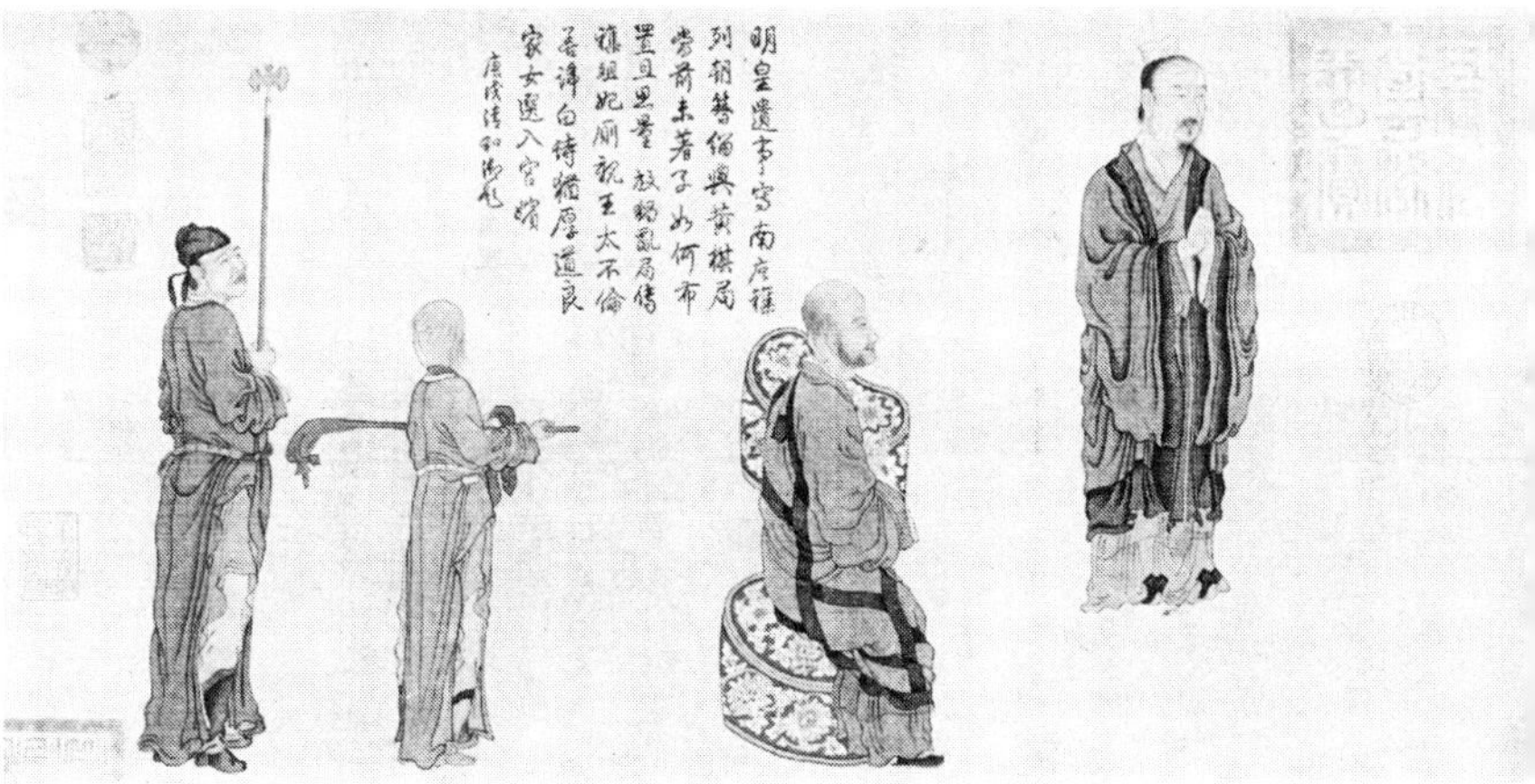

『明皇会

五代南唐のラストエンペラー李煜に仕えた御用画家周文矩の作品と伝えら

生郡中村の呉神社に伝来し、いくつかの模写品が現存している『吉士長丹《きしのながに》像』(口絵ⅱページ参照)は、われわれの悲願をかなえてくれる。東野治之氏によれば、この肖像は儒教の聖賢像とおぼしき風貌に描かれているという。[17]

吉士長丹は第二次の遣唐大使をつとめ、帰国後に天皇より「呉《くれ》」の姓を賜わった。その肖像画が呉神社に伝わったいきさつは不明だが、あるいは藤原清河や空海らと同じように、唐の宮廷画家によって描かれた肖像の一枚を持ちかえり、それがいつか縁《ゆかり》の神社に奉納されたのではないか。

筆者はこのように想像を逞《たくま》しくしながら、かつて唐人につよく印象づけた遣唐使人の容姿を、脳裏にふかく刻みこませたのである。

【注釈】

(1)石原道博「中国における隣好的日本観の展開——唐・五代・宋時代の日本観——」(『茨城大学

文理学部紀要（人文科学）』第二号、一九五二年）

（2）『善隣国宝記』巻上。

（3）慧思の倭国転生説について、詳しくは拙著『聖徳太子時空超越――歴史を動かした慧思後身説――』（大修館書店、一九九四年七月版）を参照されたい。

（4）京戸慈光「聖徳太子の慧思禅師後身説について」（『天台学報』第三三号）。

（5）この話は宋・志磐の『仏祖統紀』（巻四十四）にみえる。

（6）東大寺教学部編『シルクロード往来人物辞典』（同朋舎、一九八九年四月版）第三部「インド・中国・朝鮮などより日本に渡来した者」の収録人物を集計してみると、日本へ渡った唐人は渤海使を除いても、百人台をうわまわっていることがわかる。唐人の渡日について、拙著『聖徳太子時空超越――歴史を動かした慧思後身説――』（大修館書店、一九九四年七月版）第二章「鑑真渡日の動機」をあわせて参照していただければ幸甚である。

（7）原文では「拝」は異体字となっているが、ここでは便宜上すべて「拝」に統一した。

（8）楊寒英「柏手の起源について」（『式内社のしおり』第五一号、一九九三年三月）。

（9）森克己著『遣唐使』（日本歴史新書、至文堂、一九九〇年八月重版）九四頁。

（10）森克己前掲書、九七頁。

（11）加藤順一「『朝野僉載』に見える「日本国使人」――遣唐使人の容姿をめぐって――」（『芸林』第三十八巻第三号、一九八九年九月）。ちなみに加藤氏は「新たに一史料を得」たと述べているが、筆者の知るかぎり、加藤氏より八年前にこの史料を紹介した中国人学者がいた。詳しくは謝海平氏著

『唐代詩人與在華外国人之文字交』（文史哲出版社、一九八一年版）六三頁参照。
（12）池田温「日本国使人とあだ名された呂延祚」（『日本歴史』五一三号、一九九一年二月）。
（13）陝西省博物館乾県文教局唐墓発掘組「唐章懐太子墓発掘簡報」（『文物』一九七二年七月号）。
（14）王仁波「従考古発現看唐代中日文化交流」（『考古與文物』一九八四年三月号）。
（15）雲翔「唐章懐太子墓壁画客使図中『日本使節』質疑」（『考古』一九八四年十二月号）。
（16）この絵画の考証について、詳しくは拙著『唐から見た遣唐使——大唐帝国の混血児たち——』（講談社、一九九八年三月版）九九〜一〇四頁を参照されたい。
（17）東野治之「遣唐使研究と吉士長丹の肖像画」（『遣唐使が見た中国文化』奈良県立橿原考古学研究所附属博物館、一九九五年版）。

第五章　好学の士——華夷の壁をこえて——

唐宋時代の日本像は、古来の君子国と現実の礼儀国とのダブルイメージより合成されているように思われる。いわゆる虚像と実像の交錯した日本像である。このような日本像の形成は、遣唐使および入華僧に接してうける印象に負うところが大きいことは、ことさら多言を要すまい。

倭寇が猛威をふるった明代以前の歴史を振り返ってみると、中国へわたった日本人は、ほとんど朝廷から粒選りされた使節や留学生（僧）、あるいは求道心に燃える僧侶たちだったのである。彼らは日本人のよい側面を中国人に印象づけたことは、明らかなことである。

また一方、中日間には、遭難事件の多発する荒海が横たわっている自然条件の制約があり、じっさいに中国に足を踏みいれる日本人はごく少数にかぎられるというのも、これまた事実である。したがって、生身の人間との接触以外に、日本人の書いた書物が中国人の日本像の形成に大きな影響を与えるもうひとつのルートとなっていたわけである。

第一節　風月は天を同じうす

前章の第三節では、遣唐使の風貌や学殖について、わりと詳しく論じてきた。本節では、入華僧にスポットを当てて、生身の人間を通して成りたつ日本像を、空海・最澄・安覚《あんかく》の三人を例として考察してみたい。

インドに発祥した仏教は、中国の道教や日本の神道のような特殊な宗教とは異なり、普遍性をもっているために、国々のなわばりを容易に乗りこえては異文化を包容していく。仏教の信者にとって、民族の妨げも華夷の隔たりも、原理として存在しない。彼らは、それぞれの国家や民族に生まれながらも、それらすべてを超越する仏の世界を共有しているからである。

中日の仏教交流を遣隋使の派遣からかぞえても、すでに一五〇〇年ちかくの歴史をもつことになる。その間に、国交のあった唐代はともかく、国交のなかった宋代と元代では、東シナ海の航路を行きかう人々の姿は、ほとんど僧形《そうぎょう》ばかりだったのである。

中日間の盛んな文化交流の歴史を振り返ってみると、あまりにも華夷の名分にこだわりすぎる儒者よりも、雄大な世界観をもつ僧侶の果たした役割のほうが、はるかに大きいといわざるをえない。

さて、中日交流の主役を演じた僧侶たちは、どんな世界観をもっていたのだろうか。長屋王《ながやのおう》が中国の高僧らに寄贈した袈裟のへりに刺繍された偈句《げく》は、それを絶妙にいい表わしている。

山川域を異にすれども、風月は天を同じうす。

空海（774～835年）
延暦23（804）年に入唐して，密教を恵果に学び，書道を韓方明に習った。帰国後，高野山に真言宗を開き，また「三筆」の一人として能書の聞こえも高い。

これを仏子に寄せて、ともに来縁を結ばん。

このような連帯意識が生まれてくる背景には、死を賭して海をわたってきた日本僧の学殖と品格への高い評価がある。彼らが、中国にやって来て、名師を尋ね、聖地を巡礼し、経典を求め、修行にあけくれる姿は、好学のイメージをまわりに印象づけ、めぐり会う人々から好感をもたれたのである。

こうして一人一人への好評は、徐々に積みかさなって、いつのまにか日本人の全体像としてまとまり、「好学の士」という日本像を肉づけていくことになるのである。

1、五筆和尚

延暦二十（八〇二）年に、日本の朝廷では藤原葛野麻呂を大使とする十八回目の遣唐使の役員が任命された。遣唐使のメンバーには、「三筆」の一人にかぞえられる橘逸勢や、文名をもって一世を風靡した菅原清公《すがわらのきよきみ》などの顔ぶれも並んでいるが、なかでも平安仏教の双璧と併称される最澄と空海の二人が、とくに注目される。

延暦二十三（八〇四）年七月六日、遣唐使一行を乗せた四隻の船は、そろって肥前国（長崎）松浦郡の田浦より出港した。船団は出発してまもなく風雨にさえぎられ、離れ離れとなってしまった。航海中の恐るべき様子を、大使の第一船に乗りあわせた空海は、次のように書きえがいている。

すでに本国を後にして途中におよんだころ、暴雨は帆を穿ち、悪風は舵を折る。高い波は空にそそぎ、短い舟はキリキリとゆらぐ。（中略）浪にしたがって昇り沈みし、風にまかせて南北する。

（『性霊集』）

海上を漂うこと一カ月あまり、船員たちが「水尽き、人疲れ。海長く、陸遠し」と、ほぼ絶望的な苦境につき落とされたところ、第一船はようやく中国南部の福州長渓県の海辺に吹きよせられた。

八世紀中葉以降、入唐コースが北路から南路に切りかえられてから、遣唐使はまず江南の明州か揚州または蘇州から上陸し、地元の役人の誘導をえて長安へと向かうのがならわしとなっていたから、福州の海岸にいきなり姿をあらわしてきた巨大な遣唐使船は、当然のことながら不審に思われ、足どめを食らって厳しい尋問をうけることになった。

大使の藤原葛野麻呂は、福州の観察使あてに、事情を説明した書状を差しだして、上陸の許可と朝廷への取り次ぎを懇願したのである。ここで誰も予想しなかったことに、空海の代筆になった書状に目を通した役人は、その流暢な漢文と優美な書法を絶賛し、遣唐使への対応もがらりと変わったという。

疑惑を晴らした大使一行は上京を許され、同年十二月に長安入りを果たした。そこで、空海は留学僧として青竜寺の恵果《えか》に密教を教わり、かたわら「八分」の書体で名を馳せる韓方明《かんほうめい》を師とあおぎ、書道の研鑽にも明けくれていた。

恵果（746〜805年）
唐代密教の高僧。長安の青竜寺に住し，空海の指導にあたった。永貞元（805）年，法脈を空海に授けて亡くなった。

空海の達筆ぶりは、「弘法も筆の誤り」ということわざをあげるまでもなく、ひろく知られるところである。彼に「五筆和尚」のあだ名がつけられており、その由来をめぐっては、五つの書体に精通していること、両手と両足と口でそれぞれ一本の筆を操って五行の文字を一度に書けたこと、韓方明より五通りの筆法を伝授されたことなど、憶測や俗説がかなり幅をきかせている。

近ごろ、円珍関係資料を調べていたところ、はからずもある貴重な史料に出会った。唐の大中七（八五三）年、唐商人の船に便乗して福州の連江県についた円珍は、地元の開元寺に泊まり、寺主の恵《え》灌《かん》と親しく会話をかわすなかで、「五筆和尚」の話が飛びだしてきた。

円珍の「両宗を弘め伝うる官牒を請うの案」（草本）にしるされるところによれば、恵灌は「五筆和尚は健在か否か」と尋ねたら、円珍は空海のことと知って「すでに亡くなった」と答える。この凶報を聞いたとたん、恵灌は胸を叩いて悲しみ、「未曾有の異芸」を讃えて故人を追憶したという。

もし円珍の記録をそのまま信じるならば、「五筆和尚」の愛称は、唐人が空海の「異芸」を讃えてつけたもので、それは大使にかわって書状を揮毫したという史実とも符合するのである。

空海の在唐中の事跡として、もうひとつ書道関係の逸話がある。二年間の留学を終えて帰国しようとした空海は、憲宗皇帝の勅命をうけて、皇宮にかざられた王羲之《おうぎし》（大王）筆の屏風のために欠字を書き補ったそうである。空海の将来品には、「大王諸舎帖」がふくまれてはいるが、それは右の伝説を裏づける証拠にはならない。

在唐中の空海が書道家としても活躍していたことは、右のような伝聞だけでなく、れっきとした証拠がある。

そのひとつは、永貞元（八〇五）年、恵果が亡くなってから、空海は衆僧に推されて、碑文を草し、それを揮毫したことである。石碑そのものは発見されていないが、一五〇〇字あまりの碑文は『性霊集』（巻二）に抄録されている。

もうひとつは、唐人の送別詩に、空海の書芸を謳われていることである。たとえば、胡伯崇《こはくすう》の『釈空海に贈るの歌』には「天より吾が師に仮《さず》くる伎術多く、なかんずく草聖は最も狂逸なり」とあり、また朱千乗も送別詩の序文で、「梵書を能くし、八体に工《たくみ》なり」と賞賛している。(1)

2、聖語に徴あり

延暦期の遣唐使の四船のうち、第三船は遭難して大破、第四船は杳《よう》として消息を絶った。もっとも幸運だったのは、最澄らを乗せた第二船であった。この船は天を打つ怒濤に翻弄されながらも、運よく揚子江口にのぞむ明州の鄮県《ぼうけん》に打ちあげられた。

唐の貞元二十（八〇四）年九月十五日、最澄ら主従の三人は明州をあとにして、待望の天台山へ向

最澄（767～822年）
鑑真将来の天台書籍にめぐりあい，天台学の真髄を究めようと入唐を決意。延暦23（804）年に入唐の大願を果たし，天台山を巡礼して道邃より付法され，帰国してから比叡山に天台宗を開いた。

かった。二十六日ようやく台州にたどりつくと、最澄はさっそく刺史の陸淳《りくじゅん》にまみえ、お土産のかずかずを献上した。陸淳は、文房具などを受けとって部下らに分かち、金十五両を返した。そこで最澄がこの金で紙を買って天台関係の書籍を書写したいと申しいれたところ、陸淳はこの希望を聞きいれ、写経の手間を道邃《どうすい》に取り計らわせた。

道邃は修禅寺《しゅぜんじ》の座主で、天台宗の第七祖と崇められる名僧である。このころ、たまたま陸淳に請われて、台州の竜興寺で『摩訶止観《まかしかん》』を講義していたところであった。最澄と道邃の記念すべき出会いは、まさにこの寺だったのであろう。

台州を離れて、最澄らは天台山への道をいそぐ。「聖地のなかの聖地」とされる仏隴《ぶつろう》に着いたのは、十月六日のことであった。仏隴の座主行満《ぎょうまん》は、最澄の求法の熱意にふかく心を打たれ、天台宗を開いた智顗《ちぎ》の遺言を思いださせられた。

智顗はかつて弟子らにむかって、自分が亡くなってから二百年をへれば、東の国に生まれ変わって、天台宗を興隆しようと予言したのである。

この予言がみごとに的中したかのように、ちょうど二百七年目に、行満は「東の国」からやって来た最澄に出会ったのだ。そこで、行満は「法財を傾け、法宝を施し」て、最澄にできるかぎりの声援を送ったのである。

行満は最澄との出会いで智顗の転生予言を思いうかべ、この人こそ智顗の生まれ変わりだと信じていた。最澄への送別詩に詠みこまれている「何れかまさに本国に到りて、踵を大師の風に継ぐべし」とある二句も、こうした思いを吐露している。

天台山巡礼を終えて最澄らが台州に戻ったのは、十一月五日のことであった。それから約四カ月の間、最澄はひたすら道邃のもとで研鑽に励み、翌年二月十五日、道邃から「付法文」を授けられた。道邃はこの法系の相承をあらわす「付法文」のなかで、またもや智顗の予言にふれ、「今、聖語に徴あり、最澄三蔵に遇えたり」と語り、最澄を「如来の使」にたとえて讃えたのである。

その後、最澄はさらに越州まで足をのばし、「一百二部一百十五巻」の書籍をかかえて、意気揚々と出港地の明州に帰り、刺史の鄭審則《ていしんそく》に印信（証明書）を求めた。

鄭審則は「印信」の文中で、「礼義の国より来」た最澄について、「南のかた天台の嶺に登り、西のかた鏡湖の水に泛かび、智者の法門を窮め、灌頂の神秘を探る」と顕密両方の求法の成果をあげたのち、「法門の竜象たり、青蓮の出池たり」と賛辞を連発する。

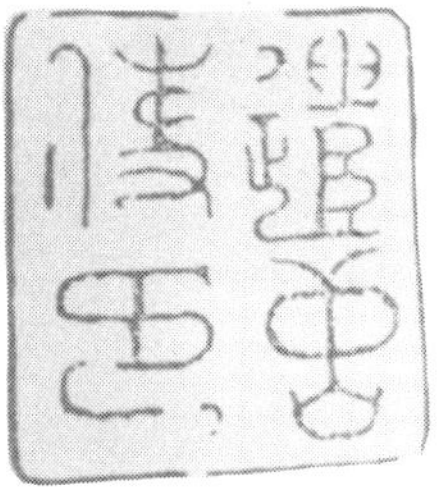

「遣唐使印」印影
最澄の将来した書籍目録に，明州刺史の印信とともに，遣唐使の官印が押されている（藤貞幹『模古印譜』より）。

このように、求法に情熱を燃やす最澄に、唐人らは「礼儀の国」や「高僧の智顗」などのイメージを重ねあわせて、強い連帯意識を感じとったようである。こうした連帯意識の土台となっているのは、前述のごとく国家や民族をこえた仏教的世界観である。

唐人の送別詩から証拠となる詩句をひろってみると、崔蓍《さいぼ》は「法を問う言語は異なれど、経を伝える文字は同じなり」といい、行満も「異域の郷音は別なれど、観心の法性は同じなり」といっている。また台州の刺史陸淳から最澄へ渡された『公験』に「形は異域と雖も、性は実に同源なり」と見えるのも、「形」「言語」「郷音」の障壁を乗りこえて、「性」「文字」「法性」に同一性を見いだそうとする日本像があらわされている。[2]

3、不退転の学僧

宋代には、中日の国交が途絶えていたにもかかわらず、僧侶の往来は依然として衰えをみせない。これらの入宋僧のなかに、絵画にすぐれ、書道を善くし、詩文に堪能で、仏理に詳しいといった異色の人物が多かったのである。

宋の咸平六（一〇〇三）年、入宋した天台僧の寂照《じやくしよう》は、『宋史』（日本伝）に「華言を暁《さと》らないが、文字を知り、繕写は甚だ妙である」と讃えられ、また宋の真宗より円通大師号と紫袈裟とを授けられたのである。

寂照との筆談をとおして、宋人は「国中、多く王右軍（王羲之）の書を習う」ことを知り、また「寂照は頗るその筆法を得ている」と感心した（楊億『談苑』）。

その後、寂照は中国にとどまり、「華言」を覚えるようになり、『談苑』によれば、「戒律を持すること精至である。内外の学に通じ、三呉の道俗はもって帰向する」とあり、江南での人気の高さが推察される。

後年、入宋した成尋《じょうじん》は天台山から開封へむかう途中、蘇州に立ちより、その日記『参天台五台山《さんてんだいごだいさん》記《き》』に「円通大師の影を拝むために、普門院へ向かう」とある。この普門院こそ寂照がその住持となったゆかりの地で、寂照を祭る影堂が残っているのである。

成尋はその影堂に香をささげ、その肖像に書きそえられていた『普門先住持日本国円通大師真影賛』を日記に書きうつした。

成尋（1011～1081年）

延久4（1072）年，成尋は宋商人の船にのって中国へわたり，天台山と五代山を巡礼し，神宗皇帝に謁見して善果大師の号を賜わった（京都比叡文庫）。

このように、宋人は寂照の遺徳を偲んで、彼を追憶するために、堂を造り、影を祭り、賛を捧げるのである。宋人の手によって描かれた寂照の肖像には、宋代の日本像を反映させていることはいうまでもなかろう。

入宋僧といえば、もう一人、宋人の心をつよく打った人物を紹介しなければならない。彼の名は安覚といって、その事跡は宋・羅大経《らたいけい》の著わした『鶴林玉露《かくりんぎょくろ》』（丙編、巻之四、日本国僧）に詳しくしるされている。かなり長文になるが、記事の前半を訳してかかげよう。

私は少年のころ、鐘陵において日本国のある僧と邂逅した。その名を安覚という。彼自らがいうには、その国を離れることすでに十年となり、一部の『大蔵経』をことごとく覚えて帰ろうという。念誦ははなはだ苦しく、昼夜となく、経文を遺忘するごとに、すなわち仏前に叩頭して、仏の加護を祈る。このとき、すでに『大蔵経』の半分ほどを覚えている。夷狄の人、異教の徒、その立志の堅苦にして不退転な態度は、このようなものとは驚くべきである。

著者は右文につづいて、朱文公（朱熹または朱子ともいう）の「今世学者」の不勉強のさまを嘆いた言葉を引いて、「この僧を視ると、殆ど愧色がある」と、中国の「今世学者」に深い反省をうながしている。

入宋して十年目、『大蔵経』の半分をすでに諳《そら》んじることができたにもかかわらず、残りの経文を暗記するために、昼夜となく励んでいる求道者に心を打たれざる人はいなかったろう。

「夷狄の人、異教の徒、その立志の堅苦にして不退転な態度」に対する感嘆は、「中華」と自認し、「夷狄」を見さげる人々への警鐘を鳴らしている。このように羅大経は、安覚という人物をとおして、自らの「夷狄観」と「異教観」をあらため、安覚を生みだした日本への認識も変化させたにちがいない。

安覚（一一六〇～一二四二年）は、名を良祐《りょうゆう》といい、色定法師とも称される。筑前国にある宗像《むなかた》社の座主兼祐の長男として生まれ、二十七歳のときから『大蔵経』を自力で書写することを発願し、四十年あまりの歳月をかけて、安貞二（一二二八）年ようやく大願を成就したのである。安覚の書写した五〇四八巻の経文のうち、四三三一巻は福岡県の興聖寺に現存しており、貴重な文化財となっている。

さて、安覚の入宋年次は、今のところ明らかにされていない。ただし、『泉湧寺不可棄法師伝』や『元亨釈書《げんこうしゃくしょ》』（巻十三）などによれば、帰国は建保二（一二一四）年とあり、そこから逆算すると、入宋は一二〇三年以前とみられ、ちょうど写経の最中だったことがわかる。

安覚が『大蔵経』の自力書写を着々と進めながら、その手で書きうつした経文を同時に暗記していたことは、日本側の文献にみられず、『鶴林玉露』によって始めて知られる。不退転の求道者としての安覚のもうひとつの側面をここにみることができる。(3)

第二節　文はその人の如し

中国人にとって、もっとも印象にふかく残る日本人像のひとつは、なによりも書物を好み、詩文にたけるという漢文的素養にほかならない。唐代にかぎってみれば、このような素養をもっている外国人といえば、朝鮮人と日本人しかなく、親近感をもたれ、敬意を払われるのは、当然なことといえるかもしれない。

「漢文的素養」とは、漢詩を詠み、漢文を書くことだけにかぎられない。たとえば、囲碁という遊戯も、その指標のひとつとなり、遣唐使のなかに「碁師」というポストがおかれていたのはそのためだと考えられる。[4]

これまでに中日間の詩人の交わりについては大きく注目され、中国だけでも以下にかかげる諸書が刊行されている。

（1）謝海平著『唐代詩人與在華外国人之文字交』（台湾）文史哲出版社、一九八一年六月版。

（2）張歩雲著『唐代中日往来詩輯注』（西安）陝西人民出版社、一九八四年十二月版。

（3）楊知秋著『歴代中日友誼詩選』（北京）書目文献出版社、一九八六年九月版。

（4）孫東臨・李中華共著『中日往来漢詩選注』（瀋陽）春風文芸出版社、一九八八年十月版。

これに対して、書籍の交流、わけても日本書籍の中国流入についての研究はあまり重視されていないのが現状のようである。

これらの事情もあって、本節ではあえて詩歌を取りあげずに、中国に伝えられた日本人の手になった書物がどう受けとめられていたのかに焦点をしぼって、時代順に概観してみることにする。

中国では、ふるくから「文はその人の如し」といういい習わしがあるように、文章からその人の素養や品格がわかると考えられてきた。したがって、日本人の著わした書籍への評価には、日本人像をかいま見ることができるのである。

1、唐　代

これまでに、日本書籍の中国への流入は宋代から始まったと考えられてきたが、[5]近年の研究によれ

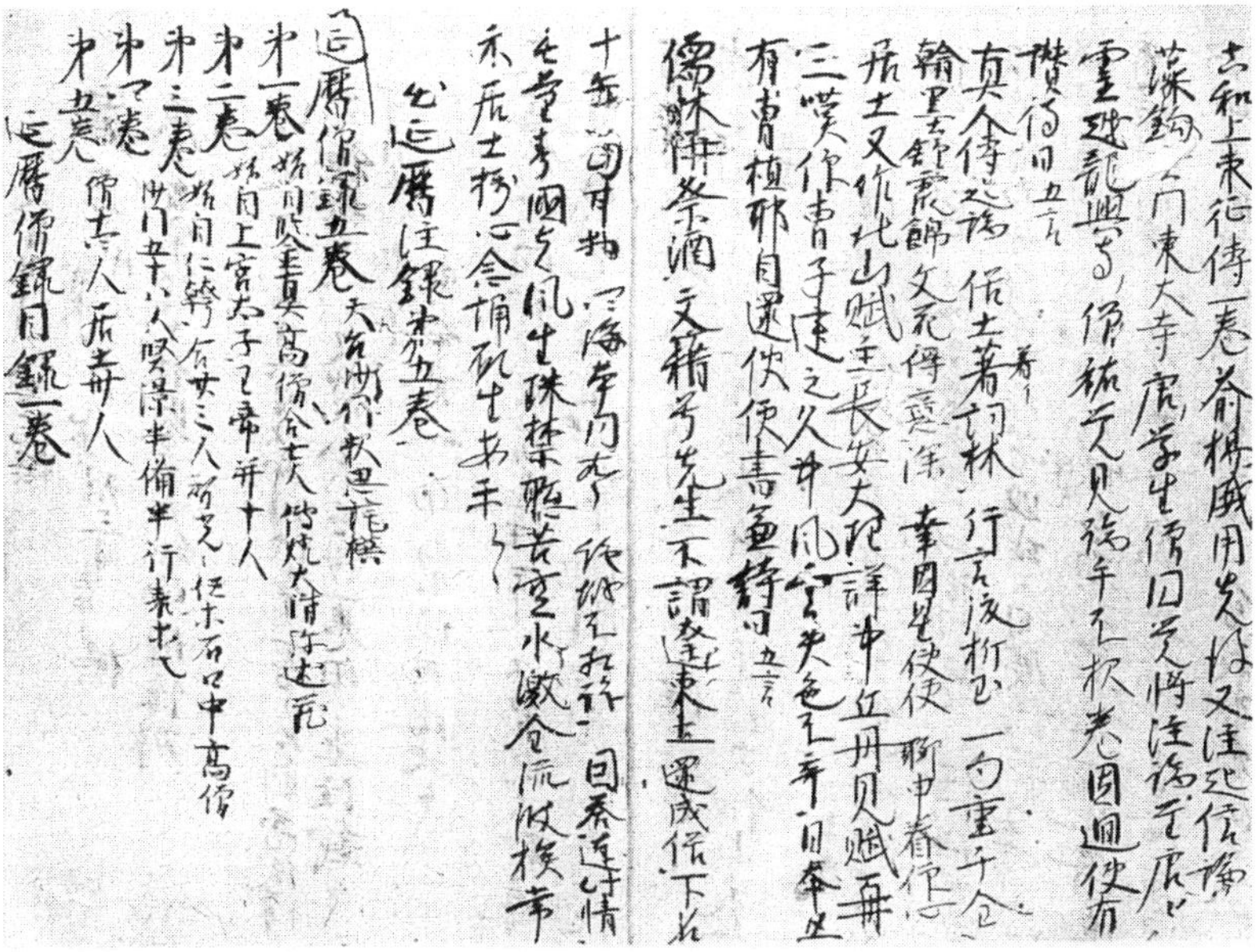

『延暦僧録』書影

『竜論鈔』にひかれた『延暦僧録』（淡海居士伝）の逸文に，唐僧祐覚から淡海三船へ贈った漢詩が載っている（大阪金剛寺）。

ば、その始まりをさらに唐代にまでさかのぼることができた(6)。

七世紀の中葉から、聖徳太子の親撰と伝えられる『法華経義疏』と『勝鬘経義疏』、石上宅嗣の『三蔵賛頌』、淡海三船の『大乗起信論注』、最澄の『顕戒論』および作者不詳の『屈十大徳疏』と『本国大徳諍論』などの書物は、遣唐使および入唐僧らの手によって、中国に持ちこまれた。

そのなかで、『勝鬘経義疏』に対する評価がとくに高く、それを読んだ天台僧の明空《みょうくう》がわざわざ注釈をつけて『勝鬘経疏義私鈔』一巻を著わした。明治時代以前まで、中国人が日本人の著書に注釈をつけるのは、これが唯一の例であるかもしれない。

この注釈書は、中国では早く散逸してしまったが、入唐僧の円仁が五台山でそれを書写して本国に送りとどけ、日本では「大唐高僧の製造、日域面目の秘書」とされ、幾度かの転写と翻刻をへて、現在まで保存されている。(7)

金剛寺蔵『竜論鈔《りゅうろんしょう》』にひかれた『延暦僧録』逸文によると、東大寺の僧円覚《えんかく》が入唐したときに、淡海三船の『大乗起信論注』をたずさえて、越州竜興寺の祐覚《ゆうかく》にそれを贈ったところ、祐覚は「手を巻から釈《はな》さず」愛読し、遣唐使の帰りに、賞賛の漢詩を託したという。この詩は中国の『全唐詩』にも逸しており、ここに拙訳をかかげる。

真人は『起論』を伝え、俗士は『詞林』を著す。

片言は復た玉を析きて、一句は千金よりも重し。

翰墨は霞の錦を舒げて、文花意の深きを得たり。

幸い星使の便に因りて、聊か眷仰の心を申べん。

奈良時代の末期、淡海三船とならんで「文人の首」と称される石上宅嗣も、遣唐使に『三蔵賛頌』を託して、中国へ送らせたのである。唐の内道場の飛錫《ひしゃく》らは、石上宅嗣を「日本国の維摩詰《ゆいまきつ》」にたとえて賞賛したという。この記事を載せた『延暦僧録』を著わした唐僧の思託も「名を西唐に播げ、光を日本に揚げる」と評価している。(8)

また最澄が弘仁十一（八二〇）年二月に『顕戒論』を著わして天皇に献上したのだが、この渾身の名著はのちに円仁によって中国へもたらされ、それを読んだ唐の名僧知玄は円仁に書状を送り、「絶

だこれ佳作である」と激賞した。(9)

奈良時代から平安時代の前半にかけて、日本はあらゆる面で唐文化を模倣し、一部の日本学者が主張するように、みずからの文化を中国に誇示できるほどのレベルに達しているとは思われない。したがって、書籍の西伝はあくまでも少量で例外的であった。たとえば、明空が『勝鬘経疏義私鈔』を著わしたのは「聖徳太子の慧思後身説」という宗教上の信仰背景があったからであり、また知玄が『顕戒論』を賞賛したのは唐王朝の道教一辺倒への不満の表われだったと理解するべきであろう。

2、宋 代

五代のころ、寛建《かんけん》らが菅原道真らの詩集九巻を「唐家に流布」させる目的で中国に持ちこんだ(10)のを前奏とすれば、宋代からは日本書籍の本格的な西伝が始まり、無視できない文化移動の流れとなったといえる。ここでは、天台典籍の西伝にスポットをあててみよう。

源信（942～1017年）
自著の『往生要集』をはじめ，師友の著作を自信たっぷりに宋へ送った源信は，その学識を中国の僧侶から賞賛されている。

日本天台宗の僧源信《げんしん》は、永延元（九八七）年、博多を旅行していたとき、斉隠《さいおん》という杭州水心寺の宋僧にめぐり会い、自著の『往生要集』および良源《りょうげん》の『観音賛』、慶滋保胤《よししげのやすたね》の『十六相賛』と『日本往生伝』、源為憲《みなもとのためのり》の『法華経賦』などを託して、中国へ伝えるよう依頼した。「異域にこの志を有するを知らしめんと欲する」というのが、その時の源信の心境だったのである。[11]

源信の『往生要集』は中国でかなり反響を呼んだようである。婺州《ぶしゅう》（今の浙江省金華市）雲黄山七仏道場の住持である行辿《ぎょうてん》は、この本を読んでから源信に書状を送り、「披覧すると、まず意味の深遠なることを羨ましむ」と褒めたたえ、「羽翼のないのを恨みとし、杯を浮かべる方法もない。ただ日本を望み、遙かに羨慕の意を表わす」と心境を語ったのである。[12]

また宋の商人周文徳《しゅうぶんとく》がこの本を天台山の国清寺に寄進したところ、地元の信者ら五百人あまりがきそって浄財を同寺に喜捨し、たちまち五十間の廊屋をつくりあげ、『往生要集』を供養したという。右の様子をこまかく報告した周文徳はそのまま事実を伝えているとは思われないが、『往生要集』が複数のルートで中国に持ちこまれ、一定の範囲内に流布していたことは、のちに入宋した寂照や成尋らの報告によって疑われない。[13]

源信の弟子にあたる寂照は、日本典籍の輸出において重要な役割を果たしていた。『元亨釈書』は彼のことを「信公の問章を将《もたら》して宋の地に入り、また台宗の諸書をもって彼の人に恵《おく》る」と評している。

「信公の問章」とは、源信から頼まれた『天台宗疑問二十七条』のことで、のちに四明の知礼《ちれい》に回答してもらった。「台宗の諸書」とは、中国で散逸した『大乗止観』と『方等三昧行法』とで、天台僧の遵式がこれらを重宝し、『大乗止観』を翻刻して「始めて西より伝わるは月の生まるが如く、今また東より返るは日の昇るが如し」と感嘆している。

寂照は楊億との筆談のなかで、日本には中国伝来の『史記』『漢書』『文選《もんぜん》』『論語』『孝経』『爾雅』『玉篇《ぎょくへん》』などのほか、日本人撰述の『国史』『秘府略』『日本紀』などもあり、さらに「釈氏の論及び疏、抄、伝、集の類多くあり、ことごとく数えるべからず」と紹介している。それらが『談苑』に採録されているほど、宋人は寂照のもたらした情報を重要視している。

延久四（一〇七二）年、入宋した成尋は、「天台、真言の経書六百余巻」を持参して、旅の先々でこれらを宋人にみせては、その評価を日記『参天台五代山記』に書きひかえている。たとえば、源《みなもとの》隆国《たかくに》の『安養集』については「国清寺主の『安養集』に感ずること極まりない」とあり、慶耀《けいよう》の『梵字不動尊真言』などについては「梵漢の両字ともに美なりと称される。慶耀供奉は震旦《しんたん》に名を振るう」とみえる。(14)

宋に輸入された日本典籍は、量的に前代をはるかにこえているのみならず、内容も仏教にかぎらず、唐代よりはバラエティーに富んでいる。たとえば、宋の太平興国八（九八三）年、入宋した奝然は、太宗に自国の『職員令』と『年代記』を献上し、それが『宋史』（日本伝）などの編纂に生かされている。

3、元明時代

日本では、一一九二年の鎌倉幕府の開設によって、政治の中心は公家貴族の集中する京都から離れ、宗教や文化も平安時代以来の伝統を徐々に脱皮しはじめた。

この時代から、文化の新しい担い手として頭角を現わした禅僧は、京都と鎌倉の五山禅林を拠点として華やかに活躍した。彼らは、仏教以外の書籍をも積極的に渉猟《しょうりょう》し、豊かな素養を身につけていた。こうして、禅僧を中心として旺盛に創作された詩文は「五山文学」と称されていた。

また一方、宋元時代の交替期に、多くの高僧が戦乱をさけて、あいついで来日した。彼らの丹念な指導のもとで、日本の禅僧たちは新興の宋学の薫陶《くんとう》をうけ、文学や芸術にも目を開かれ、漢学のレベルを急速に向上させた。

渡来の宋僧のなかでは、仏教以外の学問にも心をかたむけ、博学の持ち主が多かった。たとえば、竺仙梵僊《じくせんぼんせん》は仏教をご飯、詩文をスープ、雑芸を肴《さかな》にたとえて、修行の極意を弟子らに説いている(15)。

こうした風潮に育てられた日本の禅僧たちは、きそって漢文で詩集や文集、または旅行記や語録を書くようになり、漢文の素養においては平安時代の公家をしのぎ、江戸時代の儒学者と肩をならべるといわれるに至ったのである。したがって、この時期に日本典籍輸出の内部的条件がすでに熟していたといえよう。

木宮泰彦著『日華文化交流史』の統計によれば、入元僧と入明僧をあわせると、三〇〇人以上が判明している。彼らは師匠や友人の著作をたずさえて、高僧や名士を尋ねては、塔銘・行状・頂相賛・寺院記・祭文・碑文・偈頌《げじゅ》・序言・跋語などの執筆を依頼した。これは、日本人にとっては箔をつけるためとも取れるが、中国人にとっては日本の書籍を目にする好機となったわけである。

元明時代の日本僧といえば、従来より指摘されていたとおり、玉石混淆の現象がみられるが、五山禅林のなかでも才能のぬきんでて優れていた者も少なくはない。たとえば、入元僧としては中巌円《ちゅうがんえん》月《げつ》・雪村友梅《せっそんゆうばい》・別源円旨《べつげんえんし》・義堂周信《ぎどうしゅうしん》など、入明僧としては絶海中津《ぜっかいちゅうしん》・桂庵玄樹《けいあんげんじゅ》・翱之慧鳳《こうしえほう》・了庵桂《りょうあんけい》悟《ご》・策彦周良《さくげんしゅうりょう》などがあげられる。

嘉興府天寧寺の名僧楚石梵琦《そせきそき》は、義堂周信の詩文について「日本にこのような人がいるとは信じられない。明の人はみな日本に住む中国人が書いたものかと疑っている」と述懐している。

こうした疑問も、日本人の著作に接するチャンスが増えると、自然に解けてしまうものだ。以下、中国人が日本人の著作に寄せた序跋などを通して、元明時代における日本像の一側面をうかがい見ることにしよう。(16)

(1) 南浦紹明《なんぽしょうみょう》『大応国師語録』 天界寺の住持である季潭宗泐《きだんそうろく》は洪武八（一三七五）年に書いた

策彦周良（1501～1579年）
五山の僧侶で，有名な漢文学者。天文6（1537）年，大内義隆の命をうけて入明，また同16（1547）年に遣明正使となり，世宗に優遇された。この肖像画には，明人柯雨窓の賛がある。

遣明船

寛平6（894）年以来中断していた中日間の国交は，明代になってようやく再開され，遣明船による朝貢貿易は未曾有の盛況を呈した。これは禅僧の渡明や書物の交流にも活気を与えた（『真如堂縁起絵巻』より）。

序文で、その文章を「簡古厳整にして毫髪だに虚偽なく、まさに一代の宗師である」と讃え、つづいて「ああ、中国と日本は同じく閻浮提の内にあり、同一の天地、同一の日月、山海の限りはあれど、而して人物の性情と得る所の道徳の懿《よ》さは、それ同じでないものはなかろう。公の言行を観ると、卓抜なことかくの如し」と感激している。

季潭宗泐は南浦紹明の語録を通して、「山海の限り」すなわち「華夷の壁」を乗りこえて、性情と道徳における中日の同一性を見いだしたのである。

(2) 絶海中津『絶海和尚語録』 この語録は、永楽元（一四〇三）年、入明僧の等聞によって中国にもたらされた。杭州浄慈寺の道聯の寄せた序文によれば、はじめ外国の僧侶は漢文力が低くて、「華夏に及ばない」と思われていたが、日本の禅僧と交遊したところ、「その気質多く凡ならざるを観ると、苟《いやしく》もよく吾が宗の妙に心力を尽くし、みな聖階に躋《のぼ》って神化を揚げるべし」と見なおし、絶海中津については「海東にかくの偉人あらん」と敬服し、その語録を「その詞を吐くや、義路は全てを超え、玄門は頓《にわ》かに廓《ひろ》げる。その機に応ずるや、電掣雷鈞《でんせいらいきん》にして、聞く者は耳を掩うに及ばず、観《み》る者は目を瞬くに及ばない」と賛美している。

右にあげたのは禅僧の語録だが、それに比べると、五山文学の精華ともいうべき詩文集の反響は、もっと強烈なものであった。たとえば、清拙正澄《せいせつしょうちょう》は別源円旨の『南遊東帰集』を「大唐の音調を得、語意活脱して珠の盤を走るが如し」と跋語に書き、如蘭は絶海中津の『蕉堅稿』を読んで「まことに海東の魁《さきがけ》を為し、その右に出る者はいない」と賛辞を送っている。

このように、かなり高い評価を博した五山禅僧の詩文と語録は、褒めすぎの嫌いがあったとしても、伝統的な華夷観をもっていた中国の文人たちにとって、大きなカルチャーショックとなったことは事実だったであろう。つまり、高度な漢文の素養をそなえていた日本人を評価するときに、従来の華夷の尺度はもはや適用できなくなったのである。

4、清　代

日本書籍の西伝は、清代になると、その全盛期を迎えることになる。二百年あまりつづいた江戸時代の平和と発展は、文化の繁栄をもたらし、朱子学に代表される中国文化の普及とそれに対する探求が、日本文化を未曾有のハイレベルなものに押しあげた。

この時代において、滔々《とうとう》たる中国書籍の東伝に比べれば、日本書籍の西伝は依然として微々たるも

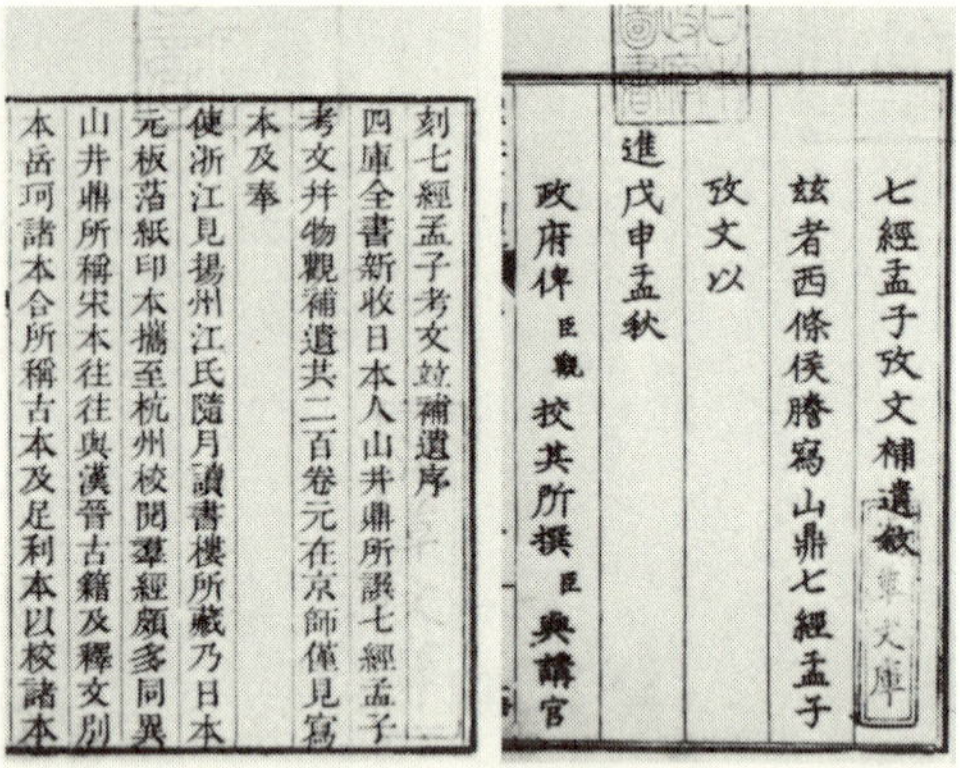

『七経孟子考文補遺』書影

日本所蔵の古籍を生かした経書の注釈書で，清代の考証学者を驚愕させた労作である。右は日本の原刻本，左は中国での翻刻本。

のにすぎなかったが、前代に比べると、質量ともに高いものであったことはいうまでもなく、これまでにない特色もいくつかみられたのである。

まずは、書籍輸出の担い手が日本僧侶から中国商人へと変わったことである。それは、江戸幕府の渡海禁止と清王朝の海外貿易奨励という彼我の政治事情と、または漢学知識の普及によって日本人撰述の書籍が急増しているという文化事情とがその背景にあったと思われる。

次は、これまでは受け身的な中国人は始めて進んで日本に書籍を求め、しかもそれをみずからの文化創造に生かそうとすることである。『吾妻《あずま》鏡《かがみ》』の伝来から『吾妻鏡補』の誕生までのプロセスは、その好例である。

または、日本の漢籍を「異国の本」よりも中国書籍と同等視する傾向が現われてきたことである。『四庫全書』をはじめ、清代の各種の叢書類に、日本の書籍が収録・刊行され、ひろく流布したものは少なくない。

要するに、清代の中日書籍交流は、ようやく互恵関係に至り、濃密な内容をもつものとなったのである。以下に、いくつかの具体例をあげておこう。

（1）『七経孟子考文』 山井鼎《やまのいかなえ》（一六九〇～一七二八）の著わした本書は、足利学校所蔵の古典籍をひろく引用し、綿密な考証をほどこしたもので、中国に伝わってから文人儒者らを瞠目《どうもく》させた。その後、物観がそれに補遺をつけて『七経孟子考文補遺《しちけいもうしこうぶんほい》』と題してふたたび輸出し、またも好評を博したのである。『四庫全書』の編者がこの本を収録するとき、欧陽脩の『日本刀歌』をひいて「千古の疑を釈《と》くに足る」と評価している。

翰林院侍講学士という肩書きをもち、清朝屈指の文献学者として知られる盧文弨《ろぶんしょう》は『七経孟子考文』を読んで、「かの海外の小邦にも、なお能く書を読む者がいる」と驚き、中国の古書をたくさん参照しており「その議論もまた採るべきものがある」と賞賛し、海外の学子に負けてはいられないと発憤して書きあげたのが名著『周易注疏輯正』である[17]。

清朝の朴学大師と崇められる阮元《げんげん》は、瀕死の状態で闘病しながら、三年間も『七経孟子考文』の撰述に没頭し、よって「聖経に功があり、また嘉《よ》みするべし」と、山井鼎の人となりに敬意を表わし、序言をつけてこの本を翻刻した。

（2）『吾妻鏡補』 『七経孟子考文』が中国古籍の校勘を主としているから、中国で反響を呼んだと、こう思う人も少なくはないようだ。それでは、『吾妻鏡』という純粋な日本歴史書を例にあげよう。

この本は明末清初のころ中国に伝わり、文人儒者の間で、大きく注目されていた。それは、ただ「海外の奇書」として珍しがられるだけでなく、書物の内容にも目をひかれ、日本の歴史そのものに関心をしめしているものである。

朱彝尊（1629～1709年）
浙江秀水の人，字は錫鬯，竹垞と号する。清代の名高い儒学者で，蔵書家としてもよく知られる。海外の漢文書籍に，もっとも早く注目した文化人の一人である。

清代の名高い儒学者の朱彝尊《しゅいそん》は一六六四年にこの本と出会い、四三年間をかけてようやく入手し、『吾妻鏡跋』なる一文を草し、「撰人の姓氏は未だに詳らかでない。前に慶長十年の序があり、後に寛永三年という国人林道春の後序があり、すなわち鏤版の歳である。編中に載する所は安徳天皇治承四年庚子に始まり、亀山院天皇文永三年七月に訖《おわ》り、凡そ八十有七年である」と考証している。(18)

『吾妻鏡』は蔵書家の需要によって何度か書写されることになり、その写本のひとつを目にした翁《おう》広平《こうへい》という田舎学者は、それに刺激をうけ、七年間かけて一八一四年に『吾妻鏡補』を完成させた。この中国人の手による最初の日本通史とされる書物を執筆するために、翁広平は『吾妻鏡』をはじめ、三六種類もの日本書籍を参考にしている。(19)

清朝の大儒として周辺諸国にもその名を馳せる兪樾《ゆえつ》は、一八八二年に岸田吟香の要請に応じて、『東瀛詩選《とうえいしせん》』を編纂したが、彼が参考にしていた日本の漢詩集はなんと一七〇種類の多きにのぼっている。外国の書籍をこれだけ多く博覧するのは、現代の学者にしてもおそらくまれであろう。

また、この時期に伝来された日本の漢籍の多くは、各種の叢書類に収録されるようになった。たとえば、王錫祺《おうしやくき》編纂の『小方壺輿地叢鈔《しょうほうこよちそうしょう》』には、日本人の歴史地理書が二九冊ほど採録されている。

5、評価の基準

中国に持ちこまれた日本の書籍は、とくに明治以前の場合において、ほとんど漢文による著述であり、形式からすれば、中国漢籍の亜流に属するものと見なされる。また内容にしても、仏教と儒教とに偏っており、詩集・文集・医書などに至っても、どれひとつ中国の学問の系統を受けついでいないものはない。

したがって、中国人がこれらの書物を読むときに、強烈な異文化体験を獲得することはきわめて少なく、それらへの評価も多少なりとも割り引いて聞かなければならない。ここでは、中国人の評価を大きく「学問姿勢への評価」と「学問内容への評価」にわけて考えてみたい。

(1)学問姿勢への評価

古代中国の帝王たちが朝貢にやってくる遠方の「夷狄」の文明志向を評価して豊富な賜品をあたえ、貢物の量と質にこだわらないのと同様、中国の名儒や高僧らは、東夷の学子に対して、中国文化を懸命に学ぶ姿勢をたかく評価し、その文章の優劣や論旨の可否を真剣に批判しない傾向がみられる。

宋代の『宣和画譜《せんながふ》』は、日本伝来の絵画について稚拙《ちせつ》な点を指摘しながら、「蠻陬《らんすう》の夷貊《いはく》、礼儀の地にあらずして、而して能く絵事に留意すること、また尚《とうと》ぶべし。抑もまた華夏の文明、もって漸く被わんとあるを見れば、豈《あに》またその工の描きに較《こだわ》らん」と述べている。つまり、出来のよしあしを問わず、外国の人々が中国文明を敬慕していることだけでも評価に値するという。これは絵画についてであるが、こうした海外文化への心情は、日本書籍の評価にも当てはまるものと考えられる。

（2）学問内容への評価

唐宋から元明にかけては、「学問姿勢への評価」が主流を占めているけれど、まれには本気になって批判する例もある。たとえば、日本に漂着した貿易商人の周世昌《しゅうせいしょう》が咸平五（一〇〇二）年、七年ぶりに帰国し、日本人との唱和詩集を朝廷に献上した。これについて、『宋史』（日本伝）は「詞は甚だ彫刻にして肤浅《ふせん》であり、取るべき所はない」と遠慮なく酷評している。

清代になると日本の漢学水準が著しく高まり、中国の文人はこれまでのような高飛車な態度を取っていられなくなり、もはや真剣勝負の気持ちのほうが強くなってきたのである。したがって、内容や文体などに立ち入った厳しい批判がかえって目立ってくる。

たとえば、『吾妻鏡』について、朱彝尊は「歳・月・日・陰晴を必ず書き、余《ほか》は将軍・執権の次第及び会射の節を紀す。その文義は鬱轖として、また倭訓を傍らに点け、これを繹《ひもと》くこと易しからず」と、史書の体裁や漢文の表現などの不備を指摘し、それにつづく「国の大事はかえってこれを略し、いわゆる賢ならざる者はその小なるものを識るのみ」も容赦ない。

このようにみてくると、本節で取りあげた中国人による日本書籍への賛辞が、主として後者のような客観的なものではなく、むしろ前者のような主観的な色彩を濃厚に帯びていることを、まず理解しておく必要がある。しかし、主観的な評価とはいえ、そこには日本人の好学精神への共鳴があり、日本に対する中国文人の心象映像がありありと映しだされていると思われる。

【注釈】

（1）空海の書道について、王勇・上原昭一共編『中日交流史大系・芸術巻』（浙江人民出版社、一九九六年十一月版）二六二～二六五頁を参照。

（2）最澄の入唐事跡について、藤善真澄・王勇共著『天台の流伝――智顗から最澄へ――』（山川出版社、一九九七年版五月）二三九～二五五頁を参照。

（3）安覚の評伝については、張雅秋『従「鶴林玉露」中的一則史料看宋代中日文化交流』（『中日文化論叢――一九九六』所収、杭州大学出版社、一九九七年十二月版）に詳しい。

（4）「遣唐碁師」については、拙著『唐から見た遣唐使――大唐帝国の混血児たち――』（講談社、一九九八年三月版）九六～一〇四頁を参照。

（5）辻善之助著『海外交通史話』（東亜堂書店、一九一七年版）二七頁。

（6）拙論『唐宋時代日本漢籍西漸史考』（王勇編『中日漢籍交流史論』所収、杭州大学出版社、一九九二年十二月版）を参照。

（7）『勝鬘経疏義私鈔』の伝来について、拙著『聖徳太子時空超越』（大修館書店、一九九四年七月版）二九九～三二四頁に詳しい考証があり、参照されたい。

（8）史料の分析と日本語訳は、大庭脩・王勇共編『日中文化交流史叢書・典籍』（大修館書店、一九九六年四月版）二一五～二一九頁を参照。

（9）この書状は現存しており、詳しくは大庭脩・王勇共編『日中文化交流史叢書・典籍』（大修館書店、

一九九六年四月版）二二〇〜二二五頁を参照。

（10）寛建の入華事跡について、拙著『中日関係史考』（中央編訳出版社、一九九五年一月版）所収「五代日僧寛建一行入華事迹考」を参照。

（11）流布本『往生要集』の巻末に添えられた「源信の大宋国某賓旅に致すの書」。

（12）行辿の書状は『首楞厳院廿五三昧結縁過去帳』に載せられている。

（13）流布本『往生要集』の巻末に添えられた「周文徳返報」。

（14）入宋僧の書籍輸出については、藤善真澄「成尋の齎した彼我の典籍――日宋文化交流の一齣――」（『仏教史学研究』二三―一）を参照。

（15）『竺仙梵僊語録』。

（16）詳しくは大庭脩・王勇共編『日中文化交流史叢書・典籍』（大修館書店、一九九六年四月版）二八〇〜二九一頁を参照。

（17）『周易注疏輯正・題辞』（『抱経堂文集』巻七所収）。

（18）朱彝尊著『曝書亭集』所収。

（19）『吾妻鏡補』の成立について、大庭脩・王勇共編『日中文化交流史叢書・典籍』（大修館書店、一九九六年四月版）三〇〇〜三〇六頁を参照。

第六章　白骨の山——日本像の豹変——

南宋の景定五（一二六四）年、モンゴルのフビライは首都をカラコルムから大都（今の北京）に移して年号を至元と定め、一二七一年に国号を大元と改め、みずから世祖と称した。一二七九年、さらに江南に落ちのびた南宋の残存勢力をほろぼし、中国全土を統一して元朝の支配を確立した。元の国号は『易経』の「大なるかな乾元」にもとづいたもので、乾元とは天の意味である。秦漢から唐宋に至るまでの王朝は、いずれも封邑や出身の地名から国号を立てているが、大元は天地統一の理想を表わしたものである。

フビライ
（世祖，1215～1294年）
元朝開国の祖。南宋を滅ぼし，東は高麗と日本，南は交趾（ベトナム）や爪哇（ジャワ）などに派兵し，領土をアジアのほぼ全域およびヨーロッパの東部にひろげた。

秦漢と隋唐の中国統一と同じように、元朝による中国統一も周辺諸国にその余波を及ぼし、東アジア世界の秩序再編にむけて、各国が中国との連携を強めながら動きだすはずだったが、こうした歴史的なシナリオはついに再現されなかったのである。

その原因としては、以下の三点をあげることができるかもしれない。

まずは、元王朝がモンゴル族によって建てられ、従来の漢民族王朝とは性質を異にしており、周辺諸国は、中国との長い連携関係をそのまま継続させるのに疑問と不安をおのずと感じるということである。

または、モンゴル族は遊牧民を主体とし、強大にして精悍《せいかん》な騎兵隊をたよりにして中国を支配下におさめ、さらに全世界を征服しようとする欲望をもっていた。つまり漢民族の世界観とは明らかに異なり、武力に訴える外交折衝の傾向がつよく現われているということである。

さらに、日本では武士政権がその頂点に達していることも見逃せない。中世時代の主役として活躍した武士層は、風雅をたしなみ漢学に憧れる軟弱な貴族層とはちがって、礼節よりも実利を重んじ、外国よりも日本に目をむけ、武力による社会秩序をととのえていたのである。

以上のような内外情勢の変化によって、中日の接触は従来のそれとは大きく行きちがい、元軍の東征と倭寇の跳梁という最悪の結果を招いてしまった。中国人の視野には、向学心に燃え、君子の振る舞いをみせる日本人の姿がたちまち消えうせ、獰猛《どうもう》なイメージがあらたに浮かびあがってきたのである。

第一節　日本像の断絶

中国人にとって日本の原像とは、「神仙の郷」や「宝物の島」などの表像《イメージ》を生みだした「東夷観」

にほかならない。「東」にまつわる太陽信仰、「夷」にまつわる君子幻想は、すでに第一章で述べられた。

ところが、「東夷」のもつもうひとつの「顔」も、ここで忘れてはならない。もうひとつの「顔」とは、華夏の文明人に対する東方僻地の野蛮人というマイナスイメージである。

人的往来がきわめてまれだった秦漢時代から、中国人はほとんど想像によって日本像を構築してきたが、唐宋時代になっても選ばれた使者や僧侶にしか接するチャンスはなかった。これらの事情により、唐宋時代までの日本像は、主として東夷観のプラス面を浮き彫りにしたものである。

それにもかかわらず、東夷観のなかに隠されていたマイナス面は、ときとして顔をのぞかせることがある。たとえば、『旧唐書』（日本伝）は「その人、入朝する者は、多く矜大にして、実をもって対えない。故に中国はこれを疑う」と、その誠実さを疑問視している。

また宋代の『癸辛雑識《きしんざつしき》』（続集下、倭人居処）をひもとくと、女子については「体は絶だ臭い」と、男子については「下体に避止する所なく、草をもってその勢（男根）を繋ぐ」と、扇子については「不肖の画をその上に作る」というように、酷評の連発である。

これらのマイナスイメージは、日本像の主流とはならなかった。しかし、元代になると、中日間に直接の戦争が起こり、状況が一変した。従来のプラスイメージ主導の日本像が継承されなくなり、かわってマイナス色に塗られた日本像がくっきりと浮き彫りにされるようになった。ここに、日本像の断絶が現われてきたのである。

1、趙良弼の報告

フビライは遷都して二年のち、すなわち至元三（一二六六）年に、黒的と殷弘らを招諭使として、朝鮮経由で日本に向かわせた。そのとき、フビライが使者にさずけた朝貢勧告の国書は、東大寺尊勝院にその写しが所蔵されている『蒙古国牒状』であり、元初における世祖の思いえがいた日本像をしめしている。

国書の主旨は、モンゴルの天下領有と高麗の臣服を知らせ、高麗と隣接する日本がふるくから中国と通交していたのに、一回も使者を派遣してこなかったのを責め、「通問結好して、もって相親睦」することを要請し、もし通好しなければ、聖人の四海を一家とする理念にそむき、このような場合は武力行使も避けがたいことを警告したものである。中村栄孝氏は、国書の体裁に言及して、次のごとく述べる。

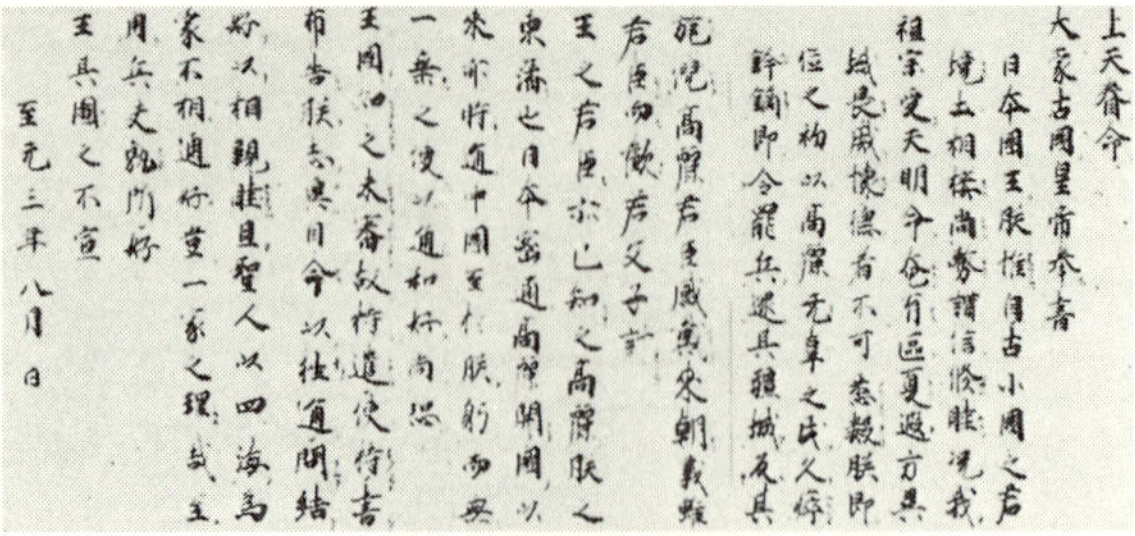
上天眷命
大蒙古國皇帝奉書
日本國王朕惟自古小國之君
境土相接尚務講信修睦況我
祖宗受天明命奄有區夏遐方異
域畏威懷德者不可悉數朕即
位之初以高麗無辜之民久瘁
鋒鏑即令罷兵還其疆域反其
旄倪高麗君臣感戴來朝義雖
君臣而歡若父子計
王之君臣亦已知之高麗朕之
東藩也日本密邇高麗開國以
來亦時通中國至於朕躬而無
一乘之使以通和好尚恐
王國知之未審故特遣使持書
布告朕志冀自今以往通問結
好以相親睦且聖人以四海爲
家不相通好豈一家之理哉至
用兵夫孰所好
王其圖之不宣
至元三年八月日

『蒙古国牒状』
元の使者がもたらしたフビライの国書，日本に服従と朝貢を求めている（東大寺尊勝院）。

その体裁は、書きだしに、「大蒙古国皇帝、書を日本国王に奉ず」とあり、とりわけ、結びを「不宣」として、臣としないことを明らかにしており、モンゴル人から、字句が丁重で、自制の意が書面にあふれていて、中国には前例がないといわれている。フビライは、中国王朝の継承者として、日本が不臣の朝貢国となり、円満に国交を結ぶことを望んでいたものと察しられる。(1)

大元帝国は成立するや、中国王朝の継承者として、東アジアに華夷の秩序を回復しようとした。したがって、その日本像は国書にもしめされているように、「武力行使云々」の言葉をのぞいて、基本的に唐宋以来のそれを受けついだものである。

至元六（一二六九）年、秘書監の職にあった趙良弼《ちょうりょうひつ》が使者として日本に派遣された。元使のたずさえた国書は「日本は素より礼を知る国と号する」とあり、「親仁善隣」の国交関係の締結を呼びかけている。

けだし王なる者は内外を区別しないと聞く。高麗と朕とはすでに一家となった。王の国はじつに隣境である。それがゆえに、かつて信使を馳せて好を修めようとしたが、疆場の吏のために抑えられてその意を通じることができなかった。（中略）しかし、日本は素より礼を知る国と号する。王の君臣は、こんなことを決してしないだろう。（中略）ここで、少中大夫秘書監趙良弼に命じて国信使に充て、書をもって往かせる。もし王がわが国に使を発して来れば、親仁善隣を果たし、国の美事となろう。

趙良弼一行は「好を日本に通じ、必ずや達するを期せん」（『元史』）という使命を負うて、まず高麗に行き、至元八（一二七一）年九月にようやく太宰府に到達した。趙良弼は使命を果たせないまま、翌年いったん引きあげたものの、ふたたび日本に遣わされた。二度目に渡日した元使は『元史』（日本伝）によれば、「十年六月、趙良弼は復た日本に使し、太宰府に至って還る」とあり、「文永《ぶんえい》の役《えき》」（一二七四）の前年に帰国したことが知られる。

趙良弼は、日本に関する最新情報を元の朝廷にもたらした。『元史』（世祖紀）に、「十年六月戊申、日本に使する趙良弼、太宰府に至って還る。具《つぶ》さに日本の君臣爵号・州郡名数・風俗土宜をもって来て上る」としるされている。『元史』の趙良弼伝に、帰国報告の内容がさらに詳しく述べられている。臣は日本に居ること歳余あり、その民俗を視ると、狼勇嗜殺にして、父子の親・上下の礼を知らない。その地は山水多く、耕桑の利はない。その人を得ても、使役することができない。その地を得ても、富を加えることができない。もし舟師を発して海を渡るならば、海風に期なく、禍害を測ることができない。これはすなわち有用の民力をもって無窮の巨壑を填めるようなものである。臣にいわせれば、日本を撃つことは何の利点もない。

ここに、現地調査をした元使の日本像がはっきりと現われている。つまり、悪地劣民の日本は「有用の民力」を用いてまで征服するに値しない、といった回避的な日本観がすでに台頭しつつあった。「礼を知る」日本との「通好」を目的とした元使は、「狼勇嗜殺にして、父子の親・上下の礼を知らない」という日本人像を中国に持ちかえった。日本観の豹変《ひょうへん》の始まりである。

2、蒙古来襲

フビライは「撃つことなかれ」という趙良弼の忠言に耳を貸さず、その翌年の至元十一（一二七四）年に、大軍を発して日本攻略を決行した。いわゆる「文永の役」である。

元朝はその無敵の「モンゴル鉄騎」によって、欧亜二州をまたぐ大帝国を創りあげ、かかる兵威を背景として、日本を招諭しようとした。前後二度の国書のむすびに、自信過剰の念と日本軽視の意をのぞかせている。

すなわち、至元三（一二六六）年の国書は「冀《ねが》わくは今より以往、通問結好して、もって相親睦せんことを。且つ聖人は四海をもって家となす」といいながらも、「通好しないことは、一家の理に背く。もし兵を用いることともなれば、彼我の望むことではなかろう。王はその利害を考えてくれ」と結んでいる。同じく至元六（一二六九）年の国書にも、前掲文につづいて「もし使者の派遣を猶予し、兵を用いるに至れば、望ましくない事態になりかねない。王はそれをよくよく考えてくれ」とある。

以上のごとく、元朝は日本との通好をせつに望みながらも、つねに強大な軍事力をたよりに、日本を威喝している。また一方では、北条《ほうじょう》氏によってしだいに強化されつつあった鎌倉幕府は、武力行使をにおわした元の国書を強硬な態度で拒否した。結局、両者の衝突は戦争という最悪のかたちで、行なわれてしまった。

文永十一（一二七四）年十月、高麗に結集した総勢二万五六〇〇人の遠征軍が九〇〇隻の船に分乗して日本にむかい、対馬・壱岐を攻略してのち、博多に上陸し、本作戦を展開した。モンゴル軍の集団戦法と鉄砲などの新兵器になやまされた幕府軍は大きな痛手をうけたものの、遠征軍のほうも「大風雨」（『東国通鑑』）に遭い、また「矢尽き」た（『元史』）ために、あっけなく撤退した。これが日本史上にいう「文永の役」の経過である。(2)

フビライは、第一次日本遠征の翌（一二七五）年に、また宣諭使として杜世忠《とせいちゅう》らを派遣して、日本

『蒙古襲来絵詞』

日本に上陸したモンゴル軍が馬に乗った日本の武士に矢を放つ場面。

の動静をうかがわせた。しかし元使が日本につくと、主戦派の執権時宗《ときむね》は鎌倉の竜口《たつのくち》でこれを切り、「私親を絶し、通問をせぬ」決意をしめした。[3] その消息が元に伝わると、日本再征論がにわかに高まった。

その間に、元は南宋をほろぼし、中国全土を掌中におさえたので、東南アジアの秩序再建に目標を転換し、占城《チャンパ》・安南・爪哇《ジャワ》の遠征と並行して、日本再征の計画を着々と進めていった。

日本の弘安三（一二八〇）年の秋、フビライは六年にわたる再征の懸案に決断をくだし、征東元帥府を征収日本中書省（征日本行省・征東行省・日本行省とも略称する）に拡張させて、日本をモンゴルの属領にすることが再征の目的であることを明示している。

弘安四（一二八一）年の正月、蒙古・高麗・漢人（北方人）・蛮子（南方人）の混成軍が動員され、五月から続々と日本へむかった。遠征軍はその兵力を第一次の約五倍に増強し、惨烈な激戦を予想していた。ところが、閏七月一日の夜から突如として大風雨が荒れくるって、遠征軍の船団はあっけなく沈没し、あるいは破損をうけて戦闘能力を失ってしまった。日本史にいう「弘安《こうあん》の役」である。

『元史』(日本伝)は、「八月、諸将未だ敵を見ないうちに、全師を喪って還る。(中略)十万の衆、還るを得たものは三人のみ」と伝えているが、遠征軍の損失実情について『元史』の相威伝に「士卒を喪うこと十の六、七」とあり、また同阿塔海伝に「師を喪うこと十の七、八」とあるのが、もっとも真実に近いであろう。

元初の対日観は東アジアの華夷秩序を再建するなかで、島夷の日本を修貢体制に組みこませるのに重点をおいていたが、幕府側の強硬な態度にそれを挫かれて、目的達成のため武力行使に走ったのである。征戦失敗の後は、和戦両様の姿勢をかまえながらも、僧侶を使節として派遣するなど柔軟な態度で対日交渉をつづけた。

3、回避的な日本観

モンゴル族の支配によって、騎馬民族の思想・文化・風俗などが、強制的な面も避けられないが、続々と中原にもたらされてきた。にもかかわらず、中国王朝の正統な継承者と自認するフビライにとって、いかにして高度な宋文化を模倣し、その政策を継続していくかが、最大の課題となっていたにちがいない。このような視点からみれば、日本との直接折衝が行なわれるまで、元王朝の思い描いていた日本像は、そっくり宋朝のそれを受けついだものである。

たとえば、日本に遠征する前に、フビライが使者に携えさせた国書をみると、「冀わくは今より後、通問結好して、もって相親睦せんことを。且つ聖人は四海をもって家となす」（至元三年）とあり、また「日本は素より礼を知る国と号する」「親仁善隣を果たし、国の美事となろう」（至元六年）とある。さらに、至元三年の高麗王への国書にも、「日本と爾の国は近隣と為る。典章政治、嘉するに足るものがある」と賛美している。

フビライの積極的な対日外交は、宋以来の中日貿易の再開に多大な期待を託しているものと思われる。『平家物語』によると、平氏の府中の調度品は「揚州の金・荊州の珠・呉郡の綾・蜀江の錦、七珍万宝は一つとして闕《か》けることはない」とあるごとく、ほとんど宋物が中心となっている。中国にとって、貿易の利は多大なものであろう。

中村栄孝氏は宋代の貿易重視政策を受けついだ蒙古の動向について、次のように指摘している。

フビライは、はやくから海上貿易に関心をもったが、建治二（一二七六）年に、南宋の首都臨安（今の浙江省杭州市）を占領すると、さっそく市舶司をたてて貿易商を取り締まり、弘安元（一二七八）年には、積極的に南海諸国との通交貿易の復活をはかり、翌年、南宋が滅亡すると、外交および財政政策の一環としてその制度を継承した。そうして、弘安七（一二八四）年からは、貿易を統制して、利潤を政府に集中していった。晩年、永仁元（一二九三）年には、市舶司を、泉州・上海・澉浦・温州・広東・慶元（寧波）の七カ所とし、市舶則法二十二カ条を定めて、独占的貿易体制を確立した。この前後に、中国と交通するもの二十二カ国に達し、中国船も、海上はるかにインド方面まで進出している。やがて、五年後には、澉浦・上海両市舶司を慶元に合併した。日本の商船が往来していたのは、前の時代と同じように、この慶元港である。(4)

ここで、注意すべきなのは、「文永の役」と「弘安の役」のさなかにもかかわらず、両国の間に、公然と商船の往来が絶えず、経済の交流が頻繁に行なわれていたことである。

『元史』から実例をひろってみると、至元十四(一二七七)年条に「日本は商人を遣わし、金をもって来て銅銭を買う。これを許す」とあり、至元十五(一二七八)年条に「沿海の官司に詔諭し、日本国人の市舶を通じさせる」とみえ、至元十六(一二七九)年条に「日本の商船四艘、篙師二千余人が慶元の港口に至る。哈剌歹、諜してその他の目的がないのを知り、行省にいって交易させて帰国させる」とある。

このようにみてくると、元の対日政策は宋の積極貿易とほとんど変わるところはなかった。この意味で、元の日本遠征も単なる軍事征服ではなく、海外貿易を考慮にいれての行動であるかもしれない。第二次の日本遠征軍の出発に際して、フビライが「人の家国を取るには、百姓・土地を得んことを欲する」(『元史』日本伝)と「漢人の言」を引用して諸将を戒めたことは、遠征の本音を吐いているとみてよかろう。

前述のように、太宰府に一年あまり滞在して「文永の役」の前年に帰国した趙良弼は「その民俗を視ると、狼勇嗜殺にして、父子の親・上下の礼を知らない。その地は山水多く、耕桑の利はない。その人を得ても、使役することができない。その地を得ても、富を加えることができない」と報告し、日本遠征の利なきことを主張した。

日本遠征にこうした消極的な態度をしめしたのは、ひとり趙良弼にとどまらず、他の廷臣諸将のうちにもみられる。たとえば、『元史』（巻百六十）の王磐《おうばん》伝に「日本小夷、海道は険しくて遠い。これに勝っても、すなわち武功とはならない。もし勝たなければ、すなわち威厳を損ずる」とみえ、また同巻百六十八の劉宣《りゅうせん》伝によれば、劉宣は日本三征のうわさを聞くと、占城・交趾征討の功過を論じてのち、次のように主張している。

> いわんや日本は海洋万里にして疆土濶遠であり、二国の比ではない。今次の出師は、衆を動かして険を履み、たとえ順風を得て彼岸に至っても、倭国は地広く、徒衆が多い。彼の兵は四集し、わが師に後援はない。万が一戦闘が不利となり、救兵を発しようと思っても、ただちに海を飛渡することはできない。

元初の日本重視の政策が主として経済的な理由によったものだとすれば、二回もの遠征失敗によって、日本への関心がだんだんと薄くなり、そこから回避的な日本観が生まれてきたと推論することができよう。

秦漢から唐宋にかけて、日本像のパターンは「神仙の郷」「宝物の島」「器用な民」「礼儀の邦」「好学の士」とあるが、それらは重なり、互いに包容しあう関係にあるわけである。たとえば、「神仙の郷」から「礼儀の邦」、「宝物の島」から「器用な民」への継承がはっきり見てとれる。また、「好学の士」は「礼儀の邦」を肉づけていることも明らかである。

ところが、元代の日本像は、従来より絡みあっていた日本の群像とは明確に一線を画し、伝統的な日本像の断絶を意味するものとなったのである。

第二節　孤遠の島夷

日本遠征の失敗は、元王朝の命取りとなったのみならず、鎌倉幕府の滅亡をも早めさせた。幕府の弱化と御家人の窮乏によって、地方に勢力をはった有力守護が台頭し、貧困におちいった浪人武士が既存の体制から逸して横行した。そのなかから、九州や瀬戸内海沿岸の武士・漁民・商人らを主体とした武装貿易商団が生まれ、武力を背景に朝鮮や中国の海岸へ頻繁に出かけた。いわゆる「倭寇《わこう》」のおこりである。

また一方では、第二次の日本遠征（「弘安の役」）により、元は宋から接収した海軍力をほとんど失い、その結果として海防の弛緩《しかん》を招致してしまった。十四世紀の初頭から、広州・泉州・慶元の市舶司の置廃が幾度となく繰りかえされたのは、沿海地域の防衛問題が深刻になりつつあった証拠である。注意すべきは、これらの海防策は主として日本の動向に対して講じられたということである。

一三六八年、明王朝が立ってモンゴル族の支配に終止符を打った。従来どおりの東アジア秩序を回復させようと、日本にも修好の使節を遣わしたけれど、元代以来の内外情勢がすでに大きく変わり、明王朝の復旧計画はあっけなく失敗に終わった。

その後、倭寇といわれる日本の海賊がしだいに猛威をふるい、中国の東南沿岸を荒らしつづけた。明王朝は再三の要請にもかかわらず、倭寇の跳梁を徹底的に取り締まってくれなかった日本に愛想を尽かしてしまい、日本を「不征国」のリストにくわえて、断交を宣言するに至ったのである。

1、軌道修正

『元史』（巻十四、世祖紀）の至元二十三（一二八六）年条に、フビライ自身が「日本は孤遠の島夷」といったように、遠征の失敗を転機として日本との心理的距離がしだいにひろがりつつあった。つまり、地理の遠隔・渡海の危険・国土の貧乏・人民の卑劣などを理由に、日本から視線を外らそうとする意図が明らかに見てとれるのであった。

フビライの治世に、ときに日本用兵の建議もあったが、いずれも実施に移されることはなかった。しかし、フビライは日本招諭の宿願をついに諦められず、至元二十一（一二八四）年、参政の王積翁《おうせきおう》と補陀禅寺住持の如智《にょち》を遣わし、従来と違った口吻で、日本の来朝をうながした。元使のたずさえた『宣諭日本国詔文』は中国側の文献にはみられないが、日本の『善隣国宝記』巻上にひかれている。

天命をうけた皇帝、聖旨を発して日本国王に諭す。むかし、彼国はよく遣使して入覲する。朕はまた使を遣わしてこれに相報する。すでに約束を交わしており、汝の心にそれを置き忘れていないだろう。このころ、彼国は信使を執って返さないため、朕は舟師を発して咎《とが》めさせた。古えは兵を交わして、使者はその間を往来する。彼国は一語も交わさずして、固く王師を拒む。したがって彼国はすでに敵国となり、さらに遣使すべきではないが、ここに補陀禅寺の長老如智らが陳奏し、「もしまた舟師を興して討伐すれば、多くの生霊が被害をうける。彼国のなかにも仏教の感化があり、大小強弱の理を知っているはずだ。臣らは聖旨の宣諭を齎奉し、必ずや多くの生霊を救う。彼国はまさに自省し、懇心して皈附するだろう」という。奏請を許して、今長老如智と提挙王君治を遣わし、詔を奉じて彼国に往かせる。善なるものは和好のほかになく、悪なるものは戦争のほかかない。果たしてこれを思慮して帰順すれば、すなわち去使とともに来朝すべし。したがって彼者に諭し、朕はその福禍の変、天命に任せる。ここに詔示し、わが意をすべて汲み取ってくれるよう。

右の国書には元初以来の日本観と著しく異なる点がいくつかみられる。まずは、「興師致討」や「多害生霊」のような武力行使の方針をやめて、「和好之外、無餘善焉」「戦争之外、無餘悪焉」といった無条件の修好を表明したこと。次は、日本を「仏教の感化があり」「大小強弱の理を知」る国と認め、自主的な来朝をうながしたこと。または仏教を尊重する日本の国情にあわせて、はじめて僧侶を使者に起用したこと。このように、遠征失敗後の日本観の転換は明らかなものである。

フビライ（世祖）について即位した成宗は、右のような新しい対日政策をさらに継続させ、日本征服の方針を徹底的に放棄した。大徳二（一二九八）年に也速答児が日本用兵を建議したとき、成宗は「今はその時にあらず」と不賛成の態度をはっきりと示した。その翌年に、成宗は如智と同じく補陀禅寺の高僧であった一山一寧《いっさんいちねい》を日本に遣わし、詔書には次のような言葉が述べられている。

先ごろ、世祖皇帝はかつて補陀の禅僧如智および王積翁らを遣わし、ふたたび璽書を奉じて日本に通好させる。みな中途に阻まれて還る。ここに朕が即位してからは、諸国を綏懐し、それを海の内外に広げて遐遺するところはない。日本との好《よし》みもまた遣問すべく（中略）道行もとより高い補陀の寧一山を遣わして諭し、商船に附して行き、きっと使命を達成してくるとの請があり、朕はこれを許し、先帝の遺意を遂げようと思う。惇好息民の事に至っては、王はそれをよくよく考えてほしい。

成宗が補陀山（普陀山）の禅僧を使者として遣わしたことはいうまでもなく、フビライの故智にならったもので、「惇好息民」の遣使目的も「先帝の遺意」を遂行するためであるという。

石原道博氏は、元初のフビライの日本観と成宗の日本観の相違をするどく洞察し、「成宗の詔と、さきの世祖の詔『蒙古国牒状』とをくらべてみると、蒙古の日本にたいする態度は、内容はもとより文の全体からうける感じからいっても雲泥の相違である」と指摘している。(5)

上述のごとく、二回の日本遠征を境目にして、元朝の日本観は大きく変わったことがうかがわれる。一方、モンゴル族の支配下にあった漢民族の日本観はまた別なかたちで変化しつつあった。これについての考察は、紙幅の制限上、他日に期したい。

2、海防の強化

元の日本遠征が失敗に終わってから、日本商船の武装化の傾向がいっそう顕著となり、元王朝はそ

『浙江瀕海地図』
元明時代より以降，倭寇の侵入を防ぐため，中国は浙江沿岸に衛所を設け，堡塁を築くようになった。図は明代の浙江沿海地図で，厳重な海防体制が敷かれ，瀕海地域はほとんど要塞化していることを物語る。

れをつよく警戒し、沿岸都市の安全をはかって市舶制度の軌道修正を余儀なくされた。

たとえば、至元二十九（一二九二）年には、日本の商船が四明（今の寧波）に至り、貿易を求めたが、役人の検査で「舟中に甲仗みな具」えていたことが発覚した。略奪などの「異図」に備えて、元は都元帥府を設置して海防を固めさせた[6]。

また大徳七（一三〇三）年には、江南沿岸にしばしば出没する日本船の警備として、千戸所を定海に設けて海防を強化させるとともに、市舶司を廃して禁海令を発布した[7]。

十四世紀初頭のおよそ二十年間、沿岸商人の密貿易がにわかに台頭しはじめ、日本船の海賊行為も目立ってきたため、市舶司の置廃がしきりに繰りかえされた。以下、『元史』巻九十四・食貨志から市舶廃立の記事を抜きだしてみる。

［成宗］大徳元（一二九七）年　行泉府司を廃止する。

大徳二（一二九八）年　澉浦と上海の市舶司を慶元市舶提挙司に合併する。

大徳七（一三〇三）年　商人の下海を禁じ、市舶司を廃止する。

［武宗］至大元（一三〇八）年　泉府院を復活させ、市舶司のことを整治する。

至大二（一三〇九）年　行泉府院を廃止する。市舶提挙司を行省に編入する。

至大四（一三一一）年　また市舶司を廃止する。

［仁宗］延祐元（一三一四）年　市舶提挙司を復活させる。商人の海外渡航を禁じる。

延祐七（一三二〇）年　また提挙司を併合する。

［英宗］至治二（一三二二）年　泉州・慶元・広東三処の提挙司を復活させ、市舶の禁を厳しく監督する。

このように、元朝は日本商船の武装化および遠征失敗後の日本の復讐を恐れて、初期の中日貿易奨励方針から、しだいに消極的な閉関主義にかわり、日本との通交を回避する方向をたどった。

3、白骨の山

日本遠征の惨敗は、これまでの「弱倭」のイメージを一掃し、凶悪残忍な日本人像を生みだした。こうしたイメージ転換は、元王朝に海防政策の軌道修正を迫るのみならず、中国人の日本像をも塗りかえさせることになった。
南宋遺臣の鄭思肖《ていししょう》は、「夷狄」のモンゴルをうらみ、『元賊謀取日本二絶』に日本遠征の失敗をひそかに喜んでいたが、この詩にも「倭中の風土は素より蛮頑なり」といっている。鄭思肖はまた『元韃攻日本敗北歌』をつくり、その詩序に元軍の日本襲撃の様子を次のように伝えている。

辛巳六月の半ば、元賊は四明より海に出る。大船七千隻、七月半ばごろ倭国の白骨山に至る。土城を築き、駐兵して対塁する。晦日《みそか》に大風雨がおこり、雹《ひょう》の大きさは拳の如し。船は大浪のために掀播《くつがえ》り、沈壊してしまう。韃軍は半ば海に没し、船はわずか四百余隻のみ廻る。二十万人は白骨山の上に置き去りにされ、海を渡って帰る船がなく、倭人のためにことごとく殺される。山の上に素より居る人なく、ただ巨蛇が多いのみ。伝えられるところによれば、唐の東征軍士はみなこの山で落命したという。ゆえに白骨山といい、また枯髏山《どくろ》ともいう。(8)

「唐の東征軍士」云々は何を指したものか、詳らかではないが、六六〇隻あまりの軍艦が海底に沈没し、二十万人の兵士が白骨山（枯髏山）に骨を埋めたことは、恐怖をそそり地獄そのものを想像させる。古代の中国人が東海のかなたに憧憬《どうけい》しつづけた「神仙の郷」および「宝物の島」は、いつのまにか恐怖の対象とされる「白骨山」や「枯髏山」に変わってしまった。
『元韃攻日本敗北歌』は、日本人の性状についても言及している。それをみると、秦漢時代の柔順な東夷像または唐宋時代の礼儀正しい風雅な君子像に取ってかわり、戦闘的かつ凶暴な倭人の男女像がありありと描かれている。

倭人は狠《いさ》ましく死を懼《おそ》れない。たとえ十人が百人に遇っても、立ち向かって戦う。勝たなければみな死ぬまで戦う。戦死しなければ、帰ってもまた倭王の手によって殺される。倭の婦人もはなはだ気性が烈《はげ》しく、犯すべからず。幼いころ犀角を取って小珠をえぐって額の上に埋めこみ、水を善くして溺れない。倭刀はきわめてするどい。地形は高険にして入りがたく、戦守の計を為すべし。

このように、元代の中国人にとって、日本はもはや異質な空間となり、倭人はすでに避けるべき凶敵に化してしまったのである。元の文人呉莱《ごらい》は『論倭』を著わし、「人は我が嗜欲に同じからず」「地は我が疆土に接せず」といった「小小の倭奴」を撃破してもなんの利益もないことを力説している。こうした回避的な態度は、元朝後期の代表的な日本観といえよう。

第三節　元代の倭寇像

鎌倉末期から室町時代にかけて、朝鮮半島や中国大陸の沿岸をしばしば武力で荒らしていた日本の海賊的集団は、被害者の立場から「倭寇」と呼ばれていた。『高麗史』忠定王二（一三五〇）年の記事に「倭寇の侵すこと、これに始まる」とあるのを倭寇観形成の指標とする意見もあるが、この言葉じたいが成語として成立したのは、はやくも『高麗史』忠烈王四（一二七八）年条に記録されたフビライと忠烈王との問答にさかのぼれる。したがって、東アジアにおける倭寇像はすでに元代に芽生えていたわけである。

元軍による二度目の日本侵攻（一二八一年）が惨敗に終わって約十年後、日本の武装商船が中国沿岸に姿をあらわすようになり、元王朝の神経をとがらせた。[9] 元王朝の心配はどうも余計なものではなかったらしく、果たして武宗の至大二（一三〇九）年正月に、日本の武装商人が明州城内に乱入して放火するという事件が起こったのである。

倭寇の復元図

後藤粛堂が諸種の文献を参照しながら，明治42（1909）年に考案したもの。馬に乗っている大将，衣冠をととのえた兵卒など，『倭寇図巻』に照合してみると，実情に合わないところが多い（『風俗画報』397号より）。

『明州繫年録』に収められる『道園集』によると、日本の商人たちは、「齎《もたら》す所の硫黄などの薬をもって、城中を火《も》やす。官府・故家・民居」がほとんど焼きはらわれてしまったという。

右の寧波焚焼事件が元の朝野に大きなショックをあたえたことは、『元史』（巻九十九、兵志、鎮戍）至大四（一三一一）年十月条の江浙行省の海防強化要請に対する元朝の対応ぶりをみてもわかる。

慶元と日本は相接し、且つ倭商のために焚き毀される。宜しく請う所の如くし、その餘の軍馬遷調はこと機務に関わり、別に議して行なうべし。

すなわち、軍隊の配置はやすやすと変えるものではないが、倭商の暴行にそなえて、江南一帯の海防要衝に駐屯軍の調整を至急行なったわけである。元朝の日本商船への警戒心はとても深く、『元史』（巻百八十四）の王克敬伝に、

延祐四（一三一七）年、四明に往って、倭人の互市（交易）を監する。これより先に、往って監する者は外夷の情の測られないのを懼《おそ》れて、必ず厳兵して自衛し、大敵を待つがごとし。

とある。日本の商人を「大敵」とみなし、地方官は「厳兵して自衛し」ながら、日本商人らの貿易活動を監視していたようだ。このように、武装商人らの暴虐行為によって、唐宋以来の友好的な日本人像はみごとに吹き飛ばされ、凶悪的な海賊イメージがそれに取ってかわって展開してくる。

唐宋以来の中日友好ムードにうつつを抜かしていた文人らは、夢から目覚めたばかりかのように、日本人像の豹変ぶりに驚愕と憤慨の気持ちを隠せなかった。文章をもって世に知られる呉萊は、漢魏時代より中国に通好していた倭人は弱くて制しやすかったが、今の倭寇はそれと異なり、「艨艟《もうどう》数千、戈矛剣戟」を装備した強敵なのだと述べ、「険を恃《たの》んで兵を弄する」無礼な倭奴を「誅首すべし」と激論した。

今の倭奴は昔の倭奴とは同じではない。むかしは「至弱」と雖も、なお敢えて中国の兵を拒まんとする。いわんや今は険を恃んで、その強さはまさにむかしの十倍に当たる。さきに慶元より航海して来り、艨艟数千、戈矛剣戟、畢《ことごと》く具えている。（中略）その重貨を出し、公然と貿易する。その欲望を満たされなければ、城郭を燔焫《はんぜつ》して居民を略奪する。海道の兵は、猝《にわ》かに対応できない。（中略）士気を喪い国体を弱めるのは、これより大きなことはない。しかし、その地を

取っても国に益することはなく、またその人を掠しても兵を強めることはない(10)。元代の中国人がもっている倭寇像とは、どんなものだったのか。明代ほど豊富な文献資料はないが、『隣交徴書』に収められた一首の漢詩に、おおよその様子をイメージすることができよう。

元・黄鎮成《こうちんせい》『島夷行』

島夷は出没して飛ぶが隼の如く(11)、右手に刀を持って左に盾をもつ。
大きな船と軽き艘は海上を行き、華人未だ見ざるに心は先に隕《お》つ。

「華人未だ見ざるに心は先に隕つ」とあるのは、両手に刀と盾をひるがえして海島に出没する海賊への恐怖のほどをしめしている。

元・王乙《おうおつ》『海寇』

日本の狂奴は浙東を乱して、将軍変を聴いて気虹の如し。
沙頭に陣を列して烽煙暗く、夜半に鏢兵《ひょうへい》して海水も紅し。
篳篥《ひつりつ》歌を按じて落月を吹き、髑髏酒を盛って清風を飲む。
何時か南山の竹を截り尽し(12)、当年殺賊の功を細く写かん。

倭寇に対する憎悪と憤怒は、敵の頭骸骨を器に凱旋の酒をあおるという詩的表現に集約されているように思われる。遠征の失敗から倭寇の来襲にいたるまでの間、唐宋以来の友好的な感情が急速に失われ、日本への畏悪観がしだいに増大し、しかも支配層から市民層へとひろがりつつあった。

【注釈】

（1）中村栄孝「十三・四世紀の東亜情勢とモンゴルの襲来」（『岩波講座日本歴史6』所収）二九頁。

（2）遠征軍撤退の原因について諸説あって定まらないが、『元史』（日本伝）は「官軍整わず、また矢尽き、ただ四境を虜掠して帰る」、『勘仲記』には「俄かに逆風吹き来り、本国に吹き帰す」とある。

（3）『関東評定衆伝』建治元年の条を参照。

（4）中村栄孝「十三・四世紀の東亜情勢とモンゴルの襲来」（『岩波講座日本歴史6』所収）四三頁。

（5）石原道博「中国における畏悪的日本観の形成――元代の日本観――」（『茨城大学文理学部紀要（人文科学）』第三号、一九五三年）。

（6）『元史』（巻十七、世祖紀）至元二十九年十月条に「日本の舟は、四明に至って互市を求める。舟中に甲仗みな具えている。その異図を恐れ、詔して都元帥府を立たせる。哈剌帯をしてこれを将させ、もって海道を防ぐ」とある。

（7）『元史』によれば、大徳八（一三〇四）年夏四月丙戌の条に「千戸所を置き、定海を戍り、もって歳至の倭船を防ぐ」とある。

（8）「辛巳」（一二八一年）は『元韃攻日本敗北歌』の原文に「辛卯」とあるが、誤りである。

（9）注（6）を参照。

（10）呉莱『論倭』（『隣交徴書』二篇巻一所収）。

（11）『隣交徴書』（二篇巻二）に「飛準」とあるが、私意で「飛隼」に直した。

（12）『隣交徴書』（二篇巻二）は第七行を「何時截南山竹」としているが、文意で「尽」を補った。

第七章　海彼の寇——海賊から妖怪へ——

一三六八年、庶民から身を起こした朱元璋《しゅげんしょう》（明の太祖）は元朝をほろぼし、中国の支配権を約八十年ぶりに漢民族の手に奪還した。太祖は即位するや、東アジアの華夷秩序を回復しようとして、はやくも周辺諸国に使者を派遣し、王朝交替の情報を天下に知らせ、朝貢関係の確認を要請した。

ところが、元帝国の崩壊期に、海防がゆるみ、沿岸地帯で行なわれていた密貿易への統制力が著しく弱化してしまった。そのため、方国珍や張士誠らの武装集団が海上を横行し、ときには倭寇と呼応して山東や江浙（江蘇省と浙江省）の沿岸都市を荒らしまくった。

こういう反体制の勢力がまもなく粛正されてからも、倭寇の跳梁はちっとも収まらず、その勢いが日増しに強められる傾向さえある。したがって、倭寇の問題は東アジ

朱元璋（明の太祖，1328～1398年）
安徽鐘離の農家に生まれ，幼名は重八，のちに興宗，さらに元璋と改名。1352年に郭子興の蜂起軍に身を投じて首領となり，1368年に元を滅ぼして明王朝を建てた。

アに君臨しようとする明帝国にとって、最大の隠患のひとつであり、対日政策の争点ともなった。

これまでに中国人が目にしてきた日本人といえば、使節と僧侶ばかりであった。モンゴル軍の東征前後から、日本人の残忍さが噂されるようになったものの、こうしたイメージを一般の庶民に鮮烈に印象づけたのは、ほかならぬ倭寇の来襲なのである。

中国の正史のなかでも、『明史』の日本伝は異例の長文である。文中にはさまざまな日本人が登場してくるが、もっとも読者の印象に残るのは、おそらく結びの一文であろう。

明が終わるまでの世、倭に通ずるの禁は甚だ厳しい。閭巷の小民は、倭を指して相罵《ののし》るに至る。甚だしきはこれをもって小児女を噤《つぐ》ませるという。

つまり「お前は倭人だ」というだけで相手をひどく侮辱することになり、「倭人が来るぞ」と脅すと、泣いていた子供が恐れてすぐにおとなしくなるという。

この一例で、倭寇への憎悪と恐怖とがどれほど民間にしみ込んでいるかを推し量ることができよう。そして、こうした凶悪な倭寇像が、明代の日本像に大きな影を落としていることは多言を要すまい。

第一節　不征の国

元明交替という歴史的な事件は、またもや東アジア世界に大きな波紋を投げかけることになった。とくに、中国の支配権がモンゴル族の手から漢民族の手に渡され、政権の継承というより断絶の面が強いため、これまで元王朝とさまざまな関係にあった周辺諸国は、あらためて中国との関係を調整せざるをえなくなった。

モンゴル軍の日本侵略に加担した高麗は、切りかえがはやく、すみやかに明王朝との関係樹立に乗りだした。それとは対照的に、元王朝の正当性を断固として認めず、徹底抗戦を最後まで貫いた日本は、国内の南北紛争に余念なく、こうした国際情勢の激変にうまく対応できなかった。

つまり、対元関係のギクシャクをそのまま対明関係に持ちこんで、明王朝の関係修復の熱望に応えなかったのである。一方の明王朝も、日本の国内情勢をほとんど把握しておらず、南朝の征西将軍の懐良《かねよし》親王（中国史料では「良懐」と書く）を「日本国王」と誤認して無駄な交渉をつづけていた。

このような行きちがいによって、初代皇帝の太祖はずっと期待していた日本の朝貢と倭寇の取り締まりをついにあきらめ、日本との断交をいい残してこの世を去ったのである。

1、日本招諭

『明史』（日本伝）に「明が興り、高皇帝が即位する。方国珍・張士誠、相継いで誅服される。諸豪は亡命し、往々にして島人を糾《あつ》めて、山東濱海の州県を入寇する」とある。ここの「島人」とは、おそらく倭寇のことをさしているであろう。

というのは、洪武二（一三六九）年に明使の楊載《ようさい》が日本にもたらした『日本国王に賜わるの璽書』をみると、山東を荒らした倭寇の取り締りをつよく要求しているからである。

上帝は生を好み、不仁の者を悪む。この前、わが中国は趙宋の失馭《しつぎょ》してより、北夷が入って国家を占める。胡俗を播げて中土を汚し、華風は振るわない。（中略）辛卯より以来、中原は擾々として、倭がやって来て山東を寇する。これは胡元の衰えに乗じたに過ぎない。朕はもと中国の旧家にして、前王の辱を恥じ、師を興し旅を振るって胡番を掃蕩し、宵衣旰食して二十年垂る。去歳より以来、北夷を殄絶し、中国を主る。ただ四夷には未だ知らせていない。この間、山東が来奏し、倭兵いくども海辺を寇し、人の妻子を生離し、物命を損傷するという。ゆえに書を修してとくに正統の事を報じ、兼ねて倭兵越海のよしを諭す。詔書の至る日に、もし臣服すれば表を奉じて来庭し、臣服しなければ兵を修して自ら固め、永らく境土を安じ、天休に応じるべし。もし必ず寇賊を為せば、朕はまさに舟師を命じて諸島に帆を揚げ、その徒を捕絶し、ただちにその国に抵《いた》ってその王を縛る。それは天のかわりに不仁の者を伐《う》つものである。王はこのことを考えて欲しい。(1)

右の詔書で、太祖はまず「北夷」と目される元をほろぼし、漢民族の正統王朝を創立したことを宣告する。次に「海辺を寇し、人の妻子を生離し、物命を損傷する」倭寇の暴行をあげ、「奉表来庭」か「修兵自固」かの二者択一を迫る。最後には海賊を放縦すれば、武力をもって日本に攻めこんで倭王を拿捕するぞと威喝した。

時あたかも日本の南北朝時代にあたり、南朝の懐良親王は征西将軍と称して九州一帯を配下におさめていた。『修史為徴《しゅうしいちょう》』によれば、懐良親王は明帝の威喝をいきどおり、使者五人を殺し、正使の楊載ら二人を抑留したという。

楊載の使日がこうして完敗に終わったにもかかわらず、太祖はその翌（一三七〇）年ふたたび萊州府同知の趙秩《ちょうちつ》を正使として日本招諭に遣わした。

そのときの国書は『籌海図編《ちゅうかいずへん》』などにみえるが、対日態度はいっそう強硬となり、倭寇の跳梁に対して「外夷小邦、ゆえに天道に逆らい、自ら安分せず、時に来って寇擾する。これは必ず神人ともに怒り、天理容れ難い。征討の師は、弦を控えてもって待つ」といっている。

懐良親王はついにこの外圧に屈して、翌洪武四（一三七一）年に僧使祖来《そらい》を遣わし、明帝に朝貢した。『太祖実録』は同年十月条にかけて「日本国の良懐は、その臣の僧祖来を遣わし、来って表箋を進《たてまつ》り、馬および方物を貢ぐ。ならびに僧九人が来朝する。（中略）これに至って、表箋を奉じて臣を称する」と記録している。

日本がようやく臣服し入貢したこと、または倭寇に掠われた明州と台州の男女七十人を送還してきたことは、中国側の望んだ展開となり、明太祖にとっては望外の喜びだったにちがいない。

しかし、その後の事態は、明王朝の期待を裏切ったかたちで、まったく予想外の展開となり、一瞬にして明日関係を悪化させたのである。

2、期待はずれ

洪武五（一三七二）年、日本使の帰国にともなって、太祖は「その俗は仏を佞るを念ずれば、西方の教をもってこれを誘うべし」（『明史』日本伝）という対日懐柔策として、嘉興天寧寺の祖闡仲猷と金陵瓦官寺の無逸克勤の二僧を使者として随行させた。禅僧の宗泐は送詩をつくり、太祖も宗泐の詩韻に和して「彼に詣って仏光を放ち、倭民大いに欣喜す」とうたって、明日国交の回復に多大な期待をよせている。(2)

中日関係の暗黒期にいよいよ一筋の光を見いだしてきたかと思ったら、これまでにも増していっそう大きな危機が待ちうけていたのである。

明使らは洪武五（一三七二）年五月二十日に四明（寧波）を出帆し、五月の末ごろ博多に上陸すると、ただちに抑留されてしまった。「王臣詔の徠るを聞き、郊迎して欣喜を挙ぐ」（宗泐の送詩）、「彼に詣って仏光を放ち、倭民大いに欣喜す」（太祖の送詩）といった明側の期待はみごとに裏切られ、ただの夢想に終わったのである。

この突発事件の背後には、南朝と北朝の勢力消長がふかくかかわっている。すなわち、懐良親王は南朝方の征西将軍として、一時は九州全土を掌中にしたものの、この年の三月から北朝方の九州探題今川了俊から攻撃をされ、八月には太宰府以下をうしなって、高良山《こうらさん》に敗退した。

明使の上陸した五月に、九州の政治地図はすでに塗りかえられ、博多はもはや北朝の領地になっていた。そのため、懐良親王の派遣した祖来とともに来朝した明使一行は、自然に南朝の味方と疑われてしまったのである。

このいきさつは、宋濂の『無逸勤公の出使還郷省親を送るの序』(3)に次のごとく述べられている。

先に、日本王、州を統べるものは六十六ある。良懐はその近属をもって、ひそかにその九を據《し》め、太宰府に都する。ここに至って、その王に逐われて、大いに兵争を興す。無逸らが至るに及んで、良懐すでに出奔し、新たに守土の官を設けている。祖来が中国に師を乞うとの疑いをかけられ、これを拘えて辱《はずかし》めんと欲する。無逸は力争して免れることを得た。しかし、ついに疑惑を釈明することができなかった。

日本に到着してから百日ほど経った九月一日に、克勤らは日本天台宗の延暦寺座主《ざす》に書状を送り、不当の抑留をうったえて、国王との斡旋《あっせん》を要望した。その書状には両国の使者に対する処置があまりにも違うことをあげ、日本の不義をなじった[4]。

> 親王がひとり祖来を遣わして中国に入る。尚郎官は醤食を給《あた》え、陸には輿馬《よば》を備え、水には船楫を具える。京師に至るや、会同に館する。三日に一たびこれを宴し、南北進賀の使はみなその下に列坐する。皇帝は、親ら朝に臨んで引見し、ここまで徠《きた》るのを労《ねぎら》い、毫髪の疑問もなかった。

明帝は日本使を「待するに心腹をもってする」のに、明使らは聖福寺に幽閉され、「衣をもって食を貿う」といった囚人《しゅうじん》同然の虐待をもって報いられたのである。まさに「中国の礼をもって、日本の慢を取る」結末であった。

宋濂（1310～1381年）
浙江浦江の人，字は景濂，潜渓と号する。明初の代表的な文学者で，朱元璋の信任も厚く，『元史』の監修を命じられた。著作に『宋学士文集』がある。

3、朱元璋の日本像

洪武七年（一三七四）五月、祖闡・克勤らは持明天皇の使節とおぼしき宣聞渓・浄業・嘉春などをともなって帰朝した。使者の報告を聞いて、太祖の失望と憤怒は相当なものであったらしい。『太祖実録』（巻九十）洪武七年の条に、

> さきに国王良懐は、表を奉じて来貢する。朕は、日本の正君であると信じ、ゆえに遣使して往ってその意に答える。ところが、使者が彼国に至って、拘留されること二載、今年五月に去船はようやく還る。彼国の事体を備《つぶ》さに報告してくれた。人事からいえば、彼国の君臣は禍を逃れない。何故かというと、幼君が在位しているのに、臣下は国権を擅《ほしいまま》にする。傲慢無礼にして、骨肉は呑併し、島民は盗を為し、内には良善を損し、外には無辜《むこ》を掠する。これが禍を招くよし、天災は免れ難い。

とある。明の対日政策の主眼は日本政府に働きかけて倭寇を取り締まらせることにあったが、「内には良善を損し、外には無辜を掠する」張本人は「傲慢無礼」な執権者そのものだったことを知らされ、もはや日本との和解の余地はなくなった。

その後、懐良親王や征夷将軍から遣わされた数回の使節団は、「正朔を奉ぜず」「表文なし」「辞意倨慢なり」などの口実で、ことごとく却下された。

洪武十三（一三八〇）年十二月、太祖は日本国王に勅書をくだし、日本のことを「蠢《おろ》かな東夷」と

蔑称し、君臣の非道と四隣への騒擾《そうじょう》を非難した。また翌（一三八一）年、礼部は勅を奉じて日本の征夷将軍に書状を送りつけ、「自ら強盛なるを誇り、民を縦《そその》かして盗賊を為させる」と叱咤《しった》し、武力をもって「勝負を較べ、是非を見、強弱を弁えよう」と言葉を荒らげて威喝する。(5)

右の諸例によって明らかなように、明王朝が最大課題のひとつと位置づけていた倭寇の取り締まりがなかなか進展をみせなかったため、太祖は日本への偏見をますますエスカレートさせ、「君臣が道義を守らないから国民が盗賊を働くんだ」とその怒りを国王や将軍にぶちまけて、日本に「海賊国家」のレッテルを貼ったのである。

このように、明の太祖は建国当初、日本との通交に積極的な姿勢をかまえていたが、倭寇の跳梁と対日交渉の失敗によって、態度を一変し、その詩『倭扇行』に日本人を「髪を束ねず、斑模様の衣服を身にまとい、君臣ともども裸足のまま、言葉はまるで蛙の騒音のようだ」という卑俗で滑稽な姿に描き、「国王無道にして民は賊を為し、生霊を擾害して神鬼とも怨む」と嫌悪感をあらわにしている。

太祖はその治世の後期に、宰相の胡惟庸《こいよう》が日本と結託してクーデターを起こそうとするという「林賢事件」が発覚したのにショックをうけ、日本への嫌悪はすでに堪えられない程度に達していたと推察される。

『明史』（日本伝）によると、胡惟庸は皇位を簒奪するため、ひそかに寧波衛の指揮林賢《りんけん》を日本に遣わして傭兵を募らせ、そこで僧侶の如瑶《にょよう》が国王の意をうけて四百人あまりをひきいて、朝貢使と装って入明し、献上用の巨大なロウソクに火薬や刀剣などを忍ばせて太祖を暗殺しようとしたという。

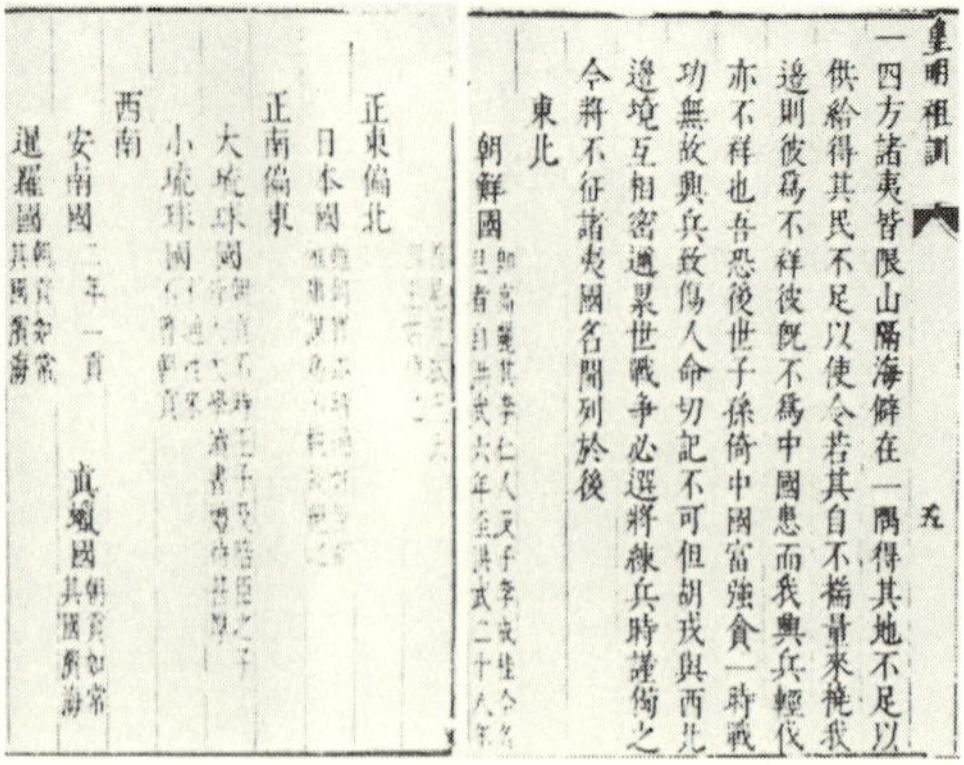
皇明祖訓　九
一四方諸夷皆限山隔海僻在一隅得其地不足以
供給得其民不足以使令若其自不揣量來撓我
邊則彼爲不祥彼既不爲中國患而我興兵輕伐
亦不祥也吾恐後世子孫倚中國富強貪一時戰
功無故興兵致傷人命切記不可但胡戎與西北
邊境互相密邇累世戰爭必選將練兵時謹備之
今將不征諸夷國名開列於後
東北
朝鮮國
正東偏北
日本國
正南偏東
大琉球國
小琉球國
西南
安南國
眞臘國
暹羅國

『皇明祖訓』

明の太祖（朱元璋）が子孫を戒めるためにつくった遺書で，対外交渉には消極的で，絶交すべき国々を列挙し，日本も「不征の国」に入れている。

事件発覚後、太祖は胡惟庸を謀反罪に問わせて死刑、林賢には一族の連帯責任を負わせて「族誅」に処させたが、それでも鬱憤《うっぷん》を晴らせなかったのか、如瑤らの日本人を僻地の雲南に流し、日本との往来をも絶つことにした⑥。

『明史』（日本伝）をみると、洪武年間の記事の末尾に「後に祖訓を著わし、不征の国十五を列する。日本与する。これより朝貢至らず、而して海上の警また漸く息む」とある。この太祖の訓章こと「祖訓」は明の対外政策の一般をしめすもので、とくに日本に対してのものではないが、『籌海図編』（巻二、倭奴朝貢事略、国朝）に「洪武十六年、詔して日本の貢を絶する」とみえるのは、日本との絶交をはっきり明示している。その割注には「祖訓」を引用して、「その往来を絶する」理由を、以下のようにあげている。

日本は海を隔てて一隅に僻在する。よってその地を得ても供給に足らず、その民を得ても使令に足らない。ゆえに兵を興して討伐することはしない。

明では次代の恵帝になると、日本も足利氏によって南北朝が統一され、室町時代に入る。ここで両国の関係は一時的に回復され、勘合貿易も断続的に行なわれた。しかし、明朝は鎖国体制をいっそう徹底させ、日本もまもなく戦国時代の乱世に突入してしまったので、両国関係を悪化させた倭寇問題はますます深刻化し、唐宋以来の友好関係をついに回復できなかった。

第二節　仮面と本性

唐宋以来の「至弱」「知礼」の日本人像は、元では「凶悪」や「好戦」にかわり、明では「狡詐」や「残忍」に変質しつつあった。

倭寇の略奪や密貿易を厳しく取り締まり、正常の朝貢貿易を復活させようとする明王朝にとって、もっとも頭を悩ますのは、使節を装った倭寇と海賊行為を繰り返す使節とを見わけにくいことであった。そのため、日本側に朝貢船の年期・船数・人員などの制限を厳守させ、明人と日本人の接触に目を光らせて監視し、沿海地帯に兵備を充実するようになった。

十六世紀に入ると、明の海禁政策によって商道をうしなった一部の中国人が密貿易に活路を開こうと海賊に化した。嘉靖年間の倭寇は「真倭は十の三、倭に従う者は十の七」(『明史』日本伝)といわれているが、次節にあげられた実例のように、倭寇に誘拐されて無理やりに加わらされた民間人も多かったのであろう。

このように、地理に詳しい中国人の内応をえた倭寇はしばしば内陸部にふかく侵入し、略奪・殺傷・放火などをほしいままにした。たとえば、嘉靖三十三(一五五四)年「紅衣黄蓋」の倭寇はわずか六、七十人にすぎないのに、「数千里を経行し、殺戮《さつりく》し戦傷する者は四千人」に近いというありさまで、その「縦横に往来し、無人の境に入るが如」き跳梁ぶりは中国の朝野を落胆させた（『明史』日本伝）。日本人といえば凶悪な海賊だというイメージが、急速にひろがった時代である。

1、二幅の日本人像

明代の中国人によって描かれた日本人の肖像画のうち、以下の二幅はあまりにも異なっているので、われわれの目をひく。

『三才図会《さんざいずえ》』に載せられたのは、慈愛の表情が顔にあふれ、両手をあわせてお辞儀している恰好の僧侶図である。『学府全編《がくふぜんぺん》』に収められたのは、半裸に裸足、肩に凶器を担ぐという倭寇図である。この二幅の、同じ日本人とは思われぬほど風格のまったく異なった肖像画を目の当たりにしながら、われわれは、明代中国人の脳裏に植えつけられた日本人像は前者なのか後者なのかと困惑するばかりである。

それもそのはず、『三才図会』の日本人像は、外交使節に起用された禅僧をモデルに描いており、『学府全編』の日本人像は略奪を生計とする倭寇の姿である。ただし、この二幅の肖像画はまったく無関係ではなく、同一人物にみられるふたつの側面をありありと映しだしているかもしれない。

つまり、二幅の肖像画をつなぎあわせると、「半ば商人半ば海賊」または「ときに朝貢し、ときに略奪する」という日本人の実像がみえてくるのではないか。こうした日本人の二面性について、『明

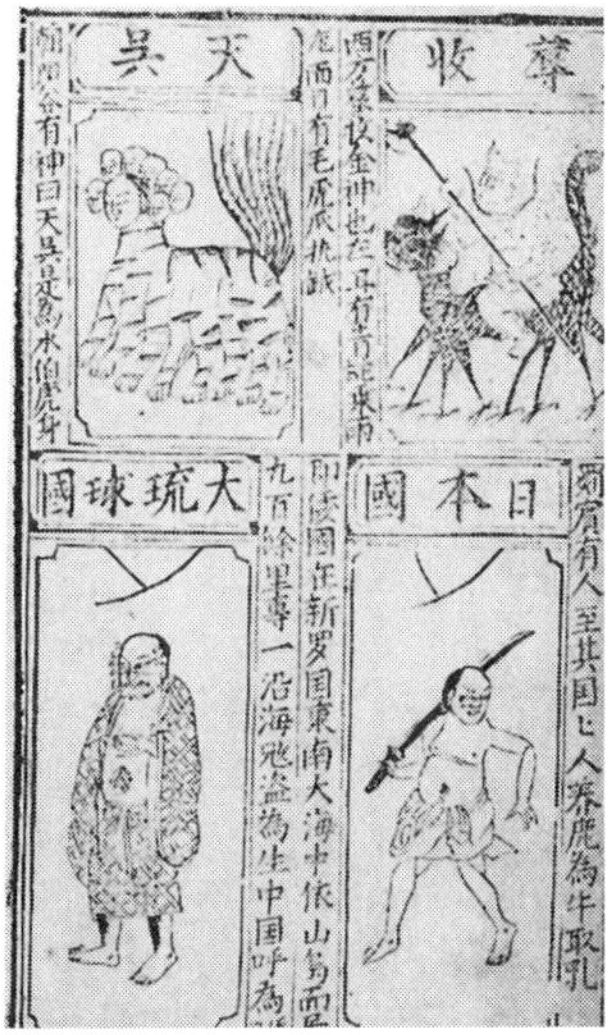

『学府全編』の日本人像

ここにみられる類型化された倭寇図は，『万金不求人』（1604年）の掲載図がもっとも古く，『学府全編』（1608年ごろ）はそれにつぐものとされる。

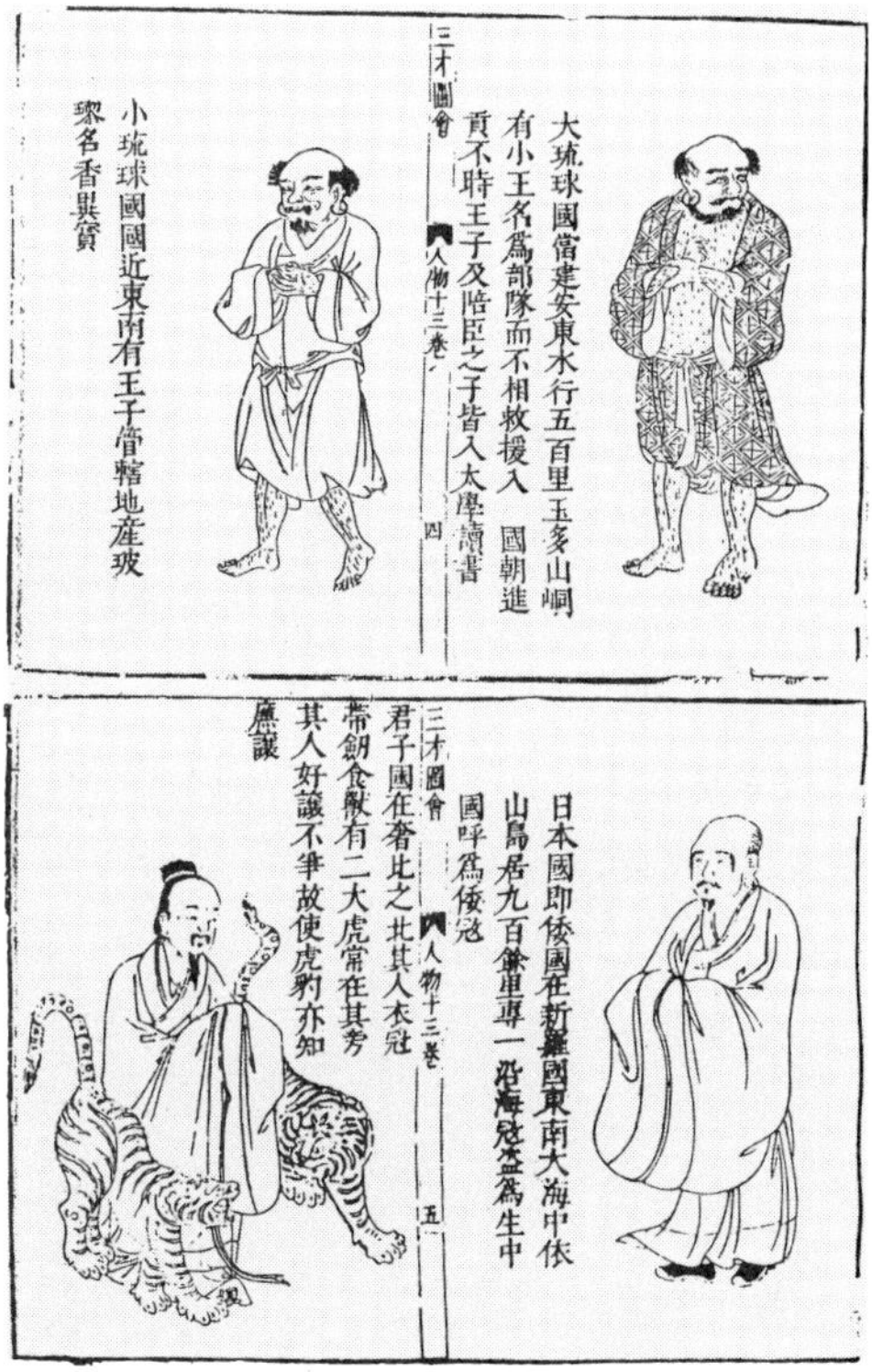

『三才図会』の日本人像

日本は明王朝との外交折衝において，五山の禅僧に漢文の書類を作成させ，かれらを遣明使に起用するならわしだった。ここに描かれた僧侶は，遣明使をモデルにしたのであろう。

史』（日本伝、正統元年条）は次のように活写している。

倭の性は黠《ずる》い。時に方物と戎器を載せて海浜に出没する。隙《すき》を得れば、則ちその戎器を張《ひろ》げて、而して侵掠を肆《ほしいまま》にする。もし隙がなければ、則ちその方物を陳《なら》べて、而して朝貢と称する。東南の海浜は、これを患《わずら》う。

日本の海賊はときたま朝貢を名目にして平和的な貿易活動を行なっていたことはよく知られることだが、日本の公式使節団にもしばしば海賊的な行為があった事実は案外と明らかにされていない。海賊と朝貢の関係については、王樵《おうしょう》の指摘するとおり、「貢はその名、市はその実」で海防の隙間をみては寇を働くというものらしい。[7] 事実上、遣明使らの海賊を思わせるような悪行はおおく報告されている。ここでは、三例だけを年代順に紹介しておく。

（1）景泰四（一四五三）年の遣明使が、臨清という町を通りかかったとき、住民の物品を掠めたとして、治安官（指揮）が現場に駆けつけて加害者をなじったら、かえって暴力を加えられ、あやうく死ぬところだった。この事件は『明史』（日本伝）にしるされており、信憑性がかなり高いと思われる。

（2）成化四（一四六八）年、遣明使の天與《てんよ》清啓《せいけい》ら一行は市民との貿易トラブルで、暴力をふるって相手を殴りころした。事件の処理に当たっていた浙江定海衛副使の王鎧《おうがい》は朝廷への報告書のなかで、「倭夷は奸譎《かんけつ》である。時に海辺を掠し、官軍巡捕を見ては乃ち入貢と為し、虚を伺っては辺境を掩襲する」と述べ、使節と倭寇をほぼ同一視している。[8]

（3）永楽二（一四〇四）年にはじまった中日間の勘合貿易は十五世紀の後半から、しだいに細川氏と大内氏の二大豪族に独占されるようになった。そして、両氏の対抗は日増しに激化し、ついに嘉靖二（一五二三）年の寧波争貢事件にまで発展した。

その年の四月、正徳の新勘合符を所持していた大内氏の遣明船三隻と、弘治の旧勘合符を携帯してきた細川氏の遣明船一隻は、前後して寧波に到着した。翌月、大内氏の使者宗設と細川氏の使者端佐は互いに自分の正統性を主張して争い、そのあげく武力にうったえてしまった。大内船の者は細川船を焼き、十二人を殺し、また残党を紹興まで追いかけながら、中国の官民をも勝手に殺し、最後は明の指揮官を人質に捕えて海上に去ったという。

この争貢事件で、民家を焼き無辜を惨殺した張本人が倭寇ではなく、日本の使者であるだけに、中国官民にあたえたショックはことのほか大きかった。つまり、倭寇への憎悪は日本人全体におよんでいった感がある。事件後、御史熊蘭《ゆうらん》らが「関を閉じて貢を絶する。中国の威を振って、狡寇の計を寝《と》める」(『明史』日本伝)と進言したのは、ほんの一例にすぎない。

冒頭に紹介した二幅の肖像画にもどるが、中国人の視野には善悪両様の日本人像が浮かびあがってはいるが、どうも慈愛の僧侶は瞬《また》く間に消えうせる虚像のようで、凶悪な海賊こそ定着した実像であるといわざるをえない。

その有力な証拠となるのは、肖像画に書きそえられた解説文である。すなわち、『三才図会』に描かれた僧侶(使者)図と『学府全編』に描かれた海賊(倭寇)図とはそれぞれ異なってはいるが、それらに用いられた解説文は、ほとんど同じものである。

日本国はすなわち倭国である。新羅国の東南の大海にあり、山島に依って居《す》み、九百余里ある。専ら沿海に寇盗して生を為し、中国はこれを倭寇と呼ぶ。

2、残虐な暴徒

日本を「不征の国」と定める「祖訓」とは、ある種の消極的な鎖国政策である。しかし、日本の海賊はこれで行動をつつしむことはなく、正常な貿易ルートを遮断されたため、「商人」や「使節」の仮面をかぶる必要がなくなり、かえって海賊の凶相を赤裸々にして横行するようになった。

明代文献の実録によれば、倭寇の凶暴ぶりと残忍さは目を覆うものがあり、かれらは上陸するや、官舎と民家を焼きはらい、墓地を掘って財宝を盗みとり、成年の男性に会えば問答無用に殺し、若い女性をみつければ強姦してしまうという。

これは正統四（一四三九）年春に起こった惨事である。浙江省沿岸部から上陸した倭寇らは近くの村に潜入し、放火・殺人・掠奪のあと、生き残った妊婦と嬰児《えいじ》を空き地に集めて、残酷きわまりないゲームをはじめた。

かれらは嬰児を竹竿に縛りつけ、熱湯を引っかけてその悲鳴を聞いては楽しんだ。または妊婦を引っぱりだし、その胎児の性別を予想しあってから、妊婦の腹を割いて確認し、はずれたら酒を飲まされるという有り様である。(9)

このような残虐な暴行は、本国の同胞に加えられることもある。永楽三（一四〇五）年、足利義持《よしもち》将軍は、遣明使を遣わし、拿捕した壱岐と対馬の海賊頭目二十人を中国に送らせた。明の成祖朱棣《しゅてい》は両国の懸案だった倭寇の取り締まりに転機がみえてきたのを喜び、豪華なプレゼントを賜わり、海賊の処罰を日本側にまかせた。『明史』によれば、遣明使らは海賊の処置に困っていたらしく、寧波まで連れもどしたが、帰国の船に乗る前に「ことごとくその人を甑《こしき》に置いて、蒸してこれを殺した」とある。

外交をつかさどる行人司の行人だった厳従簡《げんじゅうかん》は、万歴二（一五七四）年に朝廷秘蔵の文書などを生かして『殊域周諮録《しゅういきしゅうしろく》』を著わし、右の事件についてもっと詳細に書きしるしている。これによれば、遣明使らは寧波につくと、大きな竈《かまど》をつくり、そのうえに銅製の甑を据えつけ、海賊の一人に火を起こさせ、他の一人を甑に入らせるといった方法で、二十人全員を殺したという。

命知らずで残虐な倭寇は、明代の文献では怪しい装束と恐ろしい容貌をしているように描かれている。『靖海紀略《せいかいきりやく》』を著わした鄭茂《ていぼう》は、嘉靖三十三（一五五四）年夏ごろ乍浦《さほ》を急襲した倭寇を次のように活写している。

周りが静まりかえった夜明けごろ、沖合に泊まっていた倭寇の船から海に飛びこんで泳ぐ人影がかすかにみえる。それらがつぎつぎと海岸に近づいて登ってくると、いきなり法螺《ほら》を吹き鳴らし、数百人がたちまち集まった。みな禿頭にして青白の交じった斑衣を着ており、手に「弓矢利器」を執って鳥のような言葉を喋っている。倭寇らはみずから乗ってきた船に火をつけて燃やし、背水の陣を敷いて人里めがけて突進していく。

東京大学史料編纂所に現存する『倭寇図巻《わこうずかん》』は、十六世紀の倭寇を描いた絵画として、もっとも信頼度の高いものとされる。高さ三二センチ、長さ五二二センチの絹本著色の絵巻に、倭寇船の出現・倭寇の上陸・倭寇の集合と攻撃目標の確認・倭寇の略奪と放火・明人の逃亡と避難・明軍と倭寇の水上遭遇戦・明軍大部隊の出動・明軍の勝利という各場面がリアルに描かれている。

画中に描かれた倭寇は、頭を月代《さかやき》に剃りあげ、刀を肩にかつぎ、赤や青の「斑衣」を身にまとい、半裸にして裸足となっており、文献資料の描写とほぼ一致する。

『倭寇図巻』

文求堂という本屋が中国から入手したもので，題簽に「明仇十洲台湾奏凱図」とあるが，内容・人物・装束などを総合的に考証して，倭寇を描いたものと判定された（東京大学史料編纂所）。

このように描かれた倭寇像は、固定化し類型化してしまうと、そのまま日本人像となり、倭寇は野蛮な日本人であり、残虐な暴徒であるという概念を中国に定着させた。さらに倭寇の暴行から、日本人は生まれつき強盗を好み殺人を嗜むと類推される。

たとえば、葉向高《ようこうこう》の『四夷考』(日本考)に「俗は盗を喜び、生を軽んじ殺を好む」とあり、薛俊《せつしゅん》の『日本考略』には「狼子の野心、剽剠《ひょうけい》はその本性である」とみえ、また卜大同《ほくだいどう》も『備倭図記』のなかで「島をもって居と為し、舟をもって馬と為し、刀《とう》鋋《せん》を習って抄略するのは、その天性である」と断言して嘆いている。

3、狡獪な戦術

倭寇はその凶暴さによって世間を驚かし

たのみならず、悪知恵たっぷりの狡さでも有名である。明の謝肇淛《しゃちょうせい》はその著『五雑俎《ござつそ》』のなかで、周辺各国の民族性について、以下のごとく評価をくだしている。

朝鮮人はもっとも礼儀を重んじ、交阯（ベトナム）は肥沃な土地に恵まれる。韃靼人は生まれつき凶悍で、倭奴は人となり狡詰である。琉球の民風は淳朴で、真臘《しんろう》（カンボジア）はもっとも富饒である。著者はさらに「太祖が日本の朝貢を廃絶させたのは、その狡さを知ったからだ」とつけくわえている。

「倭性狡」というイメージは、明代の日本人像につきまとう重要な側面であり、それを論じる文献はおおく、枚挙にいとまがない。たとえば、『劉氏鴻書《りゅうしこうしょ》』（巻六、地理部）に「倭奴は狡詐にして測りがたい」とあり、『日本考略』を著わした薛俊は「叛服は常ならず、詭を用いることは巧みである」とか「その性は多く狙詐狼貪である」とか「倭はもっとも反覆不常で、服したり叛したりして、その詭譎を測れない」と連発する。

『籌海図編』の著者として知られる鄭若曾《ていじゃくそう》は、倭寇のイメージを「狡詐残暴の奴だ」という一語で簡単明瞭に表出している。民間人は倭寇の暴行を目の当たりにしてそれを「残暴」と表現し、朝廷は倭寇の取り締まりに妙計なく、それを「狡詐」と感じたのである。

李言恭《りげんきょう》と郝傑《かくけつ》の共著による『日本考』に「寇術」の一節があり、倭寇の常用するさまざまな戦術が紹介されている。いくつかあげてみよう。

（1）胡蝶の陣　明軍と対陣するとき、首領が扇をふるうと、倭寇らは一斉に刀を振りまわし、光

明人堂

倭寇（とくに後期の倭寇）には，中国人もかなり入っている。五島列島を根拠地にしていた王直の集団はよく知られている。福江には中国系倭寇の残した遺跡がいくつかあり，「明人堂」もそのひとつ。

の反射で満天を舞う胡蝶のようにみえ、明軍の集中力を攪乱した一瞬に、敵陣に切りこむ。

(2) 長蛇の陣　倭寇が集団で移動するとき、百脚旗（蜈蚣《むかで》を印とした旗か）を先導にして長蛇のような細長い隊列をなして進む。命知らずの武者を前後に配して、攻撃するときは鋭い矛となり、退却するときは堅い盾となる。

(3) 小心翼々　倭寇は飲酒や食事をする前には、かならず明人に試食させ、毒を盛られていないかどうかを確かめる。行軍中は、待ち伏せを恐れて小街深巷に入らず、投石に備えて城壁に近づかない。

(4) 仮をもって真を乱す　捕虜の舌を切って斑衣を着させ、偽物の倭寇をつくりだす。いざ戦況不利となると、本物の倭寇が農夫に扮して田間を耕耘し、あるいは書生を装って都会を遊蕩する。明軍をして、真偽を混同させ、ときに海賊を見逃し、ときに平民を誤殺させる。

「狡詐残暴」と悪評される倭寇は、明代の文学作品にもしばしば登場してくる。これらの作品はあたかも鏡のように、一般庶民のもっていた日本人像を映しだしてくれる。

明代のもっとも著名な白話小説家の馮夢竜《ひょうむりゅう》は、その短編小説『楊八老越国奇逢』に倭寇の題材を取りいれ、ある中国商人が倭寇の捕虜となって日本に連行され、のちに「斑衣禿頭」の「仮倭」にさせられて故郷に侵入し、肉親と対面しても認められず、自宅を通りかかっても入れなかった苦境を乗りこえて、ようやく倭寇から脱出して冤罪を晴らしたという紆余曲折の経歴を描きだしている。この小説は、官軍を悩ました倭寇の戦術を次のように述べている(原文は漢詩だが、意訳してかかげる)。

倭寇は奇襲を得意とし、布陣には変化が多く、法螺が鳴ると、胡蝶の陣となって突撃するかと思ったら、たちまち長蛇の陣に変えて去っていく。頭目が扇をふるうと、兵卒が息を潜めて姿を消したかと思ったら、忽然と刀を振りまわして切りこんでくる。それに、「真倭」と「仮倭」が入り交じっているため、官軍は手も足も出ないありさまである。

第三節　妖怪への変化

戦国時代の末期、豊臣秀吉は国内の統一をなしとげると、海外拡張の道を歩みはじめた。文禄元(一五九二)年三月、豊臣秀吉は一六万の大軍を朝鮮に差し向け、その最終目的は「大明国に直入し、吾が朝の風俗を四百餘州に易《うつ》す」ことにあった(10)。

日本軍は二カ月足らずで、王京(ソウル)・開城・平壌の三都を陥落させた。明の朝廷はこの急報に接するや、危険を感じ、朝鮮に援兵をおくった。七月に、明の援軍は日本軍と接戦してから、慶長三

（一五九八）年に至るまでの七年間に、中国は数十万人の戦死者をだし、およそ数百万の戦費を費やした。戦争は豊臣秀吉の病死をもって幕を降ろしたが、中国・日本・朝鮮の「三敗俱傷」（勝者なし）の結果となった。

豊臣秀吉の朝鮮侵略によって勃発した中日直接の対戦は、「白村江《はくすきのえ》の戦い」(11)（六六三年）以来のもので、国家レベルの大規模な戦争であるだけに、その傷跡がことのほか深く、社会への影響も大きかった。その結果として、個々の倭寇像はしだいに日本という国家像に重ねあわされ、さらに「豊臣秀吉像」に凝縮されるようになったのである。

こうした時代的な背景を反映して、明清時代には関白こと豊臣秀吉を題材とする文学作品がおおく生みだされた。これらの作品のなかでは、豊臣秀吉をはじめ倭人らは「狡詐残暴」の倭寇よりも恐ろしい「水鬼」「鮫」「蛟《みずち》」などの化け物に仕立てられ、朝鮮侵略によって日本のイメージがさらに悪化することとなった。

1、豊臣秀吉を題材とする作品

豊臣秀吉は、明清時代の小説や戯曲にしばしば「関白」「木秀」「平秀吉」などの名で登場し、「万悪の源」または「群魔の首」として描かれている。

これらの文学作品にもっとも早く着目した漢学者の青木正児《まさる》は、『黒潮』の昭和二年二月号に『支那戯曲小説中の豊臣秀吉』を公表し、のちにそれを随筆集『江南春《こうなんしゅん》』（弘文堂、一九四一年版）に収録

釜萊鎮の激戦

文禄元（1592）年４月13日，小西行長の率いる日本軍が釜山城を攻撃している場面が描かれている。

している。

青木正児は文中で、明代の短編伝奇『斬蛟記』、明代の戯曲『蓮嚢記《れんのうき》』、清代の長編小説『野叟曝言《やそうばくげん》』の三点を取りあげ、その概略を述べながら評論を加えている。著者によれば、倭寇の被害をひどく被った寧波あたりに、「倭寇が来た、どんど（太鼓の音）と来た、そうら坊やねんねしな」という子守歌が流行しており、昭和初期になっても倭寇への恐怖感がまだ払拭されていなかったという。

ただし、青木正児は豊臣秀吉を「英雄」と見なし、その朝鮮侵略を「壮挙」と讃え、北京まで押し寄せんとする野心に「痛快」を感じたところは、いささか軽率に失し、名家の風格を損ねたといわざるをえない。

その後、もう一人の漢学者の吉川幸次郎は、『世界』の昭和三十二年二月号に『日中交流史の資料』なる一文を掲載し、青木正児の研究をふまえて、あらたに馮夢竜の『楊八老越国奇逢』を研究リストにくわえた。

中国では、厳紹璗《げんしょうとう》氏はその著『中日古代文学関係史稿』（湖南文芸出版社、一九八七年版）に「明清時代以日人豊臣秀吉為題材的小説戯劇」の一節を設けて、青木正児の取りあげた作品三点を社会背景・思想内容・芸術特徴などの面から分析し、少なからざる新知見を開陳している。

右の三人は、この領域の開拓者として尊重されるべきだが、研究の深さや広さとなると、なおさら多くの課題が残されており、決して満足できるものではない。「広さ」にかぎっていえば、明代の小説としては『戚南塘剿平倭寇志伝』（作者不詳）、『朝鮮征倭紀略』（蕭応宫）、『胡少保平倭記』（銭塘西湖隠叟）など、清代には『水滸後伝』（陳忱）、『金雲翹伝』（青心才人）、『綺楼重夢』（作者不詳）、『緑野仙踪』（李石川）、『雪月梅伝』（陳朗）、『蜃楼外史』（夢花居士）、『玉蟾記』（黄石）などが挙げられる。もし視野を東アジア全域にひろげれば、朝鮮の漢文小説『懲毖録《ちょうひろく》』（柳成竜）、『壬辰録』（作者不詳）、『日本往還録』（黄慎）なども研究対象となりえよう。

さて、これらの小説や戯曲などに、豊臣秀吉はどんな姿で登場してくるのか。青木正児も認めたとおり、それは「猛悪無道の妖精、鬼のような蛮族の酋長」だったのである。ここでは、『野叟曝言』に描かれた豊臣秀吉像を紹介しておこう。ちなみに、この小説では豊臣秀吉は朝鮮侵略とは関係なく、倭寇の頭目として描かれ、その名を「関白木秀」とし、その妻を「寛吉」としている。

小説の主人公たる文素臣《ぶんそしん》は、浙江沿岸を犯した倭寇を打ちやぶって日本にまで追いかけ、関白以下を捕らえて凱旋する。朝貢を約束して赦免された関白は、帰国後に軍備を急ぎ、朝貢を怠りがちである。そこで、朝廷は文容《ぶんよう》と奚勤《けいきん》を遣わして関白を詰責する。

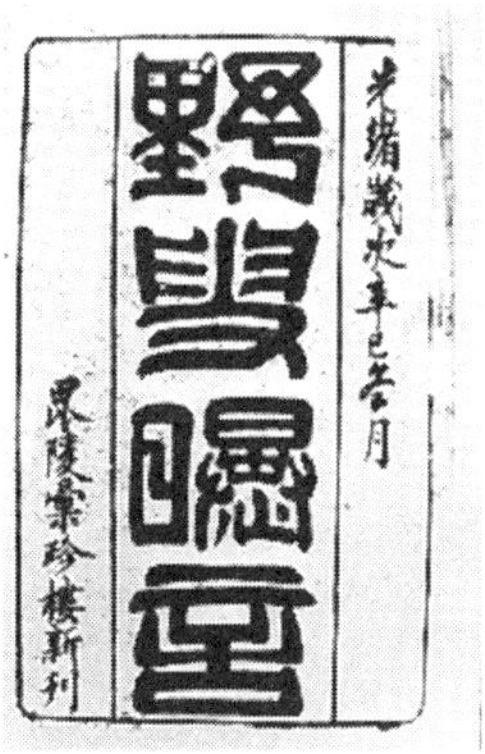

『野叟曝言』書影

夏敬渠が乾隆年間に書きあげた長編小説。全書は20巻からなり，光緒7（1881）年に彙珍楼の初刻本が世に問われると，清代の「第一奇書」として喧伝された。

ところで、関白は二人の美貌に一目惚れ、ついに淫心を起こし、飲食に薬物を盛りつぶして二人を昏睡させたうえ、侍女らをして風呂場に運んで洗わせる。文容の服を脱ぐと、その羊脂白玉《ようしはくぎょく》のごとき美肌に驚いた侍女は、さっそく夫人に急報。寛吉は「美男はわがものだ」と怒り、仏眼児《ぶつがんじ》と仏手児《ぶつしゆじ》を遣わして奚勤を奪いとった。関白夫婦はそれぞれ一人の美男を相手にいよいよ淫行を起こそうとしたが、激しい抵抗に遭い、けっきょく文容は自決、奚勤も寛吉を巻き添えにして死ぬ。

父の非業《ひごう》の死を知らされた少年の寤生《ごせい》と長生《ちようせい》は、仇討ちのため日本にわたり、夜中に関白の寝殿に忍びこんだところ、惜しくも捕らえられた。関白は少年らの初々しい美貌をみると、またもや欲心燃えるがごとく、その父と同様の手段で雲雨を行なおうとしたが、文容の亡霊が現われて少年らを救う。そのとき、文容の友人なる錦嚢が軍勢をひきいて攻めて来、亡霊と力をあわせて関白を虜にして凱旋する。

この物語は、儒教の倫理綱常からみれば、「乱倫」という下劣な品性の持ち主として豊臣秀吉そしてその妻を描き、礼儀知らずで淫らな日本人像を創りだしている。それにしても、豊臣秀吉を人間扱いにしているところは、まだ最悪な日本人像とはいえない。

2、『斬蛟記』の豊臣秀吉像

明代の短編伝奇『斬蛟記』は第一人称の口振《くちぶ》りで、許真君《きよしんくん》による蛟《みずち》斬《ぎ》りの民間伝説を敷衍して、豊臣秀吉の朝鮮侵略の史実を下敷きにしながら、平秀吉に化けた蛟精を退治する紆余曲折を語るという構成になっている。あらすじは以下のようである。

大昔、旌陽《せいよう》の許真君という有名な道士は、人間に害をなした大蛟を斬り殺したとき、その腹から出てきた一匹の小蛟を逃がしてしまった。この小蛟はのち日本の紅鹿江《こうろくこう》なる銀蛟山《ぎんこうざん》に住みつき、それから一二〇〇年あまりをへて、無数の物類に危害をくわえ、ついに人間に化けて平秀吉となった。

秀吉は一兵卒から身を起こし、関白を殺してその位を奪い、さらに六十六州を征服した。世間は妖怪の変化にまったく気がつかず、ただその狡智と怪力にひれ伏すばかり、琉球と朝鮮も畏怖するあまり朝貢を怠らなかった。

豊臣秀吉（1536～1598年）
尾張の百姓木下弥右衛門の長男として生まれ，織田信長の草履取りから将軍となり，天下を統一した。その後，野望が膨らみ，「唐と南蛮」まで従えようと朝鮮に出兵したが，その最中に病死。中国と朝鮮では悪魔や妖怪として嫌われた（京都高台寺）。

万歴二十（一五九二）年四月、平秀吉はいきなり二〇万の大軍を発して朝鮮を犯し、たちまち王京（ソウル）・平壌・安辺をあいついで陥れ、いよいよ中国の遼東を攻め、北京を狙おうとした。

朝鮮から急を報じられた朝廷は、宋応昌《そうおうしょう》を経略（総司令官）、私（著者の袁黄《えんこう》）と劉玄子《りゅうげんし》を参謀として救援に馳せるよう命じた。われらが遼陽に至ると、祖師（著者の道教の師）は弟子の程洞真《ていどうしん》を遣わしてきて、私の出資でガチョウ三六〇〇羽を買わせた。

祖師は黄石《こうせき》公や徐茂《じょぼう》公らをひきいて海をわたっ

て銀蛟山に到着した。周りを見わたせば、その石は朱のごとく、その水は茶のごとく、禿げ山には草木がなく、崖の下には羽毛が山積み、命あるものは蛟精に食い尽くされたのである。

そこで、ガチョウの群れを紅鹿江に浮かばせ、その争い競うような鳴き声とともに、黄石公がまじないをかけると、環形をなしたガチョウの真ん中から怪物が首をもたげてきた。巨鐘のごとき頭に、赤い髪を覆い、両眼が黄色く光っている。

祖師は時すかさず宝剣を抜きだすやその首を斬りおとした。水面に浮かんできた死体は長さおよそ数千丈、蛇形にして魚鱗あり。これは万歴二十一（一五九三）年正月七日のことだった。

このとき私は義州（中朝国境あたり）にいたが、流れ星が東より飛んで墜ちたのをみて、すぐに関白の死を察知し、官職を棄てて帰京する途中、兄弟子《あにでし》の徐茂公に遇い、祖師が日本から扶桑を過ぎ、大小の琉球をへて八月に帰ることを告げられた。

斬蛟の件は極秘にされ、わが軍の将兵のみならず、倭軍の大将だった行長らさえ真相を知らなかったらしい。しかし、それ以後、倭軍が攻撃して来なくなったのをみれば、関白の死は確かだった。[12]

右は『斬蛟記』の概要である。この小説は、中国民間にひろく流布している蛟精退治の伝説に題材を借りながら、じつは時事問題として緊迫した朝鮮戦場の変化を述べている。

蛟の伝説については、『山海経』の郭璞注に「蛇に似て四脚あり（中略）能《よ》く人を呑《の》む」とあり、『十二真君伝《じゅうにしんぐんでん》』に許真君が、美少年に化けて珍宝を盗みとる蛟を退治した物語が述べられており、また明代の『列仙全伝《れっせんぜんでん》』に小蛟を逃した許真君が「この蛇が一二五〇余年後に民に害を為すとき、吾はふたたび出てこれを誅すべし」という予言がみえ、直接に『斬蛟記』のストーリーとつながっている。

史実については、宋応昌が万歴二十（一五九二）年八月に経略となったこと、作者の袁黄（字は了凡）がその賛画（参謀）に任ぜられたことは、いずれも事実である。ただし、小説の主眼となっている豊臣秀吉の死亡時期（一五九三年正月七日）が一五九八年八月十八日という事実と食いちがい、その間に五年以上もの差があったのは、なぜなのか。

これも著者の根も葉もない「創作」ではなく、小説で豊臣秀吉が死んだとする万歴二十一（一五九三）年ごろ、関白が中毒にあって死亡したという不確実な情報は、民間でささやかれ、朝廷にまで伝達されたようだ。こうしたデマの流布は、戦場における倭軍の敗退と関係があろうかと思われる。すなわち、同年正月に明軍が平壌を奪還し、四月に倭軍は王京を棄て、七月に議和の話が日本から持ちだされたのである。

小説では、倭軍の退却を関白急死の証拠としているが、戸科給事中の呉応明《ごおうめい》が万歴二十一年七月に、神宗皇帝への奏状において、次のように報告している。

兵部が沈丙懿《ちんへいい》をして敵情を調べさせたところ、関白が中毒ですでに死んだとの伝聞が報告された。倭奴が朝鮮を攻めるときはまさしく破竹の勢いだったのに、今はわが師が集まると、たちまち平壌と開成を棄て、王京も守れきれない様子だ。私見によれば、昔より遠征の師が戦わずして退くのは、軍中に疫病が流行っているか、国内に急変が起こったかのいずれかである。(13)

このように、『斬蛟記』ははなはだ荒唐無稽なストーリーのなかに、当時の国際情勢をなるべく迅速かつ正確に反映させようとする意図のもとで、創作されたと考えられる。いわば表は伝奇小説だが、骨子は時事小説とも見うけられるだけに、そこに描かれた豊臣秀吉像がいかに重くて暗い影を中国民衆の心に落としているか推し量れよう。

【注釈】

（1）『隣交徴書』二篇巻一に収録されている。
（2）宗泐の『祖闡・克勤二師の日本に使するを送る』および明太祖の『宗泐の詩韻に和す』は『隣交徴書』（初篇巻二、詩文部）にみえる。
（3）『隣交徴書』（三篇巻一）に収録されている。
（4）克勤「延暦寺座主に致すの書並びに別幅」は『隣交徴書』（三篇巻一）を参照。
（5）『明太祖実録』（巻百三十八）洪武十四（一三八一）年七月条。
（6）「林賢事件」の全過程について、文献の記載に食い違いがあり、正確な時間表をまだ提示できない。おおよその経過は以下のとおりである。胡惟庸は洪武十四（一三八一）年に処刑されたが、そのとき日本との結託はまだ発覚していなかった。洪武十七（一三八四）年、如瑶ら一行が入明したが、暗殺を実行に移さなかったようだ。洪武十九（一三八六）年になって事件がようやく発覚し、林賢と如瑶らはあいついで処刑されたらしい。
（7）王樵著『槜李記』（『叢書集成新編』第九十七所収）。

（8）『明政統宗』（巻十一）。この本は明・涂山の著で、今は写本しか残っていない。
（9）この虐殺事件は『殊域周諮録』『馭倭録』『明史紀事本末』など複数の文献に記録されている。
（10）天正十八（一五九〇）年、豊臣秀吉から朝鮮国王へ送られた国書（『続善隣国宝記』所収）。
（11）白村江の戦いをめぐっての唐日関係については、拙著『中日関係史考』第三章「唐人郭務悰使日事跡述略」（中央編訳出版社、一九九五年一月版）二九〜四三頁を参照。
（12）『斬蛟記』の倭寇題材について、詳しくは拙著『中日関係史考』第十四章「明清戯曲小説中的倭寇題材——明代短編伝奇『斬蛟記』評述」（中央編訳出版社、一九九五年一月版）一九九〜二一四頁を参照。
（13）『明実録・神宗実録』巻二百六十二。

第八章　西学の師――近代化の手本――

一八四〇年、イギリスの軍艦は猛烈な砲撃で、長らく閉ざされていた清王朝の門戸を砕きとばし、一連の屈辱的条約を押しつけて中国を半植民地状態におとしいれた。この事件に象徴されるように、中国の近代史はもっぱら西洋列強の重圧のもとに、しぶしぶと幕開けしたのである。

それから十三年後、泰平の世にうつつを抜かしていた日本も、アメリカの軍艦に脅かされながら、二〇〇年あまりの鎖国政策を放棄して開国を余儀なくされた。しかし、この歴史的な転換点において、中日両国の運命ははっきりと別れる結果となったのである。つまり、日本は中国の轍を踏むまいと西洋文物を積極的に取りいれ、封建社会から脱却して改革に踏みこみ、それを一八六八年の明治維新に結実させたのである。

維新に成功した日本が国力を急速にのばし、東アジア屈指の強国として成長していく姿を、伝統文化の十字架を重苦しそうに背負っていた中国は複雑な心境で眺めていた。やがて一部の先覚者たちがようやく困惑と不安を乗りこえて、日本を近代化の手本として学ぶようになった。

秦漢時代以来、よき学生として遇してきた日本を、今や「西学の師」とあおぐようになっていく過程で、中国の日本像が元明時代のそれと同じぐらい大きく変容することになった。しかし、その間に、日本の中国侵略の事情もからんでおり、決して平穏友好のムードのみではなかったことも念頭におくべきであろう。

『アヘン戦争海戦図』
1841年の第一次アヘン戦争中，中国の水軍とイギリスの戦艦が広東の珠江口で激戦する場面。

第一節　開国前後

一八五四年、ペリーのひきいる艦隊が江戸幕府を開国させた歴史的な事件は、あらゆる面で、東西文明の激突の一環として理解しなければならない。この意味で、ペリーの艦隊に通訳として乗りあわせ、開国の瞬間を目撃した羅森《らしん》の日本見聞記は、じつに貴重な記録である。

ただし羅森の日本見聞記はあくまでも例外的なものであり、日本の開国は当初それほど中国から注目されなかったのが事実である。ところが、それ以後、日本が一足さきに開国した中国と異なった道を歩みはじめ、西洋列強の植民地に転落することなく、近代化への脱

羅　森

羅森，字は向喬，広東南海の出身。香港に寄寓し，西洋人との交流が多かった。1854年，ペリー艦隊の漢語通訳として日本にわたり，黒船による開国の歴史的瞬間を目撃した（鍬形赤子筆『米利堅人応接之図』より）。

皮をみごとに成功させた明治維新は、中国にとってショッキングな出来事として、にわかに脚光を浴びるようになった。

明治維新による日本文明の著しい変貌は、東洋文明の宗主国としての中国を戸惑わせ、不安と焦燥《しょうそう》のどん底に追いこんだ。こうした心情はときとして非難や詰問のかたちで表わされ、東洋文化の裏切り者という日本像を浮かびあがらせることさえあった。

千余年来、日本から先生として崇められてきたプライドを捨てて、かつての弟子を「西学の師」とあおぐためには、中国はこれから自信の喪失と未曾有《みぞう》の陣痛を経験しなければならなかったのである。

1、開国を目撃した羅森

一八五三年六月、アメリカ東インド艦隊司令長官ペリー提督は、黒塗りの軍艦四隻をひきいて来航し、高飛車な姿勢で幕府に開国をせまり、大統領の親書を受理させ、再航を約束して引きあげた。

翌（一八五四）年一月、ふたたび来日したペリーは、ついに幕府に日米和親条約（神奈川条約）を結ばせ、日本を開国させるのに成功した。「黒船」のもたらした衝撃の大きかった様子は、次の落首にありありと詠みこまれている。

泰平の　ねむりをさます　正喜撰《じょうきせん》　たった四はいで　夜もねられず

銘茶の正喜撰とは「蒸気船」のかけことばで、ペリーの黒船艦隊を意味する。

当時、アメリカと日本の交渉がオランダ語と中国語とによって執り行なわれていたため、中国人の羅森は漢文の通訳としてペリーの艦隊に随行を誘われたのである。羅森が日本での見聞をつぶさに書きとめた日記（『日本日記』とも『羅森日記』とも書く）は、香港の英華書院から発行された月刊誌『遐《か》邇貫珍《じかんちん》』に連載された。

羅森は「我が族類にあらざる」の「夷人」のなかで唯一の「同文対語の人」として、日本人から親近感をもたれていた。したがって、日記には条約交渉の過程や沿途の民風土俗のほか、日本人との個人的な交流のこともわりと詳しく書きしるされている。

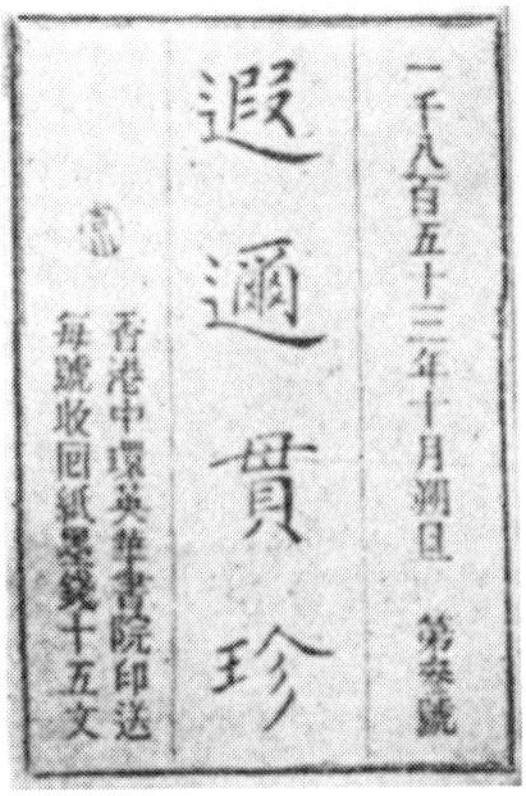
一千八百五十三年十月朔旦　第壹號
遐邇貫珍
香港中環英華書院印送
毎號收回紙墨錢十五文

『遐邇貫珍』書影

羅森が日本での見聞を書き綴った日記（『羅森日記』）は，1854年11月から香港の月刊誌『遐邇貫珍』（英華書院）に，3回にわけて連載された。

幕府の官吏だった平山謙二郎《ひらやまけんじろう》との交遊もそのひとつで、羅森の著わした『南京紀事《なんきんきじ》』と『治安策《ちあんさく》』を読んだ感想文が日記に引載されている。それによると、平山謙二郎は儒教思想を根拠として、利益ばかりを逐う西洋の「奇術」をしりぞけ、「義」こそ「万国交際の道」と主張し、アメリカ船に乗って世界周遊の便を利用して、孔孟の奥義をもって各国の君主を説得するよう羅森に注文をつけている。

ここから、開国を目前にひかえ、西洋化へのつよい不信感をもっている知識人らの焦燥の心情がうかがわれる。その反面、日本の知識人はもちろん一般庶民にも中国文化への憧憬《どうけい》が根強くあり、羅森の共感を呼んだ。墓は「中国の明塚と異ならない」とか、人々は「中国の文字詩詞を酷愛《こくあい》する」とか、「女人が布を織るのは中国と異ならない」とか、「食物は多く中国と同じである」とかいった記録は、日記の随所にみられる。

羅森の日記は、実際の見聞にもとづいて書かれており、明治維新をきっかけに変貌する前の中国人の日本像を知るうえで、おおくの示唆をあたえてくれる。ここで、羅森の目に映った日本像の断片をひろって紹介してみよう。

(1) 上古の美風　那覇の人々は金銀を求めず、質素な生活をいとなみ、落とし物を拾ったら本人に返し、訴訟はほとんど行なわれない。下田では紙糊の門戸なのに盗賊の弊害がない。函館では「風俗は正を尚び、人民はあまり淫辞を説《かた》らず」。羅森は「淳朴の風紀は、ほとんど上古の世に同じである」と感嘆している。ここの「上古の世」とは、『後漢書』(倭伝)に「婦女は淫妒しない。また俗は盗竊しない、争訟も少ない」と描かれた君子国のイメージを重ねあわせていると思われる。

(2) 文武の道　官吏は文・武・芸・身・言の優れたものから選抜されるが、中国のように「詩」を重んじない。孔孟の書籍を愛読する「士」は、みな両刀を携帯しており、文武両道を尊ぶ。中国では、文人と武士は異質なものとみなされ、両者を混同することはほとんどない。したがって、両刀を脇に差して孔孟の道を論じ、詩文の唱和をかわす日本の「士」は、羅森の目に異様に映っていたにちがいない。

（3）土産の交換　ペリーが日本の「大君」に火輪車（汽車）・浮浪艇（汽船）・電理機（電話）・日影像（カメラ）・耕農具などを贈り、日本は漆器・磁器・綢縐《しゅうすう》などを返礼として贈った。アメリカから贈られた西洋の「奇器」は日本人を驚かせ、汽車の試運転を見学した人々はみな「その奇を称える」という。西洋文物への濃厚な好奇心が現われている。

（4）男女の風俗　横浜や函館の女性は外人との接触を避けていたが、下田の女性は「羞を避けず」、平気で春画《しゅんが》に見入ったり、半裸のまま人前に出たりする女性も多くあり、男性は男性で下半身を露出しても恥ずかしく感じない。羅森はこのような性風俗を驚愕の目で眺め、男女同浴の「洗身屋」を目の当たりにしたときは絶句したらしい。

（5）官尊民卑　那覇の百姓は「甚だ官長を畏《おそ》れる」。下田では男女は人だかりして外人を見物するが、「双刀人が至ると、則ち両旁に走り離れる」。函館の百姓も「卑躬にして、官長を敬畏する」。役人をみると、「人民は粛穆《しゅくぼく》にして、路傍に膝跪く」。

（6）肥人の力自慢　羅森の日記のなかで、もっとも面白いのは、「肥人」についての記録であろう。横浜で、ペリーは林大学頭（鵜殿）の屋敷をおとずれ、「粟米数百包」を贈られた。九十余名の「裸の肥人」はひとつ「二百余斤」の俵を二三個、軽々と持ちあげて海辺にまで運んでくれた。その後、肥人らは屋敷で「角力」してみせ、羅森をして「日本に勇力の人が多い」と感嘆を吐かせた。ここの

「肥人」とは、間違いなく相撲の力士のことである。アメリカの圧力を前に、幕府は相撲取りの力自慢をもって辛うじて示威しようとしたものとみられる。

羅森の日記を読むかぎり、日本人との交流は友好ムードに覆われていたが、ときに不協和音も生じていたことがわかる。たとえば、明篤という日本の文人は羅森との筆談で「子は乃ち中国の士なれど、なんぞ鴃舌《げきぜつ》の門に帰せんや」と詰《なじ》り、孟子の言葉をひいて「喬木《きょうぼく》」（高尚なところ）から「幽谷《ゆうこく》」（卑俗なところ）への堕落を嘆いていた。これに対して、羅森は「乗風破浪は平生の願いなり、万里遙々は比隣の如し」と抱負を語って応酬した。

このように、香港に居住していた羅森は、親しく欧米人と交わり、開明的な思想に染まっており、保守的な日本の文人官吏とは好対照だったのである。

2、衣冠の論争

中国における明治維新への認識は、曲折の道のりをたどったのである。最初に明治維新に反応を示したのは、浙江省海寧県の陳其元《ちんきげん》という人物だったらしい。彼は一八七四年に著わした『日本近事記』(1)で、維新の結果を消極的に受けとめ、むしろ伝統の破壊に遺憾の念を禁じえなかった。

> むかし、日本の国王は姓を改めないこと二千年、国中の七十二島は島ごとにそれぞれ主あり、列して諸侯と為す。（中略）美加多《みかど》の簒国より、その前王を廃し、また各島主の権を削る。島主は柄を失って懐疑し、遺民は旧を念じて蓄憤し、常にいったん有事に乗間して蠭起《ほうき》せんを望む。

陳其元の日本知識は、道聴塗説《どうちょうとせつ》のものばかりで、誤解に満ちている。徳川将軍と「美加多」（みかど）を混同し、明治天皇の親政を「簒国」と誤解している。また、その保守的な立場から、「島主は柄を失って懐疑し、遺民は旧を念じて蓄憤し」、蜂起の危機が迫っていると空想し、東洋文化の牙城《がじょう》を守るために、日本への派兵まで提案した。

つまり、「勁旅《けいりょ》万人」を選んで、まずは長崎をおとしいれ、次に「倭都」に攻めいり、「前王の旧将と故臣遺民」を助けて、「その国の旧制」をことごとく復活させようというものである。

日本の維新による文化の変貌に戸惑いを感じるのは、民間人のみならず、朝廷の重臣もしかりである。『日本近事記』が世に問われた翌（一八七五）年、清朝の直隷総督に北洋大臣を兼ねていた李鴻章《りこうしょう》は、日本公使の森有礼《ありのり》の訪問をうけて、国際情勢をめぐって意見を交換した。

その席上で、たまたま明治維新が話題となり、とくに衣冠制度をめぐって激しい議論が交わされた。李鴻章は維新そのものについて賛同の意を表明しながら、「ただ旧有の服装を変えて、欧風を模倣することは理解しがたい」と質したところ、森有礼は「伝統の和服はふっくらとしていて、動き回る労働には相応しくない。したがって時代遅れの服装を新式に変えることは、わが国の利益にかなって

李鴻章（1823～1901年）
安徽合肥の人，道光年間の進士。曾国藩の湘軍にならって淮軍を創設。太平天国や捻軍の鎮圧に功を立て，北洋大臣となる。洋務運動を唱えてはいたが，外国の侵略には譲歩しつづけ，一連の売国条約に調印した。

いる」と主張した。

李鴻章はそれでも納得せず、「衣服は先祖の遺志をしのぶものであり、子孫としては永遠にその伝統を受けつぐべきではないか」、「旧服を捨てて欧俗に倣うのは、独立精神を捨てて欧州の支配をうけることだ。日本人として恥ずかしく感じないのか」と詰問を連発する。(2) こうした流動的で消極的な維新観は、かなり長期的に中国人の日本観を左右していた。

右は服装をめぐっての議論ではあるが、李鴻章をその代表とする清朝官吏および文人らの維新観――懐疑・不満・遺憾・同情といった複雑な心情がはっきり表わされているといえよう。

これらの消極ムードとはちがって、明治維新を肯定的に評価する動きもわずかながらある。たとえば、『東倭考《とうわこう》』(3)を著わした金安清《きんあんせい》は「今の倭王は将軍を駆って自らその権を主《つかさど》る」と王政復古の情報を正しく把握し、明治天皇の改革を戦国時代の趙武霊王の「胡服に易え、騎射を習う」故事にたとえて賛美しているのが、その一例である。

第二節　維新の国へ

明治三(一八七〇)年、発足まもない新政府はさっそく柳原前光《やなぎはらまえみつ》を中国に遣わし、国交樹立の遊説《ゆうぜい》を始めた。その結果、一八七一年に、『中日修好条規』と『中日通商章程』とが結ばれた。その六年後に、中国の初代駐日公使がようやく「維新の国」に足を踏みいれ、遅ればせながら近代化をめざした中国は、日本とのあらたな国際関係の締結にむけて、本格的に動きだしたのである。

国交樹立をきっかけとして、中日間の人員往来はこれまでにない活況を呈し、官吏・商人・学者などの日本訪問がにわかに増え、維新後における日本の本当の姿を自分の目で確かめて、それを日記などに書きとめることが多くなった。

大清公使館の設置にともなって官吏の日本視察がにわかに頻繁となったのは、もっぱら明治維新への関心によるものではなく、明治七（一八七四）年の台湾出兵と同十二（一八七九）年の琉球併合の衝撃で、日本が清王朝を脅かす存在となったことに主要な原因があったと考えられる。

このようないきさつもあって、みる目によっては日本像はさまざまな姿に描かれているが、批判にしても賛美にしても、従来にみられなかった和洋折衷の新しい日本像が、しっかりと中国人の脳裏にふかく刻みこまれていたことは確かである。

1、初代公使の日本像

『使東述略』書影
中国の初代公使として日本に赴任した何如璋の日記である。日本に関する記載はわずか2ヵ月しかないが，明治維新の印象記として貴重な史料である。

広東出身の何如璋《かじょしょう》は、一八七六年に駐日副使に任ぜられ、一八七七年に正使に昇格し、同年の十月に、副使の張斯桂《ちょうしけい》および参事官の黄遵《こうじゅん》憲《けん》らをともなって日本へ赴任した。

在任中に、日ごろの出来事を日記体で書きしるしたのが『使東述略《しとうじゅつりゃく》』であり、折にふれて詠んだ詩六七首を一冊にまとめたのが『使東雑詠《しとうざつえい》』（4）である。『使東述略』のしるす範囲は、一八六七年十一月から一八七七年十二月におよんでいる。着任前から書きはじめているため、日本に関する記載は、わずか二カ月しかないが、初代公使の記録としては貴重な史料である。

何如璋は維新後の日本をじっさいに考察した最初の清朝官吏であり、彼の目に映った日本は、どんなものだったのだろうか。『使東述略』にはこう書かれている。

> 近ごろ欧俗に趨《かたむ》き、上は官府より、下は学校に及んで、あらゆる制度・器物・語言・文字は、ことごとく泰西《せいよう》を式と為す。

また『使東雑詠』にも「半ば欧西半ば土風なり」と歌われている。このような「欧俗」一辺倒の日本を、何如璋は意外と客観的に観察し、かつ善意にみちた態度で評論していたのである。それを要約すると、おおよそ次のようになる。

ここ二十年来、列強が国境にせまり、開国を余儀なくされる。時勢を憂慮する志士たちは、今の政令ではとても国家を固め、外敵を防ぐに足らんと不満に思い、尊皇攘夷を決行した。群衆はそれに呼応して立ちあがり、将軍は狼狽して権威を失墜する。ここで、少数の有能者は時機を得て旧制を変えさせ、封建を廃しては郡県を設置し、数百年の積弊を改めては新制をひろげる。

何如璋はこうした日本の改革を「時事の転移するは、固より自らその会する所あり」「風会の趨く所、固より自主できぬものあらんや」と、旧制と新制とに主観的に優劣をつけずに、ただ時勢の自然な成り行きとして受けとめている。

こうした客観的な立場をとって、何如璋は維新後の「政俗」つまり官制・兵制・学制・財政などを簡略ながら紹介し、西洋的な文物、たとえば汽車・鉄橋・電気報・洋紙・郵便をそれぞれ詩題にして賛美している。

何如璋の目に映ったのは、西洋の文物ばかりではなく、「半ば土風」のなかにふくまれる中国の伝統文化もまた少なくない。『使東雑詠』には、天后宮・徐福墓・聖賢図・唐雅楽などを歌う詩作が収められている。こういう伝統文化が消えつつある現状に、何如璋はしばしば遺憾の念を表わしている。

ところで、副使として赴任した張斯桂は、何如璋のような冷静さを欠き、その詩集『使東詩録《しとうしろく》』(5)には維新を謳歌《おうか》する作品は一首すらなく、ほとんどが趣味本位の猟奇《りょうき》的な作品に埋めつくされている。維新にかかわる作品は数首しかなく、それも嘲笑の口振りで歌われている。

『正朔を改む』では、五五三年から施行してきた「夏暦」を捨てて西暦を用いることで、季節がずれてしまうと風刺し、『服色を易う』では、「狗尾を貂に継ぐ」や「沐猿冠を戴く」などの故事をもじって揶揄《やゆ》している。

2、黄遵憲の維新観

日本に大清公使館が設けられてから、その随員を主体として、日本研究のグループが徐々に形成された。彼らは大使や副使に比べて、より自由な立場にあり、日本への観察も客観的で、多様多彩なものがある。

黄遵憲（1848〜1905年）
広東嘉応の商家に生まれ，1877年に参事官として初代公使の何如璋にしたがって渡日，大著『日本国志』によって近代随一の日本研究者としての地位を不動のものにした。

初代公使の何如璋にしたがって渡日した黄遵憲は、この時期の代表的な日本研究者である。その大著『日本国志《にほんこくし》』および詩集『日本雑事詩《にほんざつじし》』[6]は、おおくの中国人にとって明治初期の日本像を知るうえで、もっとも重要な情報源となった。

日本滞在中から筆を起こし、一八八七年にようやく完成をみた『日本国志』四十巻は、中国史書の体裁にならって、「中東年表」（中日歴史年表）と十二の「志」（国統志・隣交志・天文志・地理志・職官志・食貨志・兵志・刑法志・学術志・礼俗志・物産志・工芸志）からなり、明治維新を中心に据えながら、日本歴史の全貌を明らかにしようとする野心作である。

『日本国志』の執筆動機には、日本の経験を中国の参照にしようとする意図があったように思われる。作者はその「凡例」で、「今撰録する所は、みな今を詳らかにして古を略し、近を詳らかにして遠を略する。あらゆる西法に牽渉《かかわ》るものは、尤も詳備を加えて、適用するを期する」と執筆の意図を

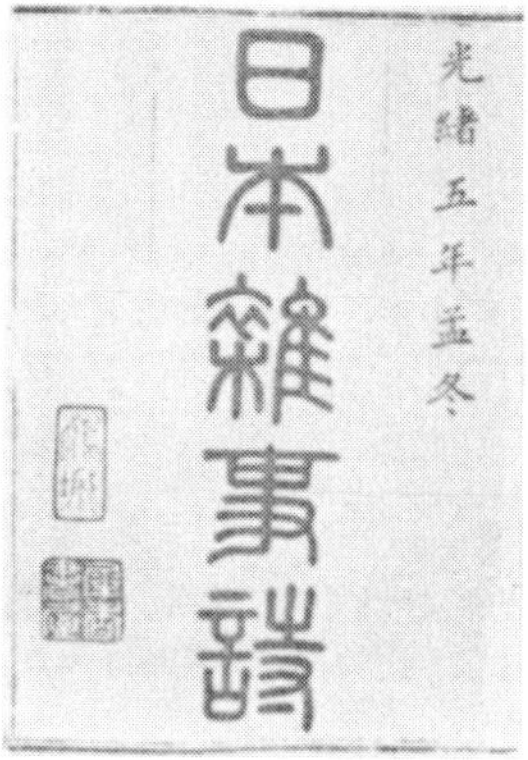

『日本雑事詩』書影

黄遵憲は詩人としても造詣が深い。『日本雑事詩』は「詠事」に主眼を置きながら，著者の文学的才能をあますことなく発揮しているため，世にひろく流布するようになった。

ほのめかしている。

光緒八（一八八二）年春、黄遵憲は在日公使館の参事官からアメリカのサンフランシスコ駐在の総領事に抜擢される際、「明治維新の史を草し完れば、吟じて中華以外の天に至る」と海外生活を振り返って抱負を語っている。

ここの「明治維新の史」とはまぎれもなく『日本国志』のことで、「吟じて中華以外の天に至る」とは世間にひろく流布している『日本雑事詩』を指していると思われる。

一五四首の詩作をおさめた『日本雑事詩』は一八七九年に同文館より上梓してから版を重ね、その間に増補削減があり、一八九八年の決定版には二〇〇首の作品を収録している。これらの作品はただ風花雪月を詠むような余興的なものではなく、文明論的な洞察をのぞかせる傑作を多くふくんでいる。

明治維新についての作品は、四〇首ほどあり、全体としては西洋化の趨向を賞賛している。たとえば、自序では維新への批判を押しのけて、その「進歩の速さは、古今万国に未だかつてないものである」と断言している。また「明治維新」と題する詩に注して、「明治元年に徳川氏を廃して王政始めて復古する。この中興の功は、偉大である」と謳歌している。

詩集の全体的意図は、武安隆氏の指摘したとおり「日本歴史の変遷と、進歩の紹介と、

謳歌に置かれ、それを通じて中国の改革と自強へと導きたいという点にあった」と認められる。(7)

右の二書を通じてみられる黄遵憲の維新観を要約すると、積極的に外国の進んだ文明を取りいれること、天皇から庶民まで一致して改革を行なったこと、少人数のリーダーシップ(志士)が主役を演じたこと、近代教育が改革の普及に大きな役割を果たしたこと、などがあげられよう。

これまでの日本像は、程度の差こそあれ、「天朝大国」から「蕞爾《さいじ》島夷」を見おろしたものにすぎない。しかし、黄遵憲はこれらの偏見をうち捨て、ありのままの日本像を描こうとした。『日本国志』(凡例)では「紀事は実を務め、偏袒しない。皇といい帝といい、また貶損しない」とことわり、固有名称は「みな日本を主とし、別称を用いない」態度を全書に貫いている。ここで、はじめて等身大の日本像が中国人の視野に浮かびあがり、画期的な日本像の転換といえる。

3、維新への批判

アジアに突如として現われた「西洋国」日本への評価は、かならずしも賛辞ばかりではなかった。黄遵憲にしても、日本に着任した当初は、ちょうど明治維新初期の混迷期にあたり、維新に不満だった文人と交わり、「微言刺譏《びげんしき》、咨嗟《しさ》嘆息《たんそく》、吾が耳に充溢する」影響で、『日本雑事詩』には維新を懐疑視しそれを風刺する作品さえ交じっている。明治維新への理解を深めていくにつれて、これらの作品をほとんど改訂版から取り外し、あるいは改作している。

ところで、黄遵憲のような維新肯定派もいれば、維新を軽視しまたは非難する人々も少なくはない。

たとえば、作者不詳の『日本雑記』(8)は洋服の着用を「東頭西脚、西頭東脚」という滑稽な姿となり、なんと醜いことだろうと風刺している。

もう一人、「四明浮槎客」(9)と名乗る文人は神戸での見聞を『東洋神戸日本竹枝詞』に詠み、維新を「昨日は米法に変えたばかりなのに、今日はまた急いで大英を奉じ」、まさに「暮れに令して朝に改め、まるで児嬉(子供のいたずら)の如し」と批判し、また「移風移俗は太《はなは》だ荒唐なり、正朔衣冠の祖制滅びたり」と嘆いていた。

易順鼎《えきじゅんてい》という文人は、維新による東洋伝統の破壊に失望のあまり憤りをあらわにし、「冠服を他人に効《なら》い、驢は驢にあらず、馬は馬にあらず。紀年は明治と僭称し、実は愈々《いよいよ》その淫昏《いんこん》を縦《ほしいまま》にす」と辛らつな批判をくわえている。(10)

維新否定派の代表者のひとりとして、琉球併合の翌(一八八〇)年に日本をおとずれ、『日本紀遊』と『日本雑記』(11)を著わした官吏出身の李筱圃《りしょうほ》を紹介してみよう。

李筱圃は同年三月二十六日に三菱商社の汽船「禿格薩約麦羅《たかすなまる》」(高沙丸)に乗って上海を発ち、同五月十一日に帰国したが、約四十日間の見聞所感を『日本紀遊』に詳しく書きとめている。作者は教養の高い文人官吏として、各地の博物館や名勝史跡を中心に観覧した。徳川一族の墓地がある増上寺を遊覧したあと、次のように述懐している。

徳川氏は日本の諸侯《しょこう》であり、大将軍と号する。国政を掌ること三百年を歴《へ》て、国王はただ虚位を擁するのみ。早年にアメリカが通商を求め、徳川氏は拒否する力なく、ついにこれを受け入れようとしたが、民情は不服し、徳川氏はよって失脚した。国王はこれに乗じて政権を奪い、ならびに源・平・藤・橘の諸侯を廃し、その領地を取りあげて公に帰し、ただ歳俸《ねんぽう》のみを与え、大権をすべて国に奉還させた。これを「維新の政」という。

今は遠人（西洋人）を拒絶できないばかりか、極力して西方を模倣する。国は日に日に貧しくなり、徴税はますます苛酷になり、民はまた徳川氏の深仁厚沢《しんじんこうたく》を謳い偲ぶようになった。

このように、李筱圃は幕府に同情し、明治政府には批判的であった。これは単なる西洋化の弊害に対する非難だけではなく、西洋傾倒のあまりアジア隣国を軽視する風習への不満も込めている。東京の教育院を見学し、そこに陳列してある「中国物」を目にしたとき、作者はひどく憤慨した。「我が中国は連年してアメリカ、フランスの賽奇会（博覧会）に出品し、その文物は西洋人から称賛され」、したがって「他国に冠する工芸珍貴」があるのに、日本はわざと「朽ちたアヘン槍」「欠けた灰皿」「破れた提灯《ちょうちん》」「錆びた鉄砲」「ボロボロの九竜袋」だけを選んで、それに「中国物」と標記して展示している。中国をイメージダウンしようとする「居心」がみえみえで、このような卑劣な「鬼《き》蜮《よく》」とは「邦交」なんか論じる余地があるものかと激怒している。

『日本雑記』は李筱圃の日本知識を網羅した随筆集で、前著とほぼ同じ態度で明治政府を批判している。たとえば、経済の危機と生活の貧困はもっぱら維新のせいにし、断髪に下駄または革靴に髷《まげ》といったちぐはぐの世相を風刺している。

李筱圃は官吏出身ではあるが、日本視察に出かけるとき、すでに官職をはなれて上海に隠居中だったので、官吏よりも在野文人の日本観としてみたほうがより妥当であるかもしれない。この意味で、刑部主事の任にあって訪日した顧厚焜《ここうこん》の『日本新政考』は、現役官吏の日本観として注目されるべきである。

光緒十三（一八八七）年、顧厚焜は清政府から維新後の「新政」を考察する使命をあたえられて訪日し、翌（一八八八）年、帰国報告書として『日本新政考』をまとめた。この書は洋務・財用・陸軍・海軍・考工・治法・紀年・爵禄《しゃくろく》・輿地《よち》の九部にわけて新政の現状を記録している。調査報告書の性格上、記録の部分はかなり客観的で詳細にわたっているのに、議論の部分となると、作者の主観的な考えにもとづいて、維新への批判に容赦はない。かれは維新によって「国債積んで国庫は匱《とぼ》しく、漢文を軽んじて洋文を重んじ、旧都を廃して新都を興す」といった現状に驚きを隠せず、「西法が国俗を転移するのは何故かくのごとく速いのか」「日本が成憲を軽棄するのは何故かくのごとく易いのか」と疑問を連発する。さらに、西洋一辺倒はとうてい「国を豊かにするに足らず、兵を強くするに足らん」と結論づける。

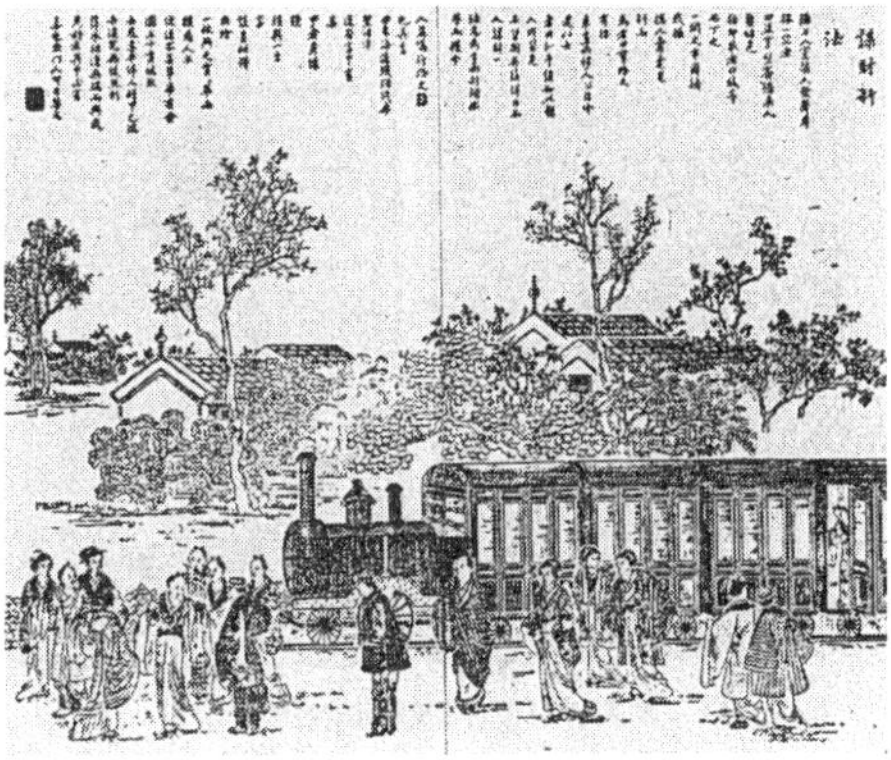

中国人の見た明治日本

明治期に，多くの中国人が日本に足を踏みいれ，その見聞を日記や遊紀などに書き綴ったが，西洋人のように絵で表現することは少なかった。図は「謀財新法」と題した風俗画で，1889年の作品（『点石斎画報』より）。

　このように、明治初期後の日本は西洋と東洋という二重のイメージをあらわし、この複雑な様相を眺めた中国人のなかでは、西洋文物の流行に注目して賞賛する人がいれば、東洋伝統の衰弱を憐れんで非難する人もいる。こうした相違をすべて視察者の主観的な問題に帰するのは公正さを欠き、維新後の世相自体も新旧・善悪・東西が入り交じり混沌とした模様だからである。

ここで注目に値するのは、新旧両方によく目を配った陳家麟《ちんかりん》の見解で、肯定論または否定論よりは客観的であるかもしれない。

陳家麟は一八八四年に公使館の随員として渡日し、三年後に『東槎聞見録《とうさぶんけんろく》』四巻(12)を上梓《じょうし》した。作者は維新の諸政策を「利政」(良い施政)と「弊政」(悪い施政)とに二分し、前者の例として「学校の設立、鉱山の開発、鉄道の建造、銀行の開設および機械、電線、橋梁、水道、農政、商務」などを、後者の例として「洋服の着用、漢学の廃止、刑律の改正、紙幣の発行および増税、雇用、洋館、洋食、舞踏」などをそれぞれあげている。

このように、明治維新への賛否両論の存在は、第三者の立場からの傍観によるもので、中国では維新変法の動きが活発になってくると、称賛論者がにわかに増え、維新後の日本像もより具体的に伝えられるようになる。

第三節　維新変法の手本

明治維新をきっかけとして、近代化をいそぐ日本は西洋の文物制度を積極的に導入するとともに、西洋列強の「負の遺産」もまるごと継承してしまった。台湾出兵（一八七四年）をはじめ、しだいに欧米諸国のアジア侵略の共謀者となり、貪欲の魔手を隣国にのばすようになった。

「馬関条約」の調印

甲午戦争の惨敗を受けて，李鴻章は伊藤博文と会談し，1895年4月17日「馬関条約」にサインした。この売国条約の調印はたちまち中国全土に波紋をひろげ，「百日維新」のきっかけとなった。

一八九四年、日本は念願の大陸侵略を実現するため、朝鮮の権益をめぐって清王朝に戦争をしむけ、甲午《こうご》戦争（日清戦争）の勃発となった。その結果、「天朝大国」は「蕞爾島夷《さいじとうい》」に大敗を喫し、清王朝は苦心して経営した自慢の北洋艦隊をあっけなく殲滅《せんめつ》され、日本に銀二億両という巨額な賠償金の支払いを約束して、一八九五年四月に屈辱の「馬関条約」（下関条約）をむすんだ。

この予期せぬ結果をもたらした一戦で、「蕞爾島夷」と軽視されてきた日本は、一躍して巨人のごとく中国人の眼前に立ちはだかるようになった。知識人たちは未曾有の「国恥」に目を覚まし、支配者らも亡国の危機に直面せざるをえなくなった。そこで、朝野の有志は突如として巨人化した日本に

康有為（1858～1927年）
広東南海の生まれ，幼名は祖詒，字は広廈，「南海先生」と通称される。甲午戦争後は強学会を創設し，維新変法を訴えつづけ，中国近代化の旗手と崇められた。

目をむけ、改革維新の道を模索しはじめた。

明治維新がふたたび脚光を浴び、本格的に研究されるのは、まさにこの時期だったのである。一八九八年に、光緒《こうしょ》帝をかつぎ百三日しか続かなかった戊戌《ぼじゅつ》変法（百日維新ともいう）は、もっぱら明治維新を手本にしていた。こうして、約二千年にわたる中日関係史上、両国の師弟関係ははじめて逆転したのである。

1、明治維新への再認識

一八九五年四月十七日、李鴻章は清王朝を代表して、下関の春帆楼で売国の「馬関条約」にサインした。調印のニュースが中国に伝わると、全国に大きな波乱を巻きおこし、康有為《こうゆうい》を中心とする愛国の知識人たちは、連名して条約拒否と変法実施の主張をまとめて、光緒帝に直訴《じきそ》した。史上に有名な「公車上書《こうしゃじょうしょ》」の事件である。

康有為らは「馬関条約」を清朝二百余年の歴史上において未曾有の「大辱」であり、「この創巨痛深の大禍を経て、必ずや臥薪嘗胆《がしんしょうたん》の謀を為すべし」と変法の緊迫性をつよく訴えた[13]。亡国の危機に瀕した中国の有識者らは、維新変法を清王朝に呼びかけ、その手本を敵国の日本にしたのである。康有為は光緒帝への直訴書のなかで、「土地と国民が中国の十分の一しかない」日本が明治維新によってわずか三十年も経たないうちに強国となり、琉球と台湾を強奪し大清帝国を侵略したのだと分析し、弱肉強食の世の中で生きていくために「強敵を師資に」しようと力説した。(14)

これまではごく一部の知識人にしか注目されなかった明治維新は、今や日本の奇跡的な変身をなしとげた「秘訣」として、民族の存続を真剣に考えざるをえなくなった人々から熱い視線をむけられるようになった。

中国の近代化をめざした維新派の志士らが、西洋諸国ではなく、日本に目をむけ、明治維新を手本にしようとするには、さまざまな原因がからんでいるが、王暁秋氏は次のように分析している。(15)

（1）西洋化の東洋移植に成功した日本を手本にすれば、「事半ばにして功倍なり」という安易な考え方がかなり流行っている。康有為はそれを「建築に譬えれば、欧米が設計図を書き、日本が模型を造ってくれたから、われわれはそこに住めばよい。耕作に譬えれば、欧米が田植えし、日本が雑草を取り除いてくれたから、われわれがそれを食べればよい」とわかりやすく説明している。さらに「泰西は三百年を経て治まり、日本は施行して三十年後に強くなり、わが中国は国土も広く人民も多いから、変法して三年もあれば、十分に自立でき、その後さらに成長し、富強は万国を凌駕《りょうが》するだろう」と楽観視している。日本のような小国も成功したのだから、もし中国が本気でやれば、もっとうまくできるぞという自信過剰ぶりがうかがわれる。

（2）中国の維新派はあくまでも光緒帝を中心とした政治改良を目的に想定し、皇室打倒の西洋革命よりも、むしろ明治天皇をかつぐ明治維新のモデルに魅力を感じる。康有為はフランス大革命の様子を「流血は野に盈ち、死人は麻の如し」と語り、民衆革命に否定的な考えをはっきり示している。中国の維新派らは明治維新をもっぱら明治天皇の「聖明新政」の結果と早合点し、倒幕に大きな役割を果たした民衆の力と戊辰戦争をまったく考慮しなかった。

（3）日本を師とするには、歴史的にも文化的にも地縁的にもさまざまな便利さがあると考えられていた。康有為によれば、日本の「守旧的な政俗はわが国と同じく、ゆえに更新の法は日本をおいてほかにない」とし、対して「米仏の民政と英独の憲法は、地遠く俗異なる」から模倣しにくいという。また同じ漢字を使うのも日本を介して西洋文物を導入する近道とされる。もう一人、維新派の中核人物である梁啓超《りようけいちよう》は「泰西諸学の書は、その精たるものを日人がすでに略訳しているので、われはその成功によってこれを用いるべき」ことを、「泰西を牛とし、日人を農夫として、われは座ってこれを食べる」と比喩している。

（4）西洋列強の脅威に直面して、同じアジア国としての共同利益と連帯意識があり、相互に助けあうべきだとの主張がある。当時、ロシア帝国の東進政策に対し、中国も日本も警戒しており、康有為らにはイギリスと日本とを抱きこんでロシアに対抗しようとの思惑があった。また一八九八年四月に、中国の朝野人士と上海在住の日本官民とが共同発起人となって発足した上海アジア協会は、「中日の歓を聯《むす》んで、同文の雅を叙《の》べる。まことにアジア第一の盛事にして、興起の転機なり」とマスコミなどに喧伝された。副会長をつとめた鄭観応《ていかんおう》は「同じくアジアにあり、相互に攻撃すれば、唇亡びて歯寒しとなり、徒《いたずら》に漁人の利を（西洋人に）得られる」と日本との提携の必要性を訴えている。

このように、甲午戦争をきっかけに、明治維新がふたたび注目の的となったが、しかしそれはあくまでも西洋を学ぶための便宜策にすぎない。いいかえれば、日本の積んできた近代化の経験、あるいは西洋を学ぶテクニックだけに目をひかれ、日本そのものを学ぼうとするものではない。さらにいえば、日本の西洋化された側面だけは中国人の眼前にくっきりと浮かびあがってきたものの、日本の全体像は依然として見向きもされなかった。

2、百日維新の破局

康有為ら知識人の八方奔走《はっぽうほんそう》で、維新変法の気運がしだいに高まり、光緒帝も政治刷新《さっしん》の必要性を痛感するようになり、一八九八年一月二十四日に康有為を宮内に招きいれて変法の構想を聞き、ようやく改革に本腰を入れようとした。

そのとき、康有為は中国の変法を「日本の明治の政を治譜と為すべし」と力説し、具体的に真似るべき三項目を皇帝に提示した。つまり、「一に群臣と革旧維新を約束して天下の輿論を採択し万国の良法を取り入れること、二に宮内に制度局を開いて天下の通才二十人を参与に徴用し一切の政事制度を見直すこと、三に待詔所を設けて天下の人々の上書を許すこと」である。

以上の三項目はいずれも明治政府の行なった重大な政治改革の措置であって、康有為はそれを変法の綱領として推奨し、維新派の政権入りをつよく期待していた。その後、康有為は明治維新を詳しく紹介した『日本変政記』を呈上した。それを読んだ光緒帝はついに変法の決意を固め、六月十一日に

百日維新の指導者たち

中央は光緒帝，右は康有為，左は梁啓超。かれらの推進した維新は保守派の強い反対にあって，わずか100日で幕を降ろした。


「国是を明定する」維新の詔をくだした。

　梁啓超はこの詔書を「四千年の旧を抜《はら》って新を開く大挙」と激賛して、「一切の維新はこの詔にもとづき、新政の行はこの日に開く」と期待に胸を弾ませる。この日から慈禧《じき》太后（西太后《せいたいこう》）によるクーデターの勃発した九月二十一日までの百三日間は、中国版の「明治維新」が試みられた。

　康有為をはじめ維新派らは、変法の参考テキストとして、明治維新を参照にした書物などをつぎつぎと光緒帝に呈上し、そのなかでもっとも重要な役割を果たしたのは、康有為著の『日本変政考』にほかならない。

　この書は明治元年から同二十四年までの歴史を十二巻にわけて詳述した編年体の史書である。それに『日本変政表』一巻を付録としてつけくわえている。著者がその跋語に「日本の変政は、これに備わっている。その変法の次第と条理の詳明は、みなこの書にある。弱より強となるのも、ここにある」と自負しているとおり、光緒帝はこの書を日ごろ座右に置いて、変法の指南としたという。

　事実上、光緒帝が百三日の間にくだした二百以上の変法詔書のうち、『日本変政考』から採択し、明治維新の受け売りと思われるものが相当ふくまれている。(16)

ところが、一連の変法措置は、既得利益の喪失を危惧していた保守派の顰蹙《ひんしゅく》を買い、慈禧太后を中心とする反対派からことごとく阻害された。九月になると、維新派の敗色はひとしお濃厚となってきた。

こうした前途暗澹《ぜんとあんたん》たる情勢のなかで、明治維新の主役だった伊藤博文《いとうひろぶみ》がちょうど中国をおとずれた。中国の維新派は「溺れる者は藁をもつかむ」ような心境で、伊藤博文を政府顧問に起用しようと光緒帝に建言した。九月二十日、光緒帝は伊藤博文を引見し、難局の打開策を伊藤博文の経験に期待したが、時期すでに遅く、その翌日に慈禧太后主導のクーデターが演じられ、光緒帝はたちまち階下の囚人となり、百日維新もあっけなくピリオドを打たれたのである。

事件後、伊藤博文は妻への手紙で、維新失敗の原因を分析して「皇帝は万事ことごとく日本に倣い、服装まで洋服に変えようとし、こうした過激な改革が失敗を招いた」という旨を述べていた。

明治維新の形式だけを真似て、中日国情の相違をまったく考慮しなかった維新派らの安易なインスタント式の改革としては、当然の破局だったのかもしれない。

3、辛亥革命の手本

清王朝を倒して国民政府を建てた孫文《そんぶん》（一八六六～一九二五）は、大陸の共産党からも台湾の国民党からも「中国近代革命の父」として尊敬されている。

孫文の指導した辛亥《しんがい》革命（一九一一年）が、日本と深いかかわりのあることは、周知のとおりである。革命の幹部には多くの日本留学の経験者がくわわっており、孫文自身もしばしば日本へわたり、その数は十五回に達し、あわせて九年間も日本に滞在したのである。したがって、辛亥革命の成功には、おおくの日本人が貢献していたことを決して忘れてはならない。しかし、その支援者は、次章で述べるように集団としての日本政府ではなく、ほとんどが良識ある個人だったのである。

一八九四年、孫文はかつて李鴻章に「救国救民」の方策を建言し、明治維新の経験を「人がよくその才を尽くし、地がよくその利を尽くし、物がよくその用を尽くし、商品がよくその流れを暢ばす」と総括し、それらを中国の参照にすべきだとした。

右の建言は、当然のことながら李鴻章に受けいれられなかった。そこで、孫文は革命運動を行なう以外に中国を救う道はないと判断し、一九一一年十月十日に武昌蜂起を引きおこし、民国政府の樹立に成功したのである。

明治維新と辛亥革命との関連について、孫文は「日本の明治維新は中国革命の原因であり、中国革命は明治維新の結果である」と明言している[17]。辛亥革命の成功後、孫文は新生中国の建設にあたっても、維新後の日本を手本にしていた。孫文が重視した日本の経験について、熊達雲氏は次の三点を指摘している[18]。

（1）時勢への順応　孫文は日本が「攘夷に失敗すれば、ただちに師夷に転向し、維新運動はまったく師夷の結果である」と指摘し、中国は欧米との差を縮めるためには、「日本に範を取って」西洋文明を謙虚に受けいれるべきだと主張した。

（2）科学技術の重視　明治以来、日本の文明発展が何十年の間にそれまでの数千年の成果を超え、そのスピードにしてはヨーロッパをも凌駕できた主要な原因は、「欧風米雨のなかで、科学的な方法を用いて国家を発展させた」ところにあり、「科学の力による」奇蹟だと評価した。

（3）進取の精神　孫文は日本の冒険と進取に富む民族精神を評価し、建国以来、外敵に屈従したことのない原因は「勇ましく奮闘する」精神を守りぬいたからだとし、その精神が日本を後進国から先進国へ、貧弱から富強へ、最後には「東洋のイギリス」にまで成長させたのだと指摘した。

以上のように、百日維新にしても、辛亥革命にしても、近代化をめざす中国はつねに日本の明治維新を意識し、そこから啓発をうけ経験を学びとってきたのである。ただし、中国のめざしていた近代化の最終目標は、あくまでも「西洋化」であり「日本化」ではないことは、ことさら多言を要すまい。

【注釈】

（1）『小方壺斎輿地叢鈔』（第十帙五十二巻）所収、杭州古旧書店、一九八五年版。

（2）対談の全容は、実藤恵秀著『中国人日本留学史稿』（日華学会、一九三九年版）六三～六四頁を参照。

（3）『小方壺斎輿地叢鈔』（第十帙七十五巻）所収、杭州古旧書店、一九八五年版。

（4）二書とも『小方壺斎輿地叢鈔』（第十帙五十二巻）所収、杭州古旧書店、一九八五年版。

（5）鐘叔河編『走向世界叢書』所収、岳麓書社出版、一九八五年版。

（6）『日本国志』は活字本がなく、『日本雑事詩』は鐘叔河編『走向世界叢書』所収、岳麓書社出版、一九八五年版。
（7）武安隆・熊達雲共著『中国人の日本研究史』（「東アジアのなかの日本歴史」十二、六興出版、一九八九年八月版）一三〇頁。
（8）『小方壺斎輿地叢鈔』（第十帙）所収、杭州古旧書店、一九八五年版。
（9）「四明」は寧波のこと、「浮槎」は船のことで、作者は浙江省沿岸の貿易商人と思われる。
（10）易順鼎著『盾墨拾余』巻三所収「討日本檄文」。
（11）二書とも『小方壺斎輿地叢鈔』（第十帙五十三巻）所収、杭州古旧書店、一九八五年版。
（12）『小方壺斎輿地叢鈔』（第十帙五十三巻）所収、杭州古旧書店、一九八五年版。
（13）康有為「上清帝第三書」『戊戌変法（二）』所収。
（14）康有為著『日本変政考・序』。
（15）王暁秋著『近代中日啓示録』（北京出版社、一九八七年十月版）八八〜九〇頁。
（16）詳細は王暁秋著『近代中日啓示録』（北京出版社、一九八七年十月版）九六〜九七頁を参照。
（17）孫文「致犬養毅書」（『孫中山選集』所収、人民出版社、一九八一年版）五三四頁。
（18）武安隆・熊達雲共著『中国人の日本研究史』（「東アジアのなかの日本歴史」十二、六興出版、一九八九年八月版）一八一〜一八二頁。

終章　幻想の破滅

一九〇〇年、新旧世紀の交代にあたり、日本が義和団の鎮圧を名目にして「八カ国連合軍」にくわわり中国へ派兵した事件をきっかけに、これまで「西学の師」とあおがれた日本像は、またも大きく塗りかえられた。

中国人にとって、日本への幻想は二重の意味において、破滅の一途をたどった。ひとつははるか東海にはせるユートピア幻想の破滅であり、もうひとつは西洋列強の侵略に対抗するための中日提携の幻想の破滅である。こうした幻想破滅によって増幅される日本への憎悪感と敵愾心《てきがいしん》は、辛亥革命をへて抗日戦争にその頂点に達した。

これまでにも中日両国は、白村江の海戦とか倭寇の跳梁とか豊臣秀吉の朝鮮侵略とか甲午戦争（日清戦争）とかで、幾度か戦火を交えたことがあったが、それらは領土分割の目的をあらわにむき出した義和団鎮圧（北清事変）と抗日戦争（日中戦争）とは、性質がまったく異なるものである。日本はなんの仮面もかぶらずに、ただ敵国としてだけ中国人の前に現われてきたからである。

抗日戦争中に、日本軍の残虐な「三光政策」つまり占領地の住民を殺しつくし、財物を奪いつくし、建物を焼きつくすという地獄図のような恐怖をじっさいに経験した世代がまだ生きのこっており、また一方では旧日本軍の「血筋」を受けつぎ、かの侵略戦争を極力美化しようとする人々も今日の日本に少なからずいるため、「幻想の破滅」は今なお尾をひいているようである。

アメリカの中国研究の碩学であるアレン・S・ホワイティング教授はその名著『中国人の日本観』において、百日維新以来の中国の改良派や革命家らが日本に寄せた信頼と期待が裏切られたことの現代的意味を、次のように指摘している。

康有為、張之洞、梁啓超、孫文は文化的共通性と地理的近接性の理論が中国の利益を伸長する上で日本の協力を容易にすると考えていた。不幸なことに、帝国主義とパワー・ポリティックスの論理が（中略）日本の文民、軍人双方のリーダーに中国を犠牲にする拡張主義を促進させた。この論理が、中華人民共和国において、日本の軍国主義復活の恐れが表明されるときには、どこでも中国人の恨みと疑惑の核をなしているのである。(1)

二十一世紀を目前にして、和解と共存とに象徴される人類共通の美しい「幻想」を少しでも中日の間で「現実」に変えようというのが、筆者の悲願であり、本書執筆の動機でもある。したがって、本章を過去の不幸な歴史の「終章」として、日本の読者に読んでいただければ、筆者は悔いなく本書にピリオドを打つことができる。

円明園の残骸

中国の封建王朝の奢侈ぶりを象徴するかのように，金銀に光りかがやき，奇珍異宝によって飾られた円明園は，八カ国連合軍などの略奪と破壊をへて，このような無残な廃墟と化してしまった。

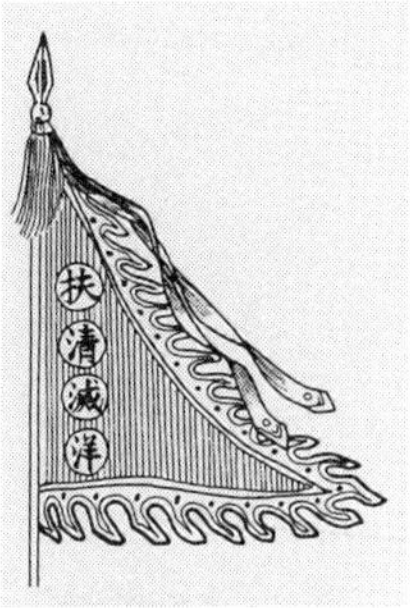

義和団の旗

「扶清滅洋」のスローガンを明記した義和団の旗。

第一節　義和団の鎮圧

百日維新が保守派の画策したクーデターによって夭折《ようせつ》してから、中国は貪欲の狼群にびっしりと囲まれた無援な羊のごとく、全身傷だらけで今にも死にそうな状態に置かれていた。

そこで、中国各地をわがもの顔でかっ歩する西洋人と、領土割譲だけで余命をのばそうとした清王朝とに、中心とする民衆はついに堪忍袋の緒が切れてしまい、「扶清滅洋」（清王朝を助けて西洋人を駆逐する）をスローガンに奮起した。日本で「北清事変」と呼ばれる義和団運動の始まりだった。

一九〇〇年八月に北京城を攻めおとした八カ国連合軍（オーストリア、イギリス、フランス、ドイツ、イタリア、日本、ロシア、アメリカ）の残虐きわまりない行為は、多くの書物に述べられており、ここでは詳述しないが、焼きはらわれた円明園の残骸は今なお「国辱のシンボル」として中国人の心に痛ましく刻まれている。

明治政府は義和団の鎮圧を東洋制覇の第一歩として位置づけ、八カ国連合軍の急先鋒をつとめた。天津から北京へ侵攻する一万九〇〇〇人あまりの連合軍に日本軍はその半分ちかくの八〇〇〇人を占めており、また北京城を攻略した一万五〇〇〇人のうちでも日本軍は約半数を占めている。派兵人数の優位で、日本は西洋列強と連合軍の総司令官の座をめぐって激しく争ったことさえあった。

北京陥落後、城内はまるで強盗の横行する「火の海」と化し、侵略軍は民宅に闖入しては男女老弱を問わず虐殺し、皇宮や豪邸に押し入っては財宝を奪いあい、そして運べない文物や建築などは気が済むまで破壊し放火した。

日本軍は唯一の東洋人軍隊だから、当初は「もっとも軍紀がよい」と思われたが、その暴行は西洋人をも意外と驚かせた。たとえば、一足さきに戸部（大蔵省）に進入した日本軍は、銀三〇〇万両を略奪したあと、証拠のもみ消しに火をつけて戸部の国庫を焼きはらったという(2)。

日本にとって義和団の鎮圧はただの口実にすぎず、財宝の略奪もゆきがけの駄賃《だちん》のようなもので、真の目的は中国領土の占有にほかならなかった。事変後、首相の山県有朋は『北清事変の善後について』の意見書をまとめ、日本の勢力圏を福建省以外の南方にひろげて、中国領土を分割するさいに西洋列強より有利な立場を確保するべしと真意を吐露している(3)。

八カ国連合軍にくわわった日本軍の暴虐とその野心は、中国の知識人に大きな衝撃をあたえたのである。たとえば、欧米列強のアジア侵略に対抗するため、中国と日本が運命の共同体を結成するべくつよく遊説してきた章太炎《しょうたいえん》は、義和団事変と日ロ戦争（一九〇四年）をきっかけに、その日本観を悪いほうへと変えていった。

章太炎は日ロ戦争の二年後（一九〇六年）、日本にわたり、当時の日本観をその『東夷詩』に説きあかしている。それをおおざっぱに意訳すると、次のとおりである。

少年のころ仁者は日本にあり、風紀はとてもよいと聞いていたが、今来てみると、伝聞は実状とまったく異なることがわかった。つまり、全国は日ロ戦争のために軍事国家と化し、財政が危機に瀕したため、孤児まで税金を取られ、盗賊が横行し、男女の風紀が乱れている。

章太炎はまた、インド人の口を借りて、恩を忘れ義に背き、川をわたれば橋を壊し、白人の手先となってアジア人を侮辱する「アジアの裏切り者」として、日本を容赦なく非難している。そして、こうした痛烈な批判によって、「幻想の破滅」の鬱憤を晴らしているのは、決して章太炎ひとりではなかったのである。

第二節　孫文の日本像

隋唐より以来、多くの日本人留学生を受けいれて育ててきた中国は、十九世紀の末期から日本に留学生を送りこむようになった。日ロ戦争をきっかけに、日本留学が大きなブームを迎え、一九〇六年にはその数はおよそ二万人に達したともいわれている。

孫　文

（孫中山，1866～1925年）
広東香山の農家に生まれ，字は逸仙，明徳と号する。日本亡命中は「中山樵」の仮名を用いていたことから，「孫中山」の名で親しまれるようになった。中国革命の父と崇められる。

留学生のおおくは、西洋列強の魔手から亡国の危機を脱するためには、すでに腐敗しきった封建王朝を覆さなければならぬと悟り、ふたたび明治維新をモデルにして、救亡興国の理想に燃えつつ日本へわたったのである。彼らのなかから、のちにおおくの革命家が輩出した。

一九一一年、孫文を中心とする革命派は武昌蜂起を決行して清王朝の打倒に成功し、アジア初のブルジョア政権こと中華民国を立てた。これはすなわち中国史上に有名な辛亥革命だったのである。

孫文の明治維新への称賛は、すでに前章で述べた。革命後の孫文も日本への期待がことのほか大きく、一九一三年に全国の平和統一を願って臨時大統領を辞任して日本へわたり、日本東亜同文会の催した歓迎パーティーの席上で、次のような主旨の演説を行なった。

今日、アジアの独立国は、日本と中国しかなく、東アジアの平和を維持するには、多く日本に期待せざるをえない。日本と中国はじつに兄弟のようなものである。（中略）辛亥革命のさい、列強が中立を厳守したのは、もとより日本の後援があったからで、その助力は甚だ大きい。(4)

日本を根拠地にして中国革命を指導していた孫文は、アジア復興のために日本のリーダーシップを嘱望し、革命に成功した中国を支援して西洋列強に立ちむかってくれるだろうことをかたく信じて疑わなかった。

「中日親善のもっとも熱心な推進者」と自任する孫文は、至るところの講演会で、中国と日本との「古来の友好関係」ばかりを強調するあまり、日本の中国侵略について「その本心によるものでなく、余儀なくさせられたものだ」と理解をしめし、また反日感情をつよく抱いていた留学生らに「日本への憤恨を親愛に変えよう」と口すっぱく説得もする。(5)

ところが、孫文の期待とはうらはらに、日本政府は中国革命の動きを複雑な心情で傍観し、それを支援するどころか、中国の近代化を日本の大陸進出政策を妨げるものとしてひそかに警戒し、したがって袁世凱《えんせいがい》の北洋軍閥の政権に力を貸し、中国の南北分裂をうながしたのである。

こうして中日平等提携の熱望をみごとに裏切られた孫文は、幻想の破滅にすっかり失望し、そのあまりにも大きかったショックに、日本に対する態度を信頼と賛美から懐疑と非難へと一変させた。一九一五年、『陳英士の黄克強に致す書』に按語を書いた孫文は、日本への憤慨の気持ちをこうぶちまけている。

中国の革命党員は、日本の志士を手本とし、彼らと親善をはかり、日本との提携連合を真摯《しんし》に提唱していたのに、日本政府は目先の利益しか考えず、中国の成長をふかく忌諱《きい》し、とくに国民党が政権を掌握して、彼らの中国蚕食《さんしょく》の陰謀を阻止することをつよく警戒し、そこで軍閥を助けて国民党を抑え、中国がいつまでも未開な弱国であることを期待し、自分の汚い野望を実現させようとしている。(6)

これより以後、孫文の脳裏に、近代化のよき手本、アジア復興のパートナーとしての日本像がすっかり消えさり、かわって西洋列強に媚びる裏切り者、アジア隣国をいじめる侵略者としての日本像が固まりつつあった。

そして、これは決して孫文個人の思想転換ではなく、祖国を救う真理を求めて日本へわたった革命志士や留学生らのおおくも、日本に馳せていた幻想をこなごなに砕かれ、その国をふかく恨んで帰国し、中国の新生のために日本との戦いに躊躇なく身を投じるようになったのである。

第三節　抗日戦争

一九三一年九月十八日、「九・一八事変」つまり日本でいう「満州事変」が勃発して以後、日本の軍部はブレーキがかからずに独走しはじめ、それから一九四五年の日本降伏に至るまでの十五年間は、中日関係史上もっとも「不幸な時代」と表現される。それを中国では「抗日戦争」といい、日本では今「日中戦争」あるいは「十五年戦争」と呼びならわしている。

この時期、日本軍の言語道断な「三光政策」の暴虐な様子は、中国では教科書・マスコミ・戦争記念館などを通して語りつがれ、一方の日本では、歴史教科書の改竄・南京大虐殺の否定・従軍慰安婦問題の回避などによって戦争を正当化しようとする動きが、時として活発になるため、戦争時代につくられた日本像は、今なお見え隠れしているのが現状のようである。

これまでに、中国人が本格的に日本研究に取りくんだのは、倭寇跳梁の時期と百日維新の前後だったと思われるが、抗日戦争中のそれは民族存亡にかかっていることもあって、質量とも前代をしのぐ盛況を呈したものである。(7)

この時期の日本研究の特色は、明治維新研究のように中国の近代化に必要な側面にのみ注目するものでなく、また倭寇研究のように感情論に走りがちなものでもなく、日本人の民族性や精神世界にまで立ち入って鋭い洞察をくわえ、よい面を率直に評価し、悪い面を忌憚なく批判する公平な論調が多く、したがってそれには今日の日本研究に勝るとも劣らない成果も少なからず含まれているのである。たとえば、一九三七年七月七日に中日両国を全面戦争に導いた「蘆《ろ》溝橋《こうきょう》事件」が勃発した翌年、戦火が華北から華中へとひろがる最中、国民党の要職にあった蒋《しょう》百里《ひゃくり》は、『日本人――ある外国人の研究』を世に送り、日本の敗戦を予言し、侵略の行為をつよく非難しながらも、「尊敬に値する」日本の指導者として、中国文明を取りいれた聖徳太子と西洋文明を受けいれた明治天皇をたかく評価していた。

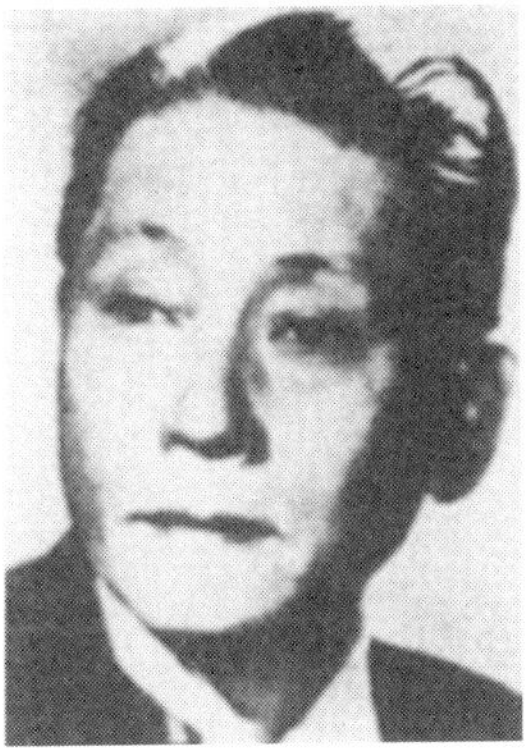

蒋百里（1882～1938年）
浙江海寧の人，名は方震，百里は字，ペンネームは飛生。日本留学中は雑誌『浙江潮』を主宰し，革命を宣伝した。中国有数の軍事理論家。著作には『蒋百里全集』がある。

このような冷徹な態度で書かれた日本論であるゆえに、そこに描かれた日本像は、それから六〇年あまり経った今日になっても、われわれの日本像と重なりあう部分が少なくない。

著者は一九〇一年に日本へ留学し、士官学

校の歩兵科で軍事を学んだ。一九〇六年に帰国してまもなく、さらにドイツへ留学し、軍事理論を学んだ。一九三五年に国民党主席の蔣介石から軍事委員会の高等顧問に迎えられ、『日本人――ある外国人の研究』を世に問うたころは陸軍大学の学長代理をつとめていた。

この小冊子は文学的な表現を用いながら、日本人の国民性をふかく掘りさげて分析し、侵略戦争は必ずや日本の悲劇に終わるだろうと予言し、その根拠を日本人の民族性と自然環境とに求めている。

蔣百里は「花は桜木、人は武士」という言い回しを借りて、日本人の矛盾する内面世界の二重構造を指摘し、そして人種と風土とに由来する無常・宿命・短気・凶暴といった性格はつねに悲劇の運命を招きかねないと結論づける。

つまり、日本人は国難を口にしながら戦争を引きおこし、中国を侵略しながら東アジアの共栄を呼びかけ、外国人を崇拝しながら欧米に嫉妬《しっと》し、東洋文化を自賛しながら西洋から何もかも取りいれてしまう。

著者の分析はさらにつづく。王権と民権、暗殺と守法、文治と武功、国粋主義とアジア共栄、東洋文化と西洋文化、これらの矛盾に挟まれた日本の政治家たちは「毎日のように火山のうえを踊っているものだ」という。

抗日戦争中の日本観として、共産党の指導者である毛沢東《もうたくとう》の論述も見逃せない。毛沢東の日本観は『日本帝国主義の策略に反対するを論ずる』や『持久戦を論ずる』などの論文に述べられているが、熊達雲はその要点を以下のようにまとめている。[8]

（1）日本が侵略戦争を引きおこした原因は、資本主義国家の経済恐慌と国内政治支配の脆弱《ぜいじゃく》といった危機を対外戦争によって転嫁させるものだと分析したこと。
（2）中国革命の直面する最大の敵は、当面かつての西洋列強ではなく、中国を植民地にしようとする日本の帝国主義なのだと指摘したこと。
（3）日本人民と軍国主義とをはっきり区別し、抗日戦争の勝利は、偉大な日本人民の覚醒と闘争にもかかわっていると述べたこと。
（4）侵略戦争の後進性および日本の人力・兵力・財力の欠乏をみきわめ、持久戦を行なえば、中国は必ず最終的な勝利を勝ち取るだろうと予言したこと。
抗日戦争の時代、中国の民衆は一般的に日本人のことを「倭寇」とか「倭奴」とか「鬼子」と呼ぶようになり、日本人のイメージを倭寇跳梁の中世あるいは未開の弥生時代にまで後退させた感がある。ただし、「倭寇」と「倭奴」以上に、「鬼子」の呼び方には軽蔑と憎悪の心情が重くのしかかっている。恐怖感よりも必勝心のほうが大きいと思われる。それが今日の日本像にもつながっている部分があるといわざるをえない。

第四節　国家神道

本書の執筆がほぼ終わったころ、森喜朗首相の「日本は天皇を中心とする神の国だ」との発言はまたもや一大波乱を巻きおこし、内外より厳しい非難を浴びている。自民党側は、マスコミの曲解だと反論し、真意はあれこれだと苦しい弁解に追われている。

日本政府の要人たちが、ほぼ毎年のようにこうした暴言を吐くのは、ただ不用意な「失言」としては片づけられない。その根底にはずさんな国家観があり、国家神道の亡霊が蘇りつつある気配をヒリヒリ感じる。

抗日戦争から引きずってきた日本像のマイナス面は、まさしくここにあり、二十一世紀にむけての和解と共存のためにも、この歴史的「しこり」を取りのぞく必要があろうと考えられる。

一九九八年十一月七日、東京大手町の経団連ホールを会場にして、神道国際学会（理事長梅田善美氏）主催の「国家神道を検証する――日本・アジア・欧米から――」国際シンポジウムが開催された。サブタイトルに示されているように、日本・中国・韓国・ドイツ・ロシアの研究者らが一堂に会して、それぞれの立場や視点から「国家神道」をめぐって検証したのである。

筆者は同僚の王守華教授と連名で、「中国人の目に映った国家神道」を発表した。その主旨は、日本文化の基層をなしている約二千年にわたって蓄積してきた神道文化を日本文化研究の対象として認め、軍国主義と結託してアジア侵略の手先となった百年足らずの国家神道を手厳しく批判したものである。

わたしの所属する浙江大学日本文化研究所は、王守華氏を主任教授として中国初の「神道と日本文化」の講座を大学院に設けており、国家神道を批判することによって、「神道イコール国家神道」の誤解を取りのぞき、これまでにタブー視されてきた神道文化を中国の若い世代に理解してもらうよう努力している。

それにもかかわらず、日本の神道関係者らのなかに、たとえ二千年の神道文化を犠牲にしても、百年足らずの国家神道を守りつづける姿勢を崩さなかった人がいたのである。相互理解を期待される若芽がまたひとつ無惨に摘みとられ、当事者として理解に苦しみ、残念のきわみである。

わたしの発表に対して、他国に侵入して残虐行為を働いた旧日本軍人を被害者側から「人殺し」と呼ぶことに不満だった知人は、次のようなコメントを寄せてくれた。

私は、国家に忠誠を誓って戦った人々は、個々の戦闘や戦争の功罪や正否に関係なく、一様に敬意を払われるべきだと思います。そうでなければ、国家は国民の忠誠を期待することができず、防衛力そのものが成り立たないと思います。

このようなコメントを寄せてくれたのは、私的な交際においては信頼のおける知人のみならず、若い世代を教育する立場にある大学の教員でもあるから、わたしのうけた衝撃はことのほか大きかったのである。もしその法則にしたがえば、ヒトラーに忠誠を尽くしたナチス軍もユダヤ人から敬意を払われなければならないのか。また将来、どこかで国家行為の戦争が起これば、国民がその正否を問わずに従うべきなのか。この法則には大きな疑問を感じ、次のように答えた[9]。

国際化が日進月歩に進んでいる今日にあって、何事につけても世界に視野を広げて、広く異なった意見に耳を傾ける必要があります。それは中国人にしろ日本人にしろ、一様に要求される国際常識です。

ところが、なおも中日間に歴史認識のギャップが大きいと、あらためて知らされたのです。中国人がいつまでも侵略戦争にこだわり、韓国人が時たま豊臣秀吉を悪玉にあげることを日本人が理解できないと同じように、靖国神社の参拝やら歴史教科書の改竄やら南京虐殺の否定やらで、侵略戦争を執拗に弁護しようとする日本側の姿勢を、アジアの被害国の人々に理解させることは不可能に近いでしょう。

世界史のなかで、中国の若い世代は日本の侵略史をもっとも熟知しているといわれます。中国でのアンケート調査では、日本を代表する人物として、「東条英機」が首位を占めるという結果が出ています。というのは、歴史を忘れがちな若者であってさえも、毎年のように日本側の動きによって、かの侵略戦争を思い出させられるからです。

イギリス人とアヘン戦争、ドイツ人とナチス犯罪を語りあうことは可能ですが、日本人と侵略戦争を話題にするたびに、平常心と客観性をつい失ってしまいます。南京大虐殺に話がおよぶと、「天安門事件はどうだ」という学者さえ居られるから、「日本人にとって、大東亜戦争は心理上まだ終わっておらず」と日記に嘆いたことがあります。

平和日本の現状を目の当たりにしながら、日記にぶちまけた嘆きをようやく忘れかかったところ、森首相の「神の国」発言で、はっと思いだし、不気味な日本像がまたもや幽霊のごとく脳裏をよぎったのである。

中国人の日本像は、長い歴史をへてさまざまなイメージが重なっており、時代がつねに未来にむけて前進しているにもかかわらず、過去に堆積してきた負の遺産をなかなか棄て切れなかった。

しかし、幻想の破滅は、決して悪いことばかりではなく、等身大の日本像がより鮮明にみえてくる利点もある。そして、等身大の日本像をすなおに見つめながら、中国人が従来の中華思想による日本の虚像をうち捨て、日本人が近代にふくれあがった自己像とたもとを分かてば、未来志向の新しい日本像の誕生もそう遠くないことだろう。

そう祈願して、終章の終わりとする。

【注釈】

(1) アレン・S・ホワイティング著『中国人の日本観』(岡部達味訳、岩波書店、二〇〇〇年三月版)五二頁。

(2) 英国人の手記『庚子使館被囲記』は『義和団(三)』に収録されている。王暁秋著『近代中日啓示録』(北京出版社、一九八七年十月版)一三三頁を参照。

(3) 王暁秋著『近代中日啓示録』(北京出版社、一九八七年十月版)一三一頁。

(4) 講演録は『孫中山全集』第三巻(中華書局、一九八四年版)に収録されている。

(5) これらの演説は『孫中山全集』第三巻(中華書局、一九八四年版)を参照されたい。

(6)『孫中山全集』第一巻(中華書局、一九八四年版)所収。意訳は武安隆・熊達雲共著『中国人の日

本研究史』（六興出版、一九八九年八月版）一八四〜一八五頁を参照にした。
（7）この時期の日本研究の概観は、武安隆・熊達雲共著『中国人の日本研究史』（六興出版、一九八九年八月版）第五章「十五年戦争期の日本研究」に詳しく、参照を勧める。
（8）武安隆・熊達雲共著『中国人の日本研究史』（六興出版、一九八九年八月版）二三一〜二三四頁を参照。
（9）講演録とコメントの応酬はすべて神道国際学会編『国家神道を検証する――日本・アジア・欧米から――』（国際文化工房、一九九九年十一月版）に収録されている。ただし、筆者の回答は長文のため、主旨を損ねない表現を削除して引用した。

中日の知識人——あとがきにかえて

（一）

歴史的にも地縁的にも日本とのつながりの深い浙江省に生まれ育った私が、大学時代から中日文化交渉史に強く魅せられるようになったのは、もっぱら風土の賜物というほかなかろう。日本の文献を渉猟しては、天台山や径山寺や西湖やらと故郷の発見にしばし現《うつつ》を抜かす。江南の古跡を踏査しては、阿倍仲麻呂やら成尋《じょうじん》やら策彦周良《さくげんしゅうりょう》やらの日本の人物たちがしきりに脳裏を去来する。

しかし、現実の社会に視線をむけると、まったく隔世の光景に驚き呆れてしまう。ここ十数年、中日両国を足しげく行き交う私の目には、吾が恋う古代の風景はもはや跡形もなく消え失せているのだ。世紀交替にあたって未来志向に動く世の中、中国人のもつ日本像と日本人のもつ中国像は、どうやら前時代に後戻りしていく兆候を呈しつつある。

中国では「鬼子《グイズ》」と「小日本《シャオリーベン》」の蔑称が大いにはばをきかせ、日本では政府要人の「シナ」呼ばわりと「三国人」発言が公然と行なわれるのは、その象徴的な例であると言えよう。政治家のことはいざ知らず、こうした時代遅れの風潮を助長させるか解消させるかで、国民の良識を代表するといわれる知識人の資質が、おそらく問われるのであろう。ここで、昔から「士」と呼ばれる中日両国の知識人の相違を考えてみたい。

（二）

長い科挙制度に培われた中国の文人は、王朝時代では官吏として登用されながらも、独自な伝統と根深い階層を形成してきた。かれらは儒教にもとづく社会理念を信奉し、基本的には支配階層と武力集団とは一線を画して存在する。

したがって、民衆から昇りつめ「精英」と見なされた知識人は、支配層側にとっては常に油断のできない危険な集団である。「文化大革命」の嵐が吹き荒れるなか、「臭老九《ツォラオジュ》」と最低のランクに位置づけられながらも、かれらは屈辱を呑んで辛抱し、権力に諂《へつら》うことを恥とした。

儒教的信念と独自な判断とを捨てようとしない中国の知識人層は、栄達と不遇をくり返しつつ、その時の政治勢力に睨みをきかせ、社会の健全な発展のために大きな役割を果たしたと評価されてよかろう。

高度な科学技術と発達した教育施設を有する日本が、専門知識の所持者を大量にかかえている事実を、誰も否定はしない。しかし、それでも私は政治に付随しない文人層の存在を認めない。

もとより日本でいう「士」はサムライと呼び、武士のことをさす。江戸時代に確立した「士農工商」という身分制度のなかで、首位にランクされる「士」は幕府を支える支配階級そのものだったのである。したがって戦時中、知識人のほとんどが侵略戦争を賛美し、軍部の暴走に追随するのであった。中国の知識人に尊ばれる反骨精神と自主判断はあわれにも少なかったのである。

ただし日本の「士」は、中国の「武士」とは意味がいくらか異なり、良好な教育に恵まれて、和漢の教養を身につけ、知識の授受を担う士大夫の「士」でもあった。こうした伝統は、西洋知識に装備された今日の知識人たちにも、少なからず受けつがれているといわざるをえない。

権力側から危険視される中国の「士」、支配層と利益共同体を結びがちな日本の「士」、両者の間にはその源流において根本的な相違がはっきり認められる。そして、このような相違は、両国の関係にも影を落としてしまうのである。

（三）

ここでは、中国の日本研究者と日本の中国研究者を例として、それぞれの社会に働きかけようとする姿勢の相違を分析してみよう。

「アメリカに留学すれば、アメリカに親しむ。日本に留学すれば、日本を恨む」というのは、今や中国では常識となっている。日本の現状を恨んで帰国する留学生は、さまざまな辛酸と傷痕をあくまでも「個人的な遭遇」として、大学の教壇に立てば、学生らにぶちまけて日本という国を毒づくことは、まずしない。

日本でどんな酷い目に遭っても、政治的な目的から反日感情を扇動し、日本の留学生を傷つけ、日本の没落を待ち望むような言動を、知識人のプライドと良心はそれを許さない。このような人物がたとえ現われたとしても、知識人層から「異類」と疎外されるであろう。現に中国では日本を故意に傷つけることで有名になった学者は一人もいない。

多くの留学生は、日本での体験は愉快だったとは思わず、日本社会の現状に不満を抱きながらも、その改善を望んで中日友好の発展に力を尽くしている。しかし、それがときに逆効果を生みだすこともある。

中国の知識人はとくに「面子《めんつ》」を重んじる。かれらの知り尽くした日本の恥部、あるいは自ら背負っていた傷口を、親類にも打ち明けようとしない。近ごろ、留学生を題材にしたテレビドラマが中国で放映されると、「一億人の涙を誘った」といわれるほど、中国大衆は日本のきびしい真相を知らなかったのである。

私は思う。真の中日友好のためには、中国の文弱な知識人はもっと武勇の気概を必要とし、等身大の日本像を国民に伝える義務がある。「天国」と勘違いして渡日し、「地獄」と罵って帰るよりは、事前に日本の実情を知らせたほうが増しだろう。

（四）

さて、日本の中国研究者はどんな姿勢を取っているのだろうか。概していえば、古代を専門とする研究者は、温厚な学者タイプが多く、敬意を払われるが、書斎に閉じこもりがちで、社会的な存在感は薄い。近世以後を専門とする研究者は、政治志向型が目立ち、政治屋と見間違うほど恣意的な発言をくり返し、世論にもてはやされる。

われわれの目から奇異に映って、学者としての品格を疑われるのは、次のような二つのタイプである。

ひとつは強烈な国粋主義者である。侵略戦争を美化し、南京大虐殺を否定するなどはまだ普通だが、倭寇の海賊行為を正当化し、豊臣秀吉の野望を礼賛するとなると、さすが理解に苦しむ。それは蒙古来襲を顕彰するのと同じく、中国の知識人にとっては想像もつかないことであろう。

近ごろ、静岡にある某大学では、教壇に立った教授がアジアの留学生十数人を前に、侮辱的な言葉を連発し、それを反論されると全員の成績を不合格にしたという事件があった。日本の留学生を受けいれていた私にとって、それができる大学にまず疑問を感じる。

もうひとつは、政治的な中国嫌悪タイプである。中国の政治体制を嫌うことならば、日本の社会的現状を嫌う中国人も多くいるから、まだ理解できるが、問題はチベット独立やら台湾建国やら中国分権やらという中国を分裂させようとする言論を平気で口にすることである。

中国では、政治家の言論は知らないが、学者として沖縄をアメリカに、北方四島をロシアにゆずろうといった発言を聞いた覚えはない。日本ではこうした暴言を吐いても国立大学の学長にまでなれたケースがあるが、学界風土の相違をつくづくと感じさせる。

（五）

以上のように、中国の日本研究者は、個人の体験や政治理念とは関係なく、全体として日本のイメージを好意的に伝え、中日友好と文化交流の主役を演じているが、日本の中国研究者は、個人的な感情を社会に発散し、学術目的以外の政治的意図をもつ言動がかなり多いと認めざるをえない。

このことは、中国の日本研究者による反日的な著述はほとんどないのに対して、日本で刊行される反中的な著述の多くが日本の中国研究者によって書かれているのを比較すれば、一目瞭然であろう。

ここで、私は、中国人が日本を、日本人が中国を、研究対象国に選んでしまうのは、なんのためなのか、どうすればよいかをしばしば考え込むようになった。結論は簡単には出ないが、数年前の最終講義にあたり、未来を担う日本の大学生らに打ち明けた心境を、講義ノートから引用しておく。

外国を専門に選ぶものは、まずその国の文化に愛着を覚えるべきである。そして、その文化を創りだした民族に敬意を払うべきである。日本研究を志して以来、このような初心を捨てることなく、歴史人物とともに喜んだり悲しんだりする。日本への賛美も非難も、愛着と敬意から出たものである。たとえ、今の社会的現状が気に入らなくても、日本の将来に美しい祝福を贈りたい。もしこのような基本的な心構えすらもてなければ、おそらく私には日本を研究する資格も、この国の良し悪しを口に出す権利もないであろう。

考えてみれば、自国の文化を汚すために、または自国の文化を絶滅させるために、日本人が日本研究、中国人が中国研究を選んだものはなかろう。したがって、外国研究に携わるものも、その国の文化を顕揚し、その伝統を持続させなければならない。とくに、知識人と目されるものは、近視眼的かつ偏狭的な政治利害に良識を囚われず、国境を越え、民族を越え、時代を越えて正確な知識をひろく授受し、世界の人々がすべての優秀な文化を享受できる環境づくりに生涯を捧げるべきである。このようになれば、中国における日本像と日本における中国像は、人為的に歪められることなく、等身大のままに受けとめられることになろう。そう祈願してやまない。

（六）

最後に、私事ながら、本書執筆のいきさつについて、ふれておく。

数年前のことだが、拓殖大学と筑波大学で、「中国人の日本観」と銘打った講義を、それぞれ一年間にわたって行なった。当時は中国の大学における慣例にしたがって、詳細な講義録をあらかじめ用意しておき、そして講義ごとに内容を増やしていく。講義が終わってみれば、四百字詰めの原稿用紙に換算すると、六百枚を超す量に達していることがわかり、いつかは著書にまとめてみようと思った。

三年前、予想よりも早くチャンスがおとずれた。中日の文化交流を熱心に進めておられる農文協の坂本尚《たかし》専務と原田津《しん》常務にめぐり会い、本書の執筆を勧められた。その後、早稲田大学には特別研究員、帝塚山学院大学と四天王寺国際仏教大学には客員教授として招かれ、本務のかたわら図書館に入り浸り、日本側の史料を大幅に増やすことができた。さらに、今年四月からは岡雅彦先生の招請で、文部省国文学研究資料館の客員教授に就任し、本書の完成にこぎつけることができた。

ここで特筆して謝意を申しあげたいのは、編集担当の泉博幸氏である。締め切りを何度も延長させていただいたにもかかわらず、いつも柔軟に対応してくださった。お盆の連休をほとんど返上して、私を自宅に招待し、本書に用いた百枚以上の図版を一緒に選んでくださった。一部の不鮮明な図版は、すぐれた絵画の才能をもつ奥様が、精細に模写してくださった。締め切りに追われる日々はちょっと辛かったが、泉博幸ご夫婦と共同作業をした数日間はじつに楽しく、すべての辛労が報われたのである。

愚妻は、原稿の校正段階に中国から応援にかけつけてくれ、全書の年号などを照合した。家族の貴重な支援は、本書にこころよいピリオドを打たせた。

二〇〇〇年九月七日

国文学研究資料館の研究室にて

著　者

〔著者略歴〕

王勇（ワン　ヨン　Wang　Yong）
1956年，浙江省平湖市生まれ。北京日本学研究センター大学院「日本文化専攻」修了。国立総合研究大学院大学より「国際日本研究」博士号を授与。現在，浙江大学日本文化研究所所長，同博士指導教官。また中国日本史学会副会長，中華日本学界常務理事などを兼任。2000年4月から文部省国文学研究資料館の客員教授に就任。専門は古代中日文化交流史。
中国語による多数の論文，編著書があるほか，日本語の著書に『聖徳太子時空超越』（大修館書店，1994），『日中文化交流史叢書・典籍』（共編著，大修館書店，1996），『日中文化交流史叢書・人物』（共編著，大修館書店，1996），『天台の流伝』（共著，山川出版社，1997），『日中文化交流史叢書・芸術』（共編著，大修館書店，1997），『唐から見た遣唐使』（講談社，1998）などがある。

中国史のなかの日本像　　人間選書232

2000年9月30日　第1刷発行
2005年6月10日　第2刷発行

著者　王　勇

発行所　社団法人　農山漁村文化協会
郵便番号107-8668　東京都港区赤坂7丁目6－1
電話　03(3585) 1141（営業）　03(3585)1145（編集）
FAX　03(3589)1387　振替　00120-3-144478
URL http://www.ruralnet.or.jp/

ISBN 4-540-00171-X　印刷／富士リプロ（株）
〈検印廃止〉　製本／笠原製本（株）

定価はカバーに表示
Printed in Japan
乱丁・落丁本はお取り換えいたします。